文學叢刊

死的巖層

無名氏全集第五卷下冊

卜寧（無名氏）著

文史哲出版社印行

第八章

一

肉體投入岥岮的原始空間，擲擊於崆峴的岩流帶，屹屹的巉巖，嶮巇的峭壁，嶟嶟的山巒。眼睛，鼻觸，聽覺，飛馳於洶湧的大巴山脈，險駭的秦嶺極峰，連雲棧，酒奠梁，柴南嶺，五丁開山，朝天關，牢固關，劍門關。可怕的雲霧，夏季的寒霜，冰冷的鐵索橋，黃色的麥田，紅色的土層，數不盡的崱岬的山，岑翳的山，峆岈的嶺巔，嶢嶢的峰壁，嶙峋的奔岩，虬結的廝纏的岡邱，這一切使生命衝入洪荒，騁馬於歷史。那些血淋淋的傳說，凝結淚脂的神話，浸透狂烈刀劍鋒芒的軼事，裹血夾肉的、和山岳、峰嶺、岩瘤、險石絞扭在一起。千千萬萬死者，披頭散髮的幽靈，慓悍的山魈、山精，白日黑夜，出現於雲霧嶂巒間。敲叩任一塊巖石，它會回答你一個凝結血漿的故事。擁抱任一片巉巇，它會回應你一支淒慘的歌。創世紀式的野心，生番式的屠殺，魍魎的陰謀，全在山壁山窟山陽山陰和羊腸鳥道間出沒。

一切鬼蜮的氣氛，崢嶸的氣勢，並沒有因為第一輛二十世紀公路汽車而消失。

印蒂坐在車上，上秦嶺，下雙石舖，爬酒奠梁，登柴南嶺，這條偉大的連雲古棧道，叫他整個沉沒於古代回憶裡。幾乎每一個讀書人，都熟悉這裡的故事。「三國演義」敘述的魏蜀幾十年殺戮。他沉入古代，又浮顯於現代，像在大海泅泳者，鳧入海底，又浮露海。他想，時間是一切生命的最大劊子手，也是肉體和形相的最後毀滅者。

一週前，從鋼鐵軌道上，火車把他帶出東南黑地獄，但他又回到真正的半個祖國。現在，公路汽車將把他馱往重慶，亞洲大陸的唯一真正心臟。

前進！前進！前進！疾馳！疾馳！

啊，漲裂的山峰，叛逆的岩石，魔魅的溪澗，磅礴的氣勢，華麗的空間，這一切綜湊成一扇偉大的玻璃鏡，照明他二十年來的生命，特別是——他這五年來的血肉活動。他曾「火與劍」過，他曾象牙過，他曾魔鬼過，他曾波特萊爾過，他又再度三度投入淋血中過，但這些並不能拯救他——他那顆永不寧靜的靈魂。終於，他投入神，那最偉大的彌賽亞，萬王之王。然而，萬能創造主也遺棄他，把他推出天堂，兩個拯救之宮門外。他血液裡的一個源頭，那個超越的生物竹孚家、也永遠離開他，不再和他共同呼吸地球的空氣了。二十年前的偉大起點，是一片廢墟。幾百萬平方公土里土地，又變成原始非洲黑暗腹地。還沒有沉入黑暗的另外幾百萬平方公里，在掙扎、鬥爭，然而，又陷入一片新的大矛盾與大分裂中。整個地球上，到處燃燒著火光與硝煙，沒有一片不發紅的土地，沒有一片不濺血的天空。他究竟往哪裡去？

這幾百個日子來，他日日夜夜追求的，到頭來一片虛空。萬能創造主的懷抱，也是一片廢土，一張白紙，上面除了鐫刻它的被假定的名字外，什麼也沒有。既然神沒有回聲，上帝不能答覆他，還有哪裡有回聲？有答覆？宇宙本身既不能拯救他，還有什麼能拯救他？他究竟在找尋怎樣的回答？怎樣的拯救？神——這一片最偉大的大海，他既看不見光明彼岸，永恒港口，有花有果的海島，和發亮的燈塔，今後還有什麼更偉大的海洋？過去二十年，他泛舟過各式各樣海洋，同樣也看不見永恒的港口、彼岸、美麗的海島、燈塔，今後，地球上還有真正的永恒口岸麼？

起點毀滅了，也看不見終點。故鄉、家庭、親人、朋友、伙伴，黑的黑，死的死，燒的燒，紅的紅，散的散，喘息的喘息，苦痛的苦痛，今後，還有什麼能剩給他？四萬萬五千萬人的前景在描畫中、雕塑中，即使真正畫成，可能依舊是一幅極浮薄虛幻的畫，充滿黑色噩夢。那些真實陽光，誰又知道是不是三峽雲峰，看著就在眼前，船真衝過去時，卻又狡猾的閃開，永遠叫你碰不到、抓不到？

痛苦是：希望是痛苦的，但人們仍得痛苦的希望。即使每一秒鐘、希望都可能幻化為絕望，但當它未幻化以前，人們還得把一秒鐘後、可能是絕望的希望，當做唯一希望。他，印蒂，所渴望的，不只是現在、或最近的將來，而是，將來的將來，那無比豐富的永恒的將來。他本可暫住於這一剎，這一分，這一點鐘，但過去二十年血淚告訴他：剎那主義與短命的今天主義是危險的。人如果把虛幻的現實與磐石樣真實混為一談，把變化萬千的這一剎那與永恒未來等價齊觀，人即使征服了現實，所得的也依然是絕望的未來。他，印蒂，絕不要假相：那花花綠綠的字句，那罌粟花般地芳香的音樂；他所要的、是那堅石巖石的永恒，和他四周岩團岩瘤一樣真實的永恒。

在大西洋舟中，支配千萬人命運的巨頭們，正在集會。在幾千里幾萬里戰線上，肉體在衝鋒。仇恨在燒，寶劍在吼，大炮在演奏貝多芬「英雄交響曲」，而亞洲大陸與非洲大陸正在流血，他卻像古代仙人，在大巴山脈騰雲駕霧，馳想人類最遙遠最遙遠的未來。他是活麼？他在死亡麼？他是有血有肉的生命麼？他的血液還紅麼？他的肉體還熱麼？

可是，永恒！更深更深的永恒！那光風霽月的永恒，那比任一座花園還美麗的新的星球！

全世界二十萬萬人中，總得有幾個人追求新的星球，那最絢麗的未來。

萬千生命有開有閉，有明有暗，有進有退，有暫有恒，有地面有地底。他不是一個現實的他，是一個象徵——一個比旗幟還象徵的象徵。這不過是二十萬萬分之一的生命。當萬萬千千人在血火的這一分一秒裡打滾時，還有一半個人得想下一分一秒。萬千人活在今天，「象徵」活在明天。也可能：「象徵」活在下一個十年，下一個世紀。這正是歷史奔馳時的真河流。明潮是潮，暗潮也是潮。明流是流，暗流也是流。明水是水，暗水也是水。有的流在太陽下，有的流在夜裡，有的流在眼睛前面，有的流在視覺以外。當人類全部都活在今天時，就沒有人活在明天了。當一切人都為了今天時，就沒有人為明天了。花不是要它開就開的，得早早播下種子。今天的鮮花，明天謝了，今天的種子，是明天的新花。大自然規律是：教人從最複雜的河流中找尋真正的海，唯一的出口。

說到究竟，他正是這個大陸傳統氣氛的產物。在這片歷史氣氛中，就有他這一類型態。他很少可能出現在歐洲或美洲、大西洋或地中海，但他卻極自然的出現在亞洲大陸、印度大森林裡、阿拉伯沙漠上、南中國海或黃海邊、揚子江或黃河邊。

現在，他正騎著公路汽車，馳騁大巴山脈，西秦古連雲棧道，萬山叢嶺間。他正在前進！前進！前進！疾馳！疾馳！疾馳！

二

印蒂通過淪陷區，抵達河南，從鄭州搭隴海車赴寶雞，又轉乘川陝公路汽車，準備到重慶。按原定旅程，經廟台子時，應該停一宿。不巧，水箱出毛病，不斷漏水，無法修好，翌日，司機只好搭一輛往北的運輸車回寶雞配零件。這樣，旅客就得多住兩天，等他回來了。

廟台子棲息在紫柏山峻嶺中，有中國旅行社辦的招待所。經過大巴山脈、西秦連雲棧道的艱苦旅程，客人們發現這樣一座宿處華麗而整潔的真是說不出的舒服、滿意。只有歷經撒哈拉沙漠式的長途飢渴，人才會真感到一杯可可的芳香，一塊奶油麵包的可口。紫柏山原屬風景勝地，充滿神話和古代傳說，旅客們本就留戀不置。傳說這裡是修道者與高士們的隱居聖地，最著名的就是張良和黃石公。一座建築輝煌的留侯廟，正是紀念這位漢代大政治家兼大哲學家的。為表彰這位操行卓絕的大智者，廟裡到處是題字、匾額楹聯、條幅、堂幅和紀念品，出自各式各樣達官貴人的手筆。這一切，除了攀龍附鳳外，還表現出後代許多政治人物的哲學追求和靈魂虛無面。這些貴人們，雖然沉浸於高貴的回憶，行為上，卻極少可能跟蹤那種真正的歷史芳香。他們大都沒有能力再版這位漢代偉人的最後一幕。舉個例子，那位著名的基督將軍，在這裡曾親筆題字，留下極深情極崇拜的楹聯，後來，他自己卻死在一條外國輪船的一場大火中（註一）。

這不只是一座梵宇，倒更像一棟美麗別墅，有亭臺樓閣，園苑花樹。招待所就設在裡面。這正是深秋，天氣卻極熱，從寶雞出發時，他們還頂著一片火熱大太陽，抵此處後，竟是一片清涼，幽爽之至，簡直是理想的避暑勝地。再加山嶺海拔奇高，地勢奇僻，風景奇麗，林木奇茂，空間奇靜，有此五奇，人們更不得不佩服那位古代大政治家智慧，選這樣一方神仙福地，當做自己晚年的最後空間，頤養清福。經過幾十年苦痛殺戮、鬥爭和陰謀後，他終於鶺鳥樣棲宿在深邃大森林中、高峰間。許多名將、功臣，當初幫那位地保流汗流血，轉戰中原，曾光榮的被敵人索去大量鮮血，最後剩下的血，竟又不光榮被主子兼朋友榨乾。在他們中間，能享受愉快晚景的，這位韓國人幾乎是極少數者之一。最後，他獲得一個寧靜而高貴的死，不沾住任何污穢或恥辱的死。

印蒂欣賞廟中風景和遺跡時，不由而然，也品鑑這份東方政治哲學的最高象徵。這位古代智者、彷佛並不祇活在一千多年前，他的生命，仍縈繞於現代，他的四周。

旅客們賞翫山景。第二天，很快過去了。晚上，印蒂聽臨時旅伴們談起一些道聽途說本地佚事，傳說，其中滲雜不少神話。這些崇山峻嶺間，不只張良遯跡過，另外一些聖者、隱士、高僧、道士，也卜居過。現在，據說仍有些修道者，隱遁在這一帶。招待所裡的一個招待員，陝南人，黑臉孔，一隻溜光腦袋像個大葫蘆，他露出一派玄妙神秘的臉色，極鄭重的道：

『這裡是一些神山、佛峰，有仙氣。要修行、成道，這兒比哪兒都好。三山五嶽算不得什麼，只有紫柏山才是真正仙山。你們看，張留侯道行多深，名氣多大，生為相，死為仙，好不了得！這裡，有些山，高極了，簡直在雲裡。平常人走不上去，上面卻有廟有人，你說奇不奇?有些廟宇，茅棚，是前清留下的，別人找不到，他們卻找到了，人家硬是有法力、有慧眼麼！有些廟中，茅棚中，據說有人住在裡面，兩三年不出來，直到修練圓滿，成仙得道為止。去年，就有一個樵夫發現這類事。他回來，許久都不敢說，怕遭天譴。後來，樵夫大年三十喝醉酒，才說出來。……我看，絕不是醉話。醉漢有時比醒漢還醒呢！』

他還講了好些奇事，旅客們半信半疑。印蒂不相信其中的神話成份，卻相信它的合理部分。一切神話，原只是誇張了的現實，長了翅膀的真實，折去翅膀，刪除浮誇的枝葉，核心處，仍有真花、真生命。

第三天，早飯後，他到附近山巒間閒蕩。穿過張良廟，他攀爬上一座毗連的山岡，它並不大，也不險，四周有蒼翠的紫柏樹。他的視覺在那片濃烈色彩間沉浸了一陣，接著，他爬另一座峰巘。這座山峘，也像張良廟附近一樣，有奇樹、怪石、泠泉，與澄碧的澗流，他望得出神了。猛抬頭，向對面峰嶂看去，他不禁怔住了。

『好奇麗的白雲！』

那不是白雲，是一大朵一大朵白色夢，白色睡蓮花的夢，偶然碇泊在嶺表。綠色山岫白色雲。山不是山，是花的葉子，綠色葉子托白色花，它們開展得那麼偉大、空靈，迷人極了。宇宙間，假如真有最瑰麗的存在，那就是雲，特別是白雲。它如煙、如幻、如凝乳、如羊脂玉，純潔極了，也透明極了。有生以來，印蒂還有沒有見過這樣玉潔冰清的白雲。他望著望著，整個發癡了。

那大朵大朵白雲，棲息在對面山頭上，離地極近，看上去，只要走上幾分鐘，就可以抓住它們。綠山襯白雲，綠自綠，白自白，真美。他渴望這大朵大朵的白色，它們有點水晶樣透明、瑩淨。他得靜靜走近去，走入它們透明裡。那真是一條條白色的船，誘人攀入舟中，悄悄躺下，在裡面睡一個覺。

他沿著半山一條羊腸小徑前進。道上亂石叢疊，雜草紛披，林樹岑蔚。這是採藥人腳跡鋪成的。看看一二里，十幾分鐘路程，卻走了三倍時間。彎腰盤旋好一會，終算繞過山腹，達到對面山腰了，羊腸道沒有了，他順著傾斜的山脊往上爬，還好，傾斜度很大，是幾何學上的一個補角，一路又有岩石草樹可攀，他蛇行而上，不久，就登山巔。仰頭一望，他不由大大失望。原來，先前看上去很近的朵朵白雲，仍在後面一座峰頭上，這裡只不過靠近雲彩邊緣，遠遠看去，兩峰就像櫛比連在一起。

後山頭離這裡更近了，直徑不過一丈多，似乎一伸手，就可捫住朵朵白雲。但兩峰之間，沒有飛橋，也不能飛過去。假如穿過兩山之中的大窪谷，這個高空不過一丈多長直徑的谷，卻有一段可怕的旅程。他必須走下這座山，直達山腳，穿越山谷，抵對山麓，再慢慢往上爬，天知道那有多少里路！主要是，崖岩內掩覆了一些柏樹林，他就看不清谷底有多深，以及對山的路。理論上，似乎只要穿過去，就可通達對山，但山巒叢疊，山窪谷又虬連山岡，你要找尋對山，結果，鬼知道會把你帶到哪一座山上？

說不定他爬個三天三夜，又爬回出發點，終於找不到那朵朵白雲；然而，他既決心找它們，就非得滿足好奇心不可。在生命中，他從未放棄過他真正追求的事物：一樹、一花、一木、一石、一劃、一曲，甚至一個字，一句話。

正躊躇間，轉眼一睄，靠山右腰部，他找到部分空間，那裡並沒有一條正式路，但在他想像中，應該有一條狹長空間——哪怕是最窄最窄的，可馱載人 類腳跡，通達對峰。他決定試試。

這一段是個弧形，山石壘疊，並非不可攀緣，威脅人的，卻是下面萬丈深淵，一不小心，栽下去，屍首就得到幾十里外去尋，去收。此外，中間一段，野草 獰猛，深而且高，也得留意，必須弄清楚草下面是泥層，還是別的。萬一腳步踏空，也會滾入山谷底。他也知道，深山草澤，有一種火赤練，不過一二尺長，卻能咬人、毒人。特別是，牠們中的小蛇，更可怕。老蛇聽到腳步聲，會逃走，小蛇卻不懂得怕人，蜷臥不動，假如一腳踏上去，牠們一驚慌，便會咬你一口。在大巴山脈遭蛇咬，血液中毒，只有準備進天堂。剛才一路來時，他就看見一條火赤煉鑽到草叢中。然而，世界上從沒有一種毒物真能嚇住他。二十幾年來，各式各樣毒蛇猛獸他都遇過，火赤練算什麼？即使他面前埋伏一座蛇窟，他也得走過去。既追求美麗白雲，就不能怕一切毒物。

慢慢的，他爬過去，一塊岩石又一塊岩石，一個岩圈又一個岩圈，一溜火成岩又一溜火成岩，一棵樹又一棵樹，一叢草又一叢草，一朵野花又一朵野花，一片松針又一片松針，一節路又一節路，一個斷層又一個斷層。爬到那片深草叢時，他特別當心，用兩塊大手帕分別紮緊褲管，以免毒蛇鑽進去。總算運氣，沒有踏到任一條火赤練，只當他快走出草叢時，才看見一條蛇游出來，迅疾穿到山下另一片草叢中，可能是被他腳步聲驚動了。他喘了口氣，正在額手慶幸，一抬頭，他卻又怔住了。原來前面巖壁陡峭得很，不像來路那麼傾斜，且有不少青岩石，光溜溜的，滑得很，不易作蛇行，一不小心，就會栽下去。特別苦惱的是：這裡沒有一棵樹，草也極少，他得毫無攀助的往上筆直爬。向下望，是一汪萬丈深谷，往上看，是密密扎扎的一大片野生松柏，鑽進去，恐怕不容易再出來。並且，他很難走進去，裡面沒有路徑。然而，白雲朵朵，離他只四丈多遠了，不久，一伸手，真可促住了。他咬咬牙根，沉住氣，凝了神，費盡九牛二虎之力，攀著岩石層，一寸一寸向上爬，像一隻壁虎。漸漸的，經過二十幾分鐘的最大鬥爭，他的手指終於摸觸到峭壁上最後一塊青岩石。他用全力一蹤，登上峰頂。

他渾身是汗，像剛洗過淋浴。

一小時多的汗並沒有白流。猛抬頭，他不禁沉浸在一派大歡喜裡。

往左側走了十幾步，他已站在一大朵白雲旁邊。

大朵白雲後面還是大朵白雲，一朵朵似透明白霧，如白牡丹花，發光放亮，它們，靜得美極了，也美得靜極了。他沉醉的走近去，踏入白雲中，坐在一塊青色岩石上，休息他那被乏的身子。他手掌被野籐割破幾處，褲子也被樹根刮開幾處，綠色橡膠鞋上，沾滿泥土，掛了些野樹雜草枝葉。他點起一支煙，安閒的抽著，看一篆篆藍色煙飄裊入白色雲朵中。

一大朵一大朵白雲圍住他，冠冕他，冉冉地、繚繞昇騰於他前後左右，這是一朵朵白色蓮花，西天極樂世界的蓮花。幾步外，什麼也看不見。他變成雲中人，霧裡人，天上人。他是在天上？人間？峰頂？夢中？瑤池？神話中？

地球上有哪一條生命，知道他在這裡？人間有哪一個、知道他在這裡？

假如他永遠留在這裡，多好？神仙也不過如此。讓他也變成一朵雲白吧！讓他化成一朵蓮花吧！

這裡有一種誘惑人的奇異謐靜，叫他迷醉。過去二十年所遇到的任何岑靜，都比不上這一刻的。這不是比死還死的靜寂，也不是比無生物還空無無的嘆靜寂，它是超越生死的梵寂。它還不止是靜寂，它裡面還蘊藏著別的極富魅力的東西。它有光，有亮，有閃、有電，在照明他昏眩而蕪雜的靈魂。

他真不想站起來了。

『假如這裡有一間房子，多好！……即使只是一個洞窟，做原始穴居人，也好。』

正想著，一支煙已吸完。他站起來。四五步外，一片雲霧，什麼也看不見，他慢慢向前走，當心腳下，不要把白雲當山峰，一腳踏空，那可真要回到永恒了。

一步步往前走，白雲一步步退。走了四五步，白雲退四五步。其實，白雲並未退。他自己就一直走在雲霧間。身在雲霧中，幻覺雲霧在身外。雲霧在身內，錯感身在雲霧外。他絲毫弄不清楚：這座山峰常年在雲霧中？還是只今天此刻在雲霧中？

一面亂想，一面前進。他已走了卅幾步。

突然，前面雲霧中，似屹立一座建築物。

他仔細端詳一下，視線被雲霧遮擋住，看不靈清，只模模糊糊晃現著一幢龐大體，除了是建築物，不可能是別的。

他疾走幾十步，定睛細看，原來是一座破舊古廟。廟門楣上、有四個隸書榜字：「雲中禪寺」。

『這倒是個好名字，一點不假。』他想。人們真以為廟宇是築在雲間，或從雲裡飛下來的。

廟門半開半閉，他不用推，就悄悄踱進去。說不出為什麼，他此時腳步，特別輕渺，好像廟是一朵白雲的夢，他怕驚醒它。才入門，他就看見一座小型佛座，坐北朝南，當中供設一尊描金的如來佛像。世尊絳帳已舊，連座上的蓮花鍍金，也一半剝蝕，燭台無火，香爐無煙。長明燈卻幽幽燃燒著。幾幅退色幢幡長長垂下來，顯得冷寂。梵座兩側，小型十八羅漢，他們臉上、身上，蒙了一薄薄灰塵，看樣子，許久沒有撣拂了。印蒂望著望著，心中不由有點緊張起來。他看見大殿東角，離如來佛座右側，遠遠的，放了一張黑色八仙桌子，兩個老僧正在奕棋。一個面朝他，一個背向他。從他們面影身影看來，全已六十開外。也許，因為這天雲氣霧氣特別沉重，殿前院落裡，掛了點雲霧；也許，因為雲霧教殿中昏暗，對遠處看不清；也許，那面朝他的僧人年老眼花；也許，他們正專心奕棋，想不到別的事；也許，他們絕未想到：這個時候，會有生客蒞臨；也許，他們習慣把一切全都看成無生物，把一切人全看成雲霧草木的一部分；也許，他們輕視任何客人，絕不招待。總之，不知是由於上述理由中的哪一種或哪幾種，當他進門時，那個面朝廟門的老僧，並未很快注意他，那背朝他的一個，更不必說了。他本想踅過去，招呼他們，旋即又打消此念，彷彿這樣做，絕不恭敬似地。看他們模樣，發現生客降臨，不一定愉快。也決定悄悄往殿西走幾步，等他們無意中發現再說。假如一時不發現，也沒有什麼。他躡手躡腳走到西壁，觀看那幾尊雕得極生動的羅漢。這時，他們中間隔一台佛座，絕不會看見他。正品鑑中，偶然間，他發現殿後大門半開，廟後一大片柏樹，樹叢中一片雲霧。這景象，實在迷人，他忍不住靜靜走出去。一出後門，一切更奇了，原來一大片蔥茂的紫柏樹林中，有一條只容一人的幽徑，它似乎很長，又很曲折。但他極目所見，四五尺外更遠處，又是一大片雲霧。

『它究竟通往哪裡呢？想不到高山竟有如此異景。』

他暗暗納罕，向前慢慢　走著，暗自慶幸，兩個老僧沒有發現他。彎彎曲曲，約莫蹓躂了兩丈遠，雲霧戛然而止。他又望見一小座古舊建築物，可遠沒有先前那座殿宇大了。他本以為，早已走出廟外，其實仍在廟內。這柏樹林與建築物，都屬於古廟範圍。他逕直往前，注目細觀，是三扇竹籬泥牆圍成馬蹄U形，約一人半高，正好包圍住一間房子的門口和窗牖，使它們與外界隔絕。這一間顯然是禪房，住人的，現在，門口圍上竹籬牆，外面人怎麼能進去，裡面人又怎能出來？一個巨大凝團塞在他腦際。他前後左右張了張，那朝東的竹籬泥牆上，有一層小木牕一尺半見方，它此刻關緊了。除此，似乎再無其他直接與外界交通的門牖了。這是一間沒人住的房子？即使無人住，只堆堆雜物，為什麼又有三扇竹籬泥牆？世界上哪有這種沒有門的房子呢？更哪有原本有門卻又用竹籬泥牆故意封死的房子呢？泥牖究竟作什麼用？難道只是一種象徵？走南到北，他也見一過一些庵觀寺廟，杭州就是佛地，大大小小，他曾見過成百個寺廟，可從未見過這樣的禪房！

正驚奇著，一條閃電突然掠過思想波浪，他豁然貫悟。

『這一定是某個僧人在裡面「閉關」。』

他猛然記憶，杭州某大寺，曾見一老僧在一間禪房內「閉關」三年，足不出「關」一步，門口用U形籬泥牆「封關」，以示決心。僅在板壁上開一小木窗，通過它，其他僧人每日穿過另外禪房，定時送三餐飯及茶水等等。他去參觀時，那老僧已「閉關」二年了。

『準有僧人在裡面「閉關」。』

他的好奇心更大了。在這樣雲裡霧裡高山奇峰「閉關」，定是個不平凡僧人。不是高僧，絕無此偉大胸襟，與卓絕意志。在這片松葉之巔，白雲深處，一個人與外面世界的關係，簡直比同溫層最薄的大氣還空無、稀薄。

正面那堵竹籬泥牆，上面有一段，純粹是竹籬，沒有泥封。他個子高，踮起腳尖，頭部剛好達到它。他從竹籬細縫裡，影影綽綽可窺見室內。他選了一條較闊的竹縫，貼緊眼睛，向內端詳。

禪房窗子敞開，一個僧人，正趺坐禪床上，閉目參悟。他頭戴黑色船形僧帽，身穿黑袈裟，軀體魁壯，五官輪廓清晰如雕塑，相貌可算俊美。他年約三十左右，從肌膚的細膩上品鑑，並無三十以外人的中年味，寧近於三十以內。

正望著，彷彿由於一種極神秘的觸覺，幻感到外面發生了什麼，那僧人忽然睜開眼睛，向四周空寂凝視。一剎那間，它們與竹縫中的雙睛正好猛烈撞擊。然而，籬外眸子能看清籬內的，後者卻瞧不清前者。

好像突然遭遇火山爆炸，印蒂大吃一驚，差點沒栽倒在地上。

竭全力鎮靜自己，他算是站定腳跟了，但他幾乎想大聲喊叫：

『啊！莎士羅！！』

正是莎士囉！！

任何一個曾出入過S市貓頭鷹路十三號的人，都會承認：這是莎卡羅！依舊是那幅象徵永恒死亡的埃及公主娜伐拉的畫雕，但畫面上的死亡色彩，被大大沖淡了，淡得只剩下極薄極薄的一層。假如再淡下去，它就不再放射埃及味，倒可能蛻變成希臘風格了。娜伐拉也可能會化為狄安娜女神。在這張依舊帶點漢魏石刻風的臉上，那股深沉的黑暗情緒沒有了，那種司芬克斯式的半人、半獸的古怪趣味，與尖銳的諷刺，也沒有了。這僅是一雙黑眼睛深沉得極寧謐，黑得很諧和，它們彷彿在向一種永恒的光明體不斷凝望。她的沉厚黑髮沒有了。她的頭，仍是瑰美的，在一種美的線條，美得很純粹、超越，不像過去那樣混合相當強烈的官能味。由於長久隱居，她淡棕色的臉，轉為一片白淨，像一朵素馨花似的幽麗。她厚厚的嘴唇邊，也一派梵靜，再沒有任何蔑視的線條，它們與整個面部氣氛溶成一片，像四周宇宙一樣，融化在一種無始無終的神祕靜穆中。

一句話，這個女人的肉體形式完全變了。

不，形式大體沒有變，但隱在它底裡的一些精素、質地，卻全變了，內的變化入滲透外層，整個形式也跟著走了樣，顯得空靈，幻渺。正像同一支拉羅的「西班牙交響曲」，曼紐罕所奏的，就和詹巴列斯特大不相同。

她純粹形體的主要變化是：由於過久迴避日光，她的由　淡棕色轉為白淨的肌膚，有點蒼白。此外，時間也稍稍磨粗了它，它不像從前那麼鮮緻光潤了——那種秋季蘋果式的絕頂鮮潤，雖然，一般說來，它仍是華麗的。

印蒂望著望著，幾乎入定了。有十幾分鐘之久，他一直深深沉在入這種純粹凝望中，像一個從未航海者，第一次面對海洋。最後，他從沉「望」中醒過來。因為，不知何時起，她雙眼又閉上了。這一閉，可能是一點鐘、三點鐘，誰知它們什麼時候再睜開？也許，它本已閉闔許多點鐘，只由於一種神秘的醒覺，才偶然張開。

對著這副閉緊眼睛的臉，他又深深看了十分鐘。他腦際裡，一點思想也沒有，他是沉浸在最單純的凝視中。真奇怪，平日那片奔騰澎湃的思想，都飛走了，不知飛到哪裡去了。現在，他只是一個毫無思想的原始人，那第一個海垤爾堡人、披爾德唐人、羅台西亞人。他第一次偶然覺悟到：也許，思想是絲毫無用的。一切思想，可能只是人類的浪費。他必須做一個披爾德唐人或震旦人。是的，此時此地，他不該有任何思想，也不該有任何動作。一種奇異神聖的力量、統治他，告訴他：即使天馬上要塌下來，他也不可以用任一個聲音、任一個手勢，來驚醒離他只有幾尺遠的那個黑衣女人。一點不誇張，有生以來，真是第一次，他邂逅到這樣神聖得可怕的時刻。

不久，一種內在的神秘氣氛似乎滲透他。這是一種巨大壓力。他無法再站下去了。經過三十分鐘的深深凝望，終於，逼他的臉慢慢離開竹籬泥牆，接著，他的眼睛也離開它們的被凝望的形體。他轉過身子，沉思的、幽幽的，一步一步的，沿著紫柏林中那條幽徑走出來。快到廟後門口時，他轉了個方向，繞道靠右的廟後牆根，走到廟前。一種詭幻的感覺，一直統懾他，他不敢再走入殿中，再看見那兩個老僧，或和他們談話，這樣做，似乎會破壞宇宙那第一片太初和諧，和天地間一種極不平凡的靜穆。他必須靜悄悄的走，靜悄悄的離去，靜悄悄退出這片神聖空間，這片白色雲霧、山峰——假如他血液裡還有一立方厘米的真理感的話。

兩小時後，很費了些艱苦努力，他又回到廟台子，留侯廟招待所中。晚餐後，他又聽見那個黑臉孔招待員閑話紫柏山區的神話、傳說、佚事、掌故，包括那些在茅棚中閉關兩三年的人。

他聽著，一直不響，也不驚詫。後來，他發現講話人一再重複時，才悄悄離開，獨自去走到張良廟的一座紫柏樹林裡。他散步了許久。這一夜，月光明亮，他在月光中徘徊到深夜。

一個聲音在人也耳邊：

『先生，不早了，可以休息了。水箱已經修好，明天清早六點，就要上路，趕往褒城。這一路都是漢朝棧道，險得很哩！』

轉臉一看，仍是那個黑臉孔招待員，那個溜光腦袋瓜像個大葫蘆的本地人。這隻大葫蘆裡面，不是裝腦漿、腦汁、腦細胞，它裝滿了紫柏山一帶的許多故事。

『你真相信……這山峰的雲霧深處有人修道麼？』

『那還用說。幾千年來，就是如此。』招待員脖子上那隻大葫蘆在搖動。

『你進去過麼？』

『嘿！我的好先生！您真是！』他笑起來了。『要真正有道行的人，才進得去，住得下，修得成。咱們平常人，哪能白天做夢？這不是癩蝦蟆想吃天鵝肉？』

他說完，大笑起來。印蒂卻沒有跟著笑。他噤默著，又沉思起來。

三

『你為什麼不推開窗子，和她談話呢？』

『有一種巨大力量統攝我，使我不敢推開窗子，和她交談。這是一種神秘的統一，它有一種奇異的誘惑力，我怕：吹彈出任何一滴聲音，作出任一絲纖維的行動，都會破壞這種偉大的統一。不只她本人在創造這種驚人的統一，任何不真正呼吸到這種統一氣氛的人，很快也就參加它，和她合作，共完成這種莊嚴的統一。』

『你當真毫無一點慾望和她談話麼？』

『這有點矛盾。起先，我有一種衝動，想推開窗子，突然出現在她面前——於是，一個長久或短暫的噤默或談話，但很快的，我呼吸到她臉上溢出的雲霧味，那種瀰漫在她四周的神秘氣氛，神秘力量，和偉大的統一。我的衝動馬上被軛住了。』

『你真相信，她在那裡很久了麼？』

『我相信，她在那個房間可能有一兩年了。她那片奇異恬靜的臉色，是一個證明。在過去，它從未出現過這樣一種心態。我也從未在任何一個女人臉上看　見過這種情態。』

『你覺得她有什麼變化麼？』

『在我印象裡，屹立在大金字塔陵寢墓碑前的，那幅象徵永恒死亡的埃及公主娜伐拉的畫雕，是沒有了，代替的，是印度亞迦坦畫窟裡的雕像。那個半人半獸的司芬克斯，是沒有了，是一個不新的比較和諧的生命。她過去與一切黑色衣服太多的聯繫，和一切黑夜太多的血緣，也沒有了。但並不是說，她已經完全走到太陽裡，或變成白晝型了。不，她只是開始與另一種新的和諧的顏色及時辰相結合。你可以感覺，她已深深的在一切生命中最深沉的核心那一部分游泳了。』

『你後悔這次與她相遇麼？』

『沒有什麼後悔的。在現實生活中，我們所遇到的奇蹟故事，比一切浪費小說中的多得多；我們所失掉的奇蹟、同樣也比浪漫小說中的多得多。相反的，我倒很高興，她這樣一幅畫面，可能在生命中帶給我一些新的色素。為了畫好我們自己的畫幅，一切新的顏色都對我們有益。』

林鬱聽完，沉思了一會。他幽邃的眼睛，慢慢射到屋角茶几上那個紫膛色假山石盆景。

這場談話，出現在當天晚上印蒂剛到重慶後。他一下汽車，把行李搬到旅館，馬上訪林鬱。這正是晚飯時分。一頓長長晚餐後，他們坐在後者的小小起坐間，開始一場已經中斷五年多的談話，這時，夜開始漸深，陳雨在廚房裡忙碌一陣，又為他們獻上茶後，已在隔壁寢室裡睡了。

『人真是一個奇怪動物，當她什麼也沒有時，她費盡千辛萬苦，一想得到一切。等到她真得到一切，又費盡比原來更大的痛苦，想甩掉一切。』林鬱沉吟　著，喃喃著：『這是一個謎。』沉思了一會，慢慢道：『這個謎，也可能有一個答案。』緩緩的，他凹陷幽邃的眼睛，又一次射到那盆假山石上。『答案就是這個石頭。』

『你看，這個帶幾小片圓圓綠葉的小小假山　石，只不過一尺高，站在這個長方水盆裡，卻有無窮神秘。你說不清它像什麼?是什麼形狀?什麼顏色?從哪裡來?怎麼形成的?這一剎那，你只是一陣驚奇，忘卻一切。遠遠看來，它什麼都像，什麼又不像。你可以說它是真山，但一座山不會裝在一尺長的水盆中。你可以說它是假山石，但它本身是真山石。那幾片綠葉，幾乎有山一小半大，更叫人迷離。它雖然它有形有色，但我們可以說，它是超乎形狀和顏色的存在。因為，我們無法說清楚它的真形，真色，一切比喻只是附會。

『真的奇蹟是：一剎那間，叫你忘記一切。因為，它把你帶到另一個你所不知道的世界。而且，你無法解釋你在這個陌生世界的感覺。

『奇蹟就在這一剎那的楞，駭、震驚。

『也許，生命中最令人珍惜的，就是這份神奇。即使它只是一尺見方，但它有一種奇異的沉沉，帶給你一些不知名的思想、情感。

『那說得太清楚的，是太少深沉的。只有那無法說明白的，才是真深沉的。

『和這件古沉沉的假山石盆景一比，那些紅色康乃馨與白色蒼蘭，就淺　薄多了。這塊假山石不一定美，卻有一種令人顫慄的深邃。它不像紅花綠葉，離我們這樣近，卻離我們遠遠遠遠，遠而深湛，它上面彷彿堆積了千萬年的時間。

『現在，我才真明白：有時候，一塊石頭確比花朵還美，比一切花朵都美。只因為它是一塊石頭。以前，我只懂得愛花。

『也許，在我們靈魂最深處，也得有這麼一塊石頭，它叫我們更深、更遠，叫我們對一種永恒體永遠發癡發迷。

『剛才你曾問到我近兩年心情，我回答是：請你先看這塊石頭。』

四

幾次會談後，這個開始咀嚼石頭的馬來亞型男人，與霧城另外幾個友人一樣，給印蒂一種沉重而錯綜的感覺。他沉重，因為，這些知識分子、對自己生活，有一個共同特點，像印度吹笛弄蛇者，他們有時恨蛇，卻又靠蛇來延長自己生命。他錯綜，因為，他們精神像一塊地質學模型，是那樣凸凸凹凹、高高低低，但他們又暫安於這極不平坦。比較之下，他自己是純粹而且直線得多了。至少，在他與蛇或模型之間，沒有任何妥協或血肉攀牽。

在西北那座古城，一些知識分子同樣在經歷一長段沉鬱季節，但調子沒有這麼穠，靈魂與現實的肉搏，也沒有這麼激烈。

然而，林鬱並非真正持久的肉搏者。這是他與印蒂的基本分歧點。雖然，一塊石頭已成為他的起居室核心，而他已開始玩味它、沉浸於它，但他內心深處，卻永遠缺少一塊真石頭，要不，他將和印蒂一樣，早不甘心聽任命運擺佈，隨便讓自己關在一隻鳥籠內了。

印蒂發覺，莊隱雖然一直走現實最低地，卻從未真正躺下過，他在蘭州的失敗，充分說明這個。林鬱卻完全躺下了，儘管他有時詛咒身下面的不平坦與粗獷岩層。

五年前，他和陳雨出走南洋爪哇，曾主持吧城光明報的國際版，有時兼撰社論。公餘閑暇，則讓海風吹拂他們的愛情，叫海水沖洗他們的幻夢，享受看椰子樹葉搖擺下的玫瑰幸福。抗戰爆發，他們遄回香港，仗著過去S市時代與金融界的某些關係，擔任內地一個金融信託業機構的駐港專員。機構負責人又拿出一筆錢，辦時代日報和時代出版社。他兼任二者的總編輯。豐裕的物質，加上寫評論和譯書的自由，形成他生活外層的柔和氣氛。在內層，他逃出法學士妮亞的冷酷羅網，投入陳雨的婆羅洲型的原始熱情雷雨，他算真正咀味了兩年來的生命芳香與甘美。然而，沒有一種芳香能儲入保險櫃，命運永遠在伺機襲擊每一扇幸福窗子。

太平洋戰爭前一年，他突然被調回霧城。他不得不面對一片新現實。一個龐大而複雜的政治蛛網交織在長江與嘉陵江之間，在這扇大網內，他只是一隻小小昆蟲。他失去時代日報的地盤，山城的霧，也不許他那些太客觀的評論再度顯形。連時代出版社重慶總社譯書，也深受一些拘束。他充任那個信託機構理事會的秘書，一切靈魂船隻，必須駛行在最古老的「等因奉此」河道上。他生活裡那座巴黎蒙馬特亥是徹底崩潰了。他外層那件過度豐肥的物質袍子，也不得不束上一條緊窄腰帶。陳雨一次小產，和長久住醫院，抹掉他預算上一筆長期積餘數字。現在，隨著她再度懷孕，小腹逐漸膨脹，錢口袋更是逐漸縮小。在這一切之後，再加上兩間宿舍斗室的七八扇狹窄牆壁，他們便沒有多少興致合唱夜鶯曲了。他既是巨大八卦蛛網裡的小角色，良知又叫他拒絕一些過分不潔淨的金子，便只好一面偶寫一兩篇「死塊頌」之類的小品洩憤，一面卻以哈台的命運哲學解嘲，自欺自騙了。

這次久別重逢，印蒂覺得林鬱的最大改變是：沒有從前坦白了。雖然他最厭惡官場習氣，但不知不覺間，也被四週的冷酷與虛偽所傳染，情緒凍結，精神僵化，思想外層結了層叫人很難咬嚼的硬殼。在日常生活中，他所接觸的一些人，他們的心靈是個手套，思想是個手套，面目是個手套，四肢肉體也是個手套，他所握到的永遠是手套，不是真手。經過這種無窮扮演和實習後，不自覺的，他也替自己製了一副永恒手套，這使印蒂有點痛苦。但他諒解這位老朋友，後者是靠著這副手套吃飯的。他不該責備任一個爭取基本生活權利的人。

『他早已忘記妮亞了。』印蒂想。

『我想，她在淪陷區早已有出路了。以她這樣善於運籌帷幄的女人，不可能不會替自己找到最安全的軍事基地。』幾天後，一個晚上，林鬱苦笑著對他談起妮亞。

從他話裡，印蒂還知道：幾個在山城的朋友，境遇都不大好。

楊易已婚，但家庭並不幸福。有一次他回鄉小住，在南溫泉，林鬱發現楊的妻子與一個話劇演員泛舟，兩人鶼鶼鰈鰈，很熱絡的樣子。林告訴他這件事，他聽了，只是苦笑，不開口。目前，他賦閒在家。

韓慕韓當了空頭參謀長，他那支韓國軍隊，一直在一軍事機關的公文箱裡打游擊，已打了兩年多，他很苦悶。此外，據他說，他和妻子金翠波的感情不很融洽。可是，誰也沒有看見過她。她像一瓶被禁的酒，永遠埋葬在一個誰也不知道的地窟裡。其實，她不過住在南岸的土橋鄉間罷了。每當友人們提起她，他似乎不願多談。人們根據古老的嗅覺判斷：這位韓國革命者，大約又開始製造什麼緋色故事了。

歐陽孚已結婚，以莫須有罪名，二度入獄，判三年。在友人中，他是最叫人苦痛的一個。

黃幻華也成家了，現在專門編譯書，有的，交給與林鬱有關係的那個出版社，有的，交給別家，生活勉強可維持。但他那個蘇北籍岳母，對他是一大心理負擔。

韋乘桴是一家報館的經理，兼社論委員，在物質上，他是幾個友人中最豐裕。因為，他那溫州醬酒業大商人的父親，直到此時，還是兒子的投資人兼負債人。

藺素子，也遭遇一些事變與打擊，但精神上，卻是這群知識分子中最富朝氣 的。他孤獨一人，卜居重慶南岸，妻子仍留在S市・馬爾提已婚，繼續畫畫。喬玄君野夫婦行蹤不知。

詳悉所有友人消息後，印蒂唯一感覺是：他落後了。在真正現實裡，他比所有這些人都落後了。不管對或錯，他們大都「前進」到幾千年來最古老的歷史軌道，以「婚姻」和「延續人類後裔」為唯一港灣，暫時碇泊下那艘幾乎已失去定向的航船。儘管日日夜夜他們與港灣爭吵，但船錨卻很少移動過。假如沒有真落後幾乎又退到二十年前第一步，那個最原點。似乎二十年來一切沒有發生過，他必須開始一個目的完全嶄新的開始。

『我們不談這些吧。……一談，總覺黑多亮少，霧多晴少。能不能告訴我一些愉快的呢』

『在霧城裡，你要尋找不是霧的氣體和液體，正像在北平萬牲園內尋找達爾文和牛頓。……』停了停，林鬱道：『其實是，除非你不回憶，也不碰現實，否則你不是左狼，就是右虎——前面呢，一片大霧迷茫。』

另一晚，在長久談話後，林鬱似乎比較坦白了，斷斷續續地傾倒一些衷曲。他燃上紙煙，一陣噴吸後，慢慢道：

『戀愛是為自己，結婚卻是為別人，主要是為社會。一個三十多歲的人，假如還不結婚，社會會把你看做怪物。在鄉間，人們一定把你當做妖精。任何筵席上，總是一對對進去，一夫一婦坐下，假如你稱孤道寡，你就對不起主人。逛馬路，同事們一雙一雙，你一條影子，就有點像鱷魚，突出得很，也可怕得很。見面寒暄，人們習慣問：『尊夫人好嗎？』或者『你太太』如何如何？你假如有點狼狽，答不出，不只對方失望，連自己也會因對方的失望而失望。而且，人們連絡，拉關係，總先由太太和太太交換感情，你無可交換，就證明你是一隻平地冒出來的大南瓜，別想牽絲攀藤，打開場面。假如你真要堅持獨身，那麻煩，可能比你結了婚還大。你會遇見數不清的媒人，每到一處，你上司夫人或你同事妻子或你朋友太太，必替你做媒，甚至你同事的小姨、姑母、姨媽、表姐，也要替你介紹女朋友。這一切，形成一種壓力、一種氣氛，勢必叫你非接受這些夫人、姑母、姨媽、和表姐們的意見不可。三番五次，十次，八次，你一定拒絕到底，會使彼此不歡，你們關係，將像油與水，溶解不透。再則，長久了，他們將懷疑你生理上有缺陷，說不定做過太監，或是太監型。再不，你一定有什麼隱衷、秘密，這就會變成蜂巢，無數謠言的蜜蜂將往裡面鑽。起碼，你這個變態心理者，不是白癡，就是神經病，不值得多接近。』

林鬱吸了口煙，吐出煙圈，慢慢笑道：

『老實說，為了這種社會圈的氣氛，壓力，你不只要有老婆，最好還得有兒子或女兒。人們一開口，有時就會問：「你有幾位公子？」「抱歉得很，哦……」於是，對方替你惋惜，而且，從此就不斷「惋惜」下去，而且，一家又一家替你惋惜，直到你被「惋惜」得恨不立刻一搖上課鈴，馬上把一大堆孩子搖出來，再不，學魔術師，空箱變白鴿，變戲法，變出一個兒子。』他把煙蒂插入煙缸，作了個結論：『除非你不進社會裡圈，不吃公家飯，不拉社會關係，否則，為了你的上司、你的同事、朋友，為了他們的妻子、姑媽、姨媽、大姨子、表姐，你非得有一個老婆不可。』輕輕嘆息一次。『我羨慕你，因為你永遠是個波希米亞人，不想進社會深處，不與官場打交道，這樣，你才能稱孤道寡二十！』

『但我現在的生活不一定比你更幸福。』

『你不幸福，是因為你擁有太多的自由，用不了花不盡的自由。我卻正相反。……不管怎樣的燕子，不能因為它的自由太多了，太過剩了，就必須鑽進與籠子找幸福。』

談到這裡，剛巧被隔室陳雨聽見了，她苗條的身姿立刻出現在客廳內。她笑著問：

『既然這樣，誰要你結婚呢？』

『問你呢？』林鬱也笑起來。

『問我？』她輕輕撫摸著他的肩頭，溫柔的道：『你不是三歲小孩子，沒有人強抓你的手指，去在婚書上畫押，為了一袋糖。』

林鬱苦笑道：『我正是為了一袋糖，才出賣我的自由，正像浮士德為了浮世歡樂，把靈魂押給魔鬼。』

『怎麼？我是梅斐士德？』她嫵媚的笑著，輕輕拍打他頸項。『好了，從明天起，「梅斐士德」解除你的契約，好不好？』

『你這是說真話？好極了！我百分之二百的同意。不必等明天了，馬上就「解除」。請老印做證人，我這就擬稿子。我願意把這裡一切財物都給你，只要你同意，我像老印一樣，做波希米亞人！』

我當真找出紙筆。陳雨把他手裡那張白紙搶過來，撕得粉碎，連鉛筆也扔到地板上。

『你發瘋了！』她臉色馬上變了，變得一片蒼白。

他見情景不對，登時一隻手臂把她摟到懷裡，百般哄她、安慰她，她明亮的眼睛裡早已充滿淚水。好不容易，說了個笑話，她才破涕為笑。

『你呀，你真是一個百分之百的梅斐士德。我命裡的魔鬼！你最大的本事，就是你那張用薔薇花和蜂蜜編成的嘴。』她用纖纖右手指戳了戳他的額頸。

說笑了一陣，陳雨又回到隔室休息了。林鬱話聲放低了，他輕輕對印蒂道：

『雨還是個小孩子。我希望，她肚裡這個大雞蛋生下後，能給她添幾歲年紀。』點起一枝新煙。『苦惱正在這裡。對著這樣一個善良的靈魂，你即使有無窮的苦惱，卻找不到出口。假如她真是個梅斐士德，像妮亞一樣，我倒有辦法了。』大笑起來。『至少，我會伸出一雙手，把她扼殺，像奧賽羅扼　殺蝶斯德摩娜一樣。』

『我以為你要求太高了。你既然早知這是一隻籠子，進籠後，就不該再要求天空。從入籠第一秒起。你就該清醒的估計到：此後，你只能享用——也只該　享用籠子所帶給你的一切。』

林鬱繼續吸煙，沉思許久，終於慢慢道：

『事情不只是籠子，也不只是這個假定的斗室裡的梅斐文士德。我和我們這一群人的真正悲劇，是在別一方面。』

停了停，他一面噴吐著藍煙，一面陰鬱的低低道：

『事情已不是一部懺悔錄或一曲「漢宮秋怨」所能表現的，這一切還含有極強烈的「時代」色彩。現在我們不可能享受悠閒。「死書」不只出現在古埃及，出現在地中海彼岸，太平洋中，或亞洲大陸，它的一字一句，都掛在我們窗緣上，和屋角蜘蛛網纏在一起，與鄰舍孩子哭聲打成一片。

『從前，我們可以逃避在華爾茲裡，威士忌酒瓶裡、女人胸膛上，現在，這樣的逃避不只是不可能，而且連逃避的條件也沒有。這是一個霧城，據說，又是一座「精神堡壘」，像我這樣的人，卻必須鑽在一堆數目字：「借」與「貸」，「摘要」與「結餘」中。假如　我鑽在威士忌酒瓶裡，明天人們將把我從保險櫃旁邊拎起來，再從窗口扔出去。如果我找華爾茲，有幾十雙同事或熟人的眼睛，利箭一樣射穿我。（陳雨正懷孕，不能跳舞了，她現在也不愛它。）假如我逃避到女人胴體間，我這隻小小鳥籠，馬上會變成一座富士活火山。再說，今天究竟在抗戰，一場血淋淋的戰爭正在進行。作為一個知識份子，我們目前生活，不可能是當年S市的生活的翻版。

『從前，我們還可以坐咖啡館，用可可杯子或啤酒杯子斟滿現實，慢慢喝、品、欣賞。現在，我們只能坐在機關的會客室裡，談談現實，或者，在太太眼睛的監視下談。大衛沙龍咖啡館，早已隨它老闆逃難到這兒了，但我卻不能像幾年前一樣，有時竟把它當自己會客室，連去坐坐的興致也少。這兩天，因為你不遠千里而來，五年不見，陳雨才算放了我幾晚假，否則，此刻我早該陪她「上蘇州」或忙家務了。過去，妮亞僅僅在貨幣上奴隸我，只要我不多麻煩她的錢口袋，她就不會多干涉我的行動自由。那時，我儘可另外設法找錢，找自己空間。陳雨呢，在物質上是釋迦牟尼，感情上卻猶太極了，她佔有我全部精力與時間。只要一下班，幾乎每一秒鐘，我都扮演最忠實最鍾情的羅米歐，連她內心一片偶然掠過的陰暗浮雲，我全得用一方乾淨手帕拭去，為了保持一片永恒明亮的天空。也許，我可以自我解嘲，說，從前，我是痛苦的奴隸，現在，則是幸福的奴隸。可是，奴隸總是奴隸。

『從前，我沒有許多錢，卻有相當數量的錢，和大量時間。那時我是一家報館主子，主子的一例可自由支配時間。現在，我既沒有錢，又沒有時間。物價一天天漲，薪水階級越來越勒緊褲腰帶，我又不是生意人，精於玩錢弄錢者，有什麼法子能水漲船高，抵擋窗外那一陣比一陣急的通貨膨脹的流水音樂？

『我不想談這些，但這卻是現實。我幾乎想改名，不叫林鬱，叫林現實了，為了讓人們更透徹了解我現在處境。

『一句話，緊得很。在寫字間，加減乘除，三下五除二，叫你緊；上面下面的人，你得應付，叫你緊；在家裡，老婆對你過度的熱情，叫你緊；宿舍裡，同事們家眷雞爭鵝鬥，叫你緊；出去吧，街上到處是人，擠得叫你緊。平常緊，假日和星期天，有點空，想去看場電影，門口隊伍排得比繂繩還長，更叫你緊。從早到晚，一年到頭，你永遠像穿一件緊身馬甲，緊得你腰酸背痛，不知何月才能脫下。』

他又一次把煙蒂頭插向煙缸小洞眼裡內，從另一個缸孔中、取出早前那一支，放在缸裡。

『六、七年前，我也曾嚷　嚷過活著太麻煩、不如意，但那時我還有避風港口，現在，什麼港、什麼灣、什麼澳也沒有，這間一剖為二的兩丈多平方的空間，就是一切。』輕輕喃喃：『這就是戰爭。』加了兩句：『當然，我們得為戰爭盡我們自己一份責任。這已成為我們命定的事業了。』打了個哈欠：『好，不談我了，聽了這些，你會失望。還是談談你吧！你是我們當中最生氣勃勃的一個。你永遠是按照自己自由意志行事。你一直在追求一種永恒理想……或者，談談西北那座古城吧！……那是怎樣一個古城呢？』

印蒂凝望視那盆假山石盆景，慢慢的，沉入回憶。他的強烈而深邃的大眼睛，漸漸陰暗下來。

『那是亞洲腹地上老得不能再老的城市，比一個百歲老人還要駝腰、龍鍾、白髮、起皺。它和成都正相反。後者到處都是茶室，與談話的漩渦，每一個十歲孩子，也是西塞羅、第德羅、米拉波。在西安，幾乎沒有一個茶室，沒有一片集會活動聲音。年齡上應該是囉嗦的老頭子，也噤默得像一條魚。他唯一的音籟，是那一圈圈藍色煙篆，從一支長長竹節旱煙桿的古銅煙鍋裡慢慢飄出來的。

『沒有聲音。到處不是人、是魚，在動，卻無聲地動。不，有時簡直是魚化石，既無聲音，也沒有動作。我想，有一天，這個古城裡的人，會應驗一個西方神話的預言，全變成一尊尊雕刻像，如碑林裡一座座唐代石碑。

『人們在動、在走、在看、在聽，卻不知道他們為什麼在走、動、看、聽。鄭天漫告訴我：他常有一個衝動，想在十字街頭抓到任一個人，問他：「老兄，你究竟在作什麼？……」

『我想，沒有一個人能確切答覆他。他們根本就不知道自己究竟為什麼這樣作，不那樣作？這樣動，不那樣動？他們要動，於是動了。他們要走來走去，於是走來走去了。這是一些在沙漠裡游永的古怪魚。簡單說，他們一切動作的通俗目的，只為了找錢，拿錢，換吃的，吃完，再找錢，找到，再吃，一種純生理的惡性循環，如此而已。此外，他們那不到一平方呎的大腦小腦空間，再沒有別的了。

『在這個古城，聲似乎真死了。走在路上，人們幾乎連擺擺手，打個招呼都懶。一個個人，似乎全是四四方方、笨手笨腳的，活像才從土裡挖出來的白薯或地瓜。他們曾經也有過聲音與手勢，但這些只是歉季和荒年的不合時辰的麥穗子，早被飢餓的時間鐮刀刈割盡了。你不要忘記，這裡曾有過無窮旱災、兵災、戰爭、飢餓、軍閥統治，而且人們吃過人肉。

『只有在空襲警報、敵機臨頭，這個古城才算充滿生命。當死亡出現時，生命才相應出現。此外，珍珠港事件爆發時，古城也轟動過一次。但這是例外。

『差不多從秦始皇的祖先起，這裡就開始大量流血。人只要到這裡走一趟，就會看見一部中國歷史的結論。人這個動物，要在這片亞洲腹地上生存，就必須全扮演一隻才出土的地瓜或白薯，沒有反應，沒有美，沒有色彩，或者，連整個空間，也乾脆變成一座座只有名詞，沒有名詞實質的空蕩流沙城——古代的空洞記憶：龜茲、焉耆、莎車、樓蘭等等。

『那些大風沙日子，罡風是那樣狂猘，在猛烈搖撼中，太陽變成一塊淡銅色圓餅，沒有生命，沒有火燄，隨時會吹落下來，像一隻果子。我走在大風沙中，凝望這搖搖欲墜的太陽，我就想：地球上的亮光，真是快熄了，末日將來臨，到處只剩一片風沙。『可能，這座古城會像西域那些古代城池一樣，突然永遠沉睡地底。玉門關外的風沙，可以埋葬許多古代城市，也可以埋葬這一座。我走著走著，會不會突然變成古代龐貝城裡那些突然活埋的人呢？一千多年後，人們將發現我雙手緊緊插在西裝褲袋內，脖子上緊緊裹著黑色圍巾，臉上還有一種躲避大風沙的神情……』

林鬱聽完了，低低道：『不只你在那裡遭遇大風沙，人們在別的沒有大風沙的城市，同樣也遭遇它或者躲避它。』沉思著，躊躇道：『我早就想問你了，在這片大風沙中，你曾穿過黑色的修士袍子，後來又脫去了，這是怎麼一回事？我還記得，當我接到你那封信時，我幾乎不大相信我的眼睛。「怎麼，我的老朋友印蒂，也會變成一個虔誠的天主教徒？」當時陳雨倒說了幾句聰明話：「當一個人感情翅膀需要時，他隨時會棲息在任一種宗教的鳥窠裡。我自己對天主教就一直懷著秘密的敬意。」她甚至還說出她內心最後一個秘密：「如果在S市，那一次，我們愛情徹底失敗了，可能，我會皈依天主教，你相信麼？」我說：「你這是走『貴族之家』麗莎的路。」她笑了。不過，你這段黑袍穿脫經過，肯定會包藏一個故事，我們希望知道。』

印蒂楞了一下，他那雙強烈而深邃的大眼睛、突然又一次陰暗了。他慢慢道：『這個，說來話長。』

他約略敘述離教經過，終於低沉的道：

『那是一種致命的單純。

『在形體和色澤上，與我十五年前所遭遇的那個命運，雖有點不同，但它們卻有一個共同音色：單純！那種叫人感覺麻痺的單純。

『每天早上，我所看見的、是一張相同的臉——那個出生在伯利恒馬廐裡的青年人的臉，那同一部絡腮鬍子，那同一片長頭髮，那同一雙溫柔的眼睛。每一個時辰，我所透視所接觸的，是同一個形體，大的或小的十字架。

『每天，我們幾乎在重複那同一個故事；那個十字架上的血淋淋的最後時辰的故事。這個故事，一千遍一萬遍，被一千人一萬人重複著，重複了一千年，近兩千年，而且，還要繼續重複一千遍，一萬遍，一千年，兩千年。永遠是同樣的音樂，同樣的大風琴，同樣的讚美詩。永遠是同一個起點與終點——天主或聖母！一部聖經，是兩條單調的經緯線織成的，經線是天主和耶穌的名字，緯線是神話與倫理的至善。人們像條件反射，每一小時重複念著天主、或聖母，重複畫著十字。這一切機械的聲音及動作，時間太長了，將麻痺活潑潑的靈性與感覺。

『言語是單色的，聲音是單色的，顏色是單色的，思想是單色的，動作是單色的，生活是單色。人們單純得像一些金色甲蟲，黑色甲蟲。一萬人一個思想，一個感覺，共呼吸一種空氣。一百萬人也是同一個思想、感覺、空氣。不需要你自己思想，一本羊皮書早替你解決了一切。不需要你描畫，一幅聖像便是一切。在沒有女人共度家庭生活的神父世界裡，這種單一，更奇怪的凸出來。

『沒有相異的吸引。沒有相反的相成。沒有光烘托影。沒有凸襯托凹。沒有曲線配合直線。沒有圓對照方。沒有東相對西，沒有太陽映襯黑夜。永遠是一。而一加一還是一，不是二，也不是三或其他。不許有一或三或其他，只許一。一是聖母。一是天主。一是星球。一是光。一是黑暗。一是感情。一是思想。宇宙是「一」的搖籃，也是「一」的棺柩。一，一，一，一，一，一，——要「一」到末日。

『你想想，這對我這樣的人，有過像我過去二十年那樣複雜經歷的人，在經幾年重複後，怎麼能與我心靈和諧？』

『這樣說來，即使不發生梅神父事件，遲早你也會離開天主教？』

『那很難說。至少，在一個相當時期內，很難說。當初我開始跪在十字架下面時，那是靈魂的一種絕對需要，需要沒有極度矛盾的平衡，這種需要的力量壓倒一切。

『不過，假如時間太長了，當初那一陣強烈衝動的大潮漸漸低下去，而我又開始恢復我本能的那片清明的視覺，那麼，我可能會偶爾——甚至不時感到而且洞徹我當初的那份衝動力。但是，只要我常年禁閉在教堂及附屬空間裡，生活基本上不接觸複雜現象，觀念根本不接觸那些懷疑聖經神話真實性的書籍，特別是，對這個日新月異的科學世界，毫不邂逅，那麼，可能，我還會長時期留在教會內，直到我精神的河流，像巴甫洛夫條件反射似地，除了天主教河床，再不能流通在別的河床中，那時候，我即使要反抗，也無能為力了。不要忘記：天主教是有巨大魅力的。英國當代大詩人，T·S·艾略特，終於也皈依天主教，你不能說他缺少明智。

『從這點來說，我的叛教，可以說是一種偶然。但就我過去精神發展說，遲早恐怕倒會成為一種必然。……不過，這一切是非常微妙，很難說得清楚的。』

『莊隱來信說，一個天主教少女——一個中學女教師，對你很感興趣，可以說，她很喜歡你。』

『你怎麼知道的？』

『他是聽鏡青說的。後者是聽一位張醫生說的。當時我不知道詳細情形，只知道有這麼一回事。我猜想，大約你退出教會後，梅神父他們為了掩飾自己罪行，便製造藉口，說你是由於愛情事件離教的，這位少女便成為替罪羔羊。這也算一石二鳥，這位神父同時解決你們這兩個敵手。』

『大約是這樣。』印蒂深深沉思著，回憶著，『其實，這個古城，只在形式上是簡單的，在內容上，不比S市少女複雜點，只是複雜的項目少了些，不是質量上少了點。……你提到瑪麗小姐。……』他眼望窗外，繼續回憶。接著，慢慢道：『是的，在這個虔誠少女的思想裡，我似乎給她一個深刻印象。可是，在那樣的時間與空間，那是不可能的。』

『假如是現在呢？』

『那同樣是不可能的！』印蒂終於定定的望著老朋友。『你不明白，那是怎麼一回事！一個人，被一座奇異龐大的山峰重壓著，他不可能考慮山以外的任何事，嗯！他不可能。你明白嗎？那完全不可能！』

他的聲音低下來，彷彿在為今夜談話作最後結論：『當生命被一大堆思想壓肩時，他每一個細胞，只能深深沉沒在思想中，——而且是最深最深的大漩渦深處。他不可能預計：什麼時候，他才能脫離這個大漩渦。和這個命定的大漩渦相比較，宇宙間其他一切事，都顯得漠不相關了。』他的右手四隻手指在茶几上輕輕彈了幾下。『這次N城家中辦理我父親喪事後，這種大漩渦的感覺，是越來越重了。你說是時代大漩渦也好，是歷史大漩渦也好，是個人精神大漩渦也好，反正它已經深深沉沒了你，就是這麼一回事。今夜，你和我的全部談話，並不能減輕一點我的沉重負擔。』

五

楊易住在無棗無嵐卻有埡的棗子嵐埡。

他那條里弄的房子，全像一座座專為防空襲的地下室，若從大街面看下去，它們都陷入地底一丈多。他父親從前不只是當地名律師、名鄉紳、四川第一批坐洋船的留學生，還是偉大軍事家，早在二十年前，就算準日本飛機將要來轟炸，因而特別選中這幢地下室，做他揮舞訟筆的辦事處。現在，他回綿陽故鄉退休清享了，便由他兒子接收它。人走下許多石級，踅進去，彷彿不是走在地球面，而是深入地腹。地下室左側是一片體育場，幾乎齊窗基高。

憑窗外眺場上學生們打籃球，那許多雙長腿短腿子，似乎正飛跑在室內人頭上。客人疑心自己是坐在電影院裡，看導演在銀幕上賣弄手法，用顛倒拍攝法，由下朝上，拍了一些鏡頭。

除去上面這點遺憾，這是重慶極優良的里弄住宅之一。它充分說明，他父親過去在山城的地位。

從第一面，印蒂就感覺，這位室主人，也像一瓶多年埋在地窖底的瀘州陳麯酒，酒味雖淳美，但不大得法的貯藏，使它沾了些酸味。特別是瓶的外層和招貼充滿黴點、白霉、潮溼氣。楊易的面孔本是花旦型的，現在，卻愈益蒼白了，白得發陰、顯暗，好像自出娘胎後，從未見過太陽光。

他的變化，可能由於婚姻。

據林鬱說，地下室主人的婚姻，是許多演錯了戲劇之一。不該演丈夫的演了丈夫，不該扮妻子的，卻扮了妻子。在舞台上，這是一齣喜劇。在實際人生中，卻是悲劇。

當他離開S市，到北京天主教教會辦的P大學教書時，他是一個獨身者。根據前幾天林鬱公布過的婚姻哲學，一個未婚的三十左右的留學生兼教授，假如肢不傷殘，五官不「缺一門」，天然就成為一些姑媽們所率領的表姐妹們的衝鋒對象，如果他的親戚中有她們這一類角色的話。

錢素煙是他一個姑媽的女兒，一個高中畢業生。她們一家，那時正寓居在北京。這位少女，對大海那邊的事物，一向發生特別興趣，對維也納、柏林、巴黎那邊歸客，更有「無條件投降」的成見。（請注意，那時德黑蘭三巨頭會議尚未開幕，「無條件投」降詞，還沒有被故羅斯福總統從公文包裡拿出來。）當她發現這位青年教授兼表兄後（在她看來，三十掛零一點的人，絕對算是青年），立刻就和她姐姐、姐夫、母親、父親，等等，組織聯合戰線，以大衝鋒與肉搏的姿態，展開聯合攻勢。在一陣陣猛烈的鎗林彈雨中，這位平日最崇拜斯賓諾莎一生獨身孤居「蛇窟」的黑格爾哲學專家，終於也穿上燕尾黑禮服，戴上高頂黑禮帽，和全身白紗的表妹雙雙走入禮堂，伴奏著樂隊的華格納的「婚禮進行曲」。事後據他說，他並不是為自己，才在結婚書上簽字的，是為別人。他不忍看一個少年因而痛苦，更不願叫他姑父、姑母、表姐甚至表姐夫失望、失眠。那樣一大堆比崑崙山還高的失望，會壓得他九世不能翻身。

婚後半年，周比特的弓是滿滿的，弦子在春風中顫震。大多數婚姻，開頭數月，總是玫瑰花與月亮光編織的。一年後，他們從北京返重慶，特別是抗戰持久後，玫瑰花就變色了。這時，他下定決心，放棄教職，回到後方，參加神聖抗戰。她呢，卻不大願意離開二十多年老窠，那物質生活豐富的故鄉，到內地做吉卜賽。然而，「抗戰」是一頂皇冕，每個炎黃子孫都得行冕禮，迫於形勢，她也不得不行禮如儀。叫他們一致失望的是，返重慶後，他賦閒了一年多，未能找到適當工作。當時重慶，不但到處人頭洶湧，而且人文薈萃之區，各式各樣人馬雲集之地。像他這樣的人，多的是。

他父親和新貴無深交，他自己一向疏懶，對政治又無興趣，交遊不廣，一時打了冷宮，是很自然的。這樣，他只得暫時靠父親接濟，維持生活，經濟上便漸漸拮据了。人是魚，錢是水，水太淺，魚游不暢，他家裡那條年輕美人魚，有生以來第一次，開始放棄對維也納巴黎歸客的一些「成見」。由於這種放棄，和婚前追求他時那場鎗林炮火一樣強烈的另一場炮火，開始在她們生活裡震響了。她對他的態度，也來了個一百度轉變。直至他被友人介紹到河內，擔任法商越南航空公司秘書時，她這才宣布暫時停火。異國情調，加上優厚薪金，使她再度稍稍恢復對這位巴黎大學碩士的一些「成見」。不幸是：希特勒和近衛文磨們不幫忙維持她這份「成見」，東洋戰馬忽然踏入海防，他只好再度退居棗子嵐埡地下室，作一個高級失業者。

今天，印蒂才透徹明白：楊易是一個地道蛀書蟲。過去十幾年生活經驗，加上他那一大套黑格爾與斯賓諾莎哲學，絲毫並沒有幫助他了悟：地球究竟是圓的，還是方的。首先，他那雙眼睛，就不是眼睛，而是一副望遠鏡，也許，在理想境界裡，它們會黑格爾式的幫他大忙，但在實際生活中，卻替他趕走許多可以成為良好社會關係的關係。沒有特殊社會關係，他別想走近山城任一所大學教黑格爾。這樣，他只能聊以解嘲，實驗柏拉圖的理論，關起大門來，做「哲學皇帝」。

不過，「皇帝」為了抵抗蚊子，也得掛蚊帳；口渴，也得喝水；肚子餓，更得填麵包捲或大米飯。少一根火柴，你就當不成「皇帝」。首先，你灶頭上就冒不出煙。

在一條絲棉被筒內同睡了四年後，像牛頓從一隻蘋果發現萬有引力，錢素煙突然發現一個偉大真理，他們是演錯了婚姻角色。這也正是林鬱早就得出的結論：假如她演丈夫，他演妻子，可能「事業」早有眉目，生活也幸福得多。現在，男的開口巴黎，閉口柏林，白天維也納，黑夜馬德里，連做夢也嘟囔著他在慕尼黑喝的那瓶陳年黑啤酒，再不就是柏格森的本體，海代格的存在，康德的先驗邏輯，羅素的外延、內涵，或者叔本華意志與觀念。女的很簡單。她愛四川的魚香肉絲和豆瓣鯽魚，遠勝於沒有開陽襯材料的淡炒青菜，更遠勝於那些康德，黑格爾。可她得先用法幣把肉與配料交換回來。她不能老跟著他在夢裡喝慕尼黑啤哂，或維也納的紅葡萄酒，在地下室裡回憶大嚼巴黎炸鵪鶉，或倫敦的烤牛排，柏林的小香腸。日久天長，未婚前，她曾佈置過的槍林彈雨與機鎗十字大火網，終於再度出現。而且，不時出現。自然，性質完全不同了。只有當她沉醉在中發白、三元及第或劇院三流桃色舞台劇裡時，鎗火才暫時休戰。

關於她與一個話劇演員的來往，他曾聽到一些蜚短流長，也受到林鬱忠告，但他置若罔聞，因為，從軍事觀點看，目前他正處於一個死角，四面受敵，他連招架還來不及，哪裡敢採攻勢。他自己專攻黑格爾，雖未研究到家，但對於這個同睡在一個被筒裡達四年之久的胖女人的個性，他卻略知一二。萬一把事情揭開，他不僅無法收拾，甚至還招致她日常嘲笑的話柄。為了顧全面子——說好聽點，是大局，在事情還沒有鬧得很不像話時，他只得裝聾作啞，何況按照他在歐洲留學時的習慣，已婚夫婦，各在外面交個把朋友，也沒什麼大不了。自然，隱藏在他心深處的那點醋意、早遲免不了要變成一帖苦藥。

奇怪，未婚前，或初婚後，當他得意時，他很少談海外往事，儘她百般鼓勵，他也守口如瓶。但當他失意後，窮愁潦倒時，卻偏愛滿嘴維也納歌劇，柏林的交響曲，巴黎的盧浮畫廊，叨叨叨個不停。彷彿只有提起美麗的萊茵河水，才能洗清他現在的晦氣。她最恨這個。有一次，她就大聲挖苦他：

『你這個臭碩士！有什麼用。重慶一個銀行小職員，還能賺百把去法幣一個月呢！你！只能吃爸爸救濟米，窮得連臭蟲也不來找你。』

她的刻薄話似乎說過頭了。這個地下室裡，最缺少的是法幣，最不缺失的是臭蟲。這是一條千古定律：臭蟲專愛攀窮親戚。

這次相見，印蒂覺得，楊易的最大變化，正是每一個失意書生所共具的那份酸味。他幾乎把一切都澆上醋，或染上山西「忌諱」（註二），自我膨脹與客體緊縮，加上那種突然襲來的傷感，幾乎構成他生活的三角形基調。他越是愁悶，越覺客觀緊縮，也越是自我膨脹，越是緊抓住柏林、巴黎、維也納那些迴去的閃光不放。照林鬱說法是：

『假如有一分鐘，他不覺得自己過去比別人偉大、不平凡，他就活不下去。』

但印蒂卻同情他。任何一個天才受到無辜迫害，也有權利反抗。人不能因為尼采自我膨脹到瘋狂而死，便抹煞他真正的才華。——雖然楊易從不欣賞這位「超人哲學」家。

六

一個星期天下午，印蒂隨林鬱訪楊易，發現他正沉迷於中發白。以前幾次去時，他看見客室總有一副牌桌，不是他，就是錢素煙，忙著劈劈拍拍放鞭炮。可能，這是為了一種緩衝，被此把實生活中的鎗林彈雨轉化為竹戰，這樣是戰力轉移，也是安全的發洩。錢是一個婚後發胖的中年女人，相貌還算俊麗，僅嘴巴太大一點，大約平日過於歡喜饒舌，兩片唇瓣久經運動，由於力學原理，便向四周擴展了。但印蒂對女人有一個成見：過度脂肪侵入大腦及層後，它會全部代替思想，結果，腦子便變成純粹的圓圓胖肉球。

晚飯桌上，當錢素煙忙著炒魚香肉絲時，地下室主人為兩位老友斟滿大麯酒，陰鬱的對印蒂道：

『我知道，你對我很失望，但我有什麼辦法呢？』喝了口酒。『這是一個最不該消沉的時代，我卻消沉了，簡直沉入佛家十八層阿鼻地獄了，這在我自己，也是痛苦的。』

『林鬱不是說，他早約過你，請你替他的時代出版社譯幾本書麼？』

『這，這……』主人臉上顯了點暗影。『那本三大獨裁者，我已翻譯了一些，但慢得很。我這裡環境，就不是適宜做文字工作的地方。』喝了一口酒。『兩個人在一起生活，總不能像坐兩輛火車，一個向南開，一個往北駛，永遠不能碰頭。現在，為了碰頭，我只好也大大改變趣味，我們倆齊心協力，共同埋首於「一般高」、「斷么九」、「槓上開花」和「海底撈月」之類。不錯，在S市，我也曾腐化過，但那只是逢場作戲，我終是個書生。』向廚房鍋鏟大響處投過不瞥。『當你喝過貴州二、三十年陳茅台後，別的土酒就不想喝了。當你吃過巴黎炸鴿子肉後，重慶的回鍋肉就不想吃了。當你聽過柏林福文格勒指揮的「命運交響曲」後，這裡的管弦樂隊就不想聽了。當你抽過呂宋老亨白雪茄後，別的本地煙捲就不想抽了。人的官能就是這樣刁滑，你說有什麼法子？在歐洲時，我也算少年得志，一篇論文就轟動維也納，維也納大學D教授誇我是東方奇才，想不到……不談這些了，我們喝酒吧，嚐嚐這個豆瓣鯽魚，我妻子一生動業，都在這個盤子裡了。』

他們看見一條胖大黑影從廚房內閃過來，錢素煙的胖胖手上正捧了盤魚香肉絲。『今天這個香肉絲，包你們滿意。我選的是最嫩最好的夾心肉，每一塊皮，每一點軟骨，每一片帶節的肉，甚至稍為掛點絲絲毛毛的，我都扔掉了。單炒這隻菜，就耗了二兩半香油。包你們滿意，嗯！』她興高采烈的說。

印蒂睜大眼睛凝望她，好像她是火星來容。

另一夜裡，和印蒂同在林鬱處晚飯後，楊易淋漓盡致的說述他內心痛苦。

『敲開每一扇門，裡面都有它獨特的哀愁。你不是推門，是推開哀愁外層的幕紗，撲面迎接你的，是裡面霧一樣的哀愁。哀愁使每個人卸下那最「社會」的面具，在等一次握手時，就捧出那最原始的。他們已不恥於說述哀愁、貧窮即便穿最華麗袍子的人，也不恥於說述貧窮。代替以煙茗果在敬客。

『每一個主人都捧出一支支哀愁，一杯杯一碟碟哀愁。這是他們唯一可陳獻的也是他們唯一的話題。哀愁、貧窮，人們已說述了四千年，依舊沒有說厭，還要繼續說下去。四千年前最舊的，今天仍是最新的。

『永遠是那最老的題目，雖然它最衰弱的肉體有時穿著最新的衣服。剝開那最時髦的晚禮服，裡面依舊是那最乾癟的哀愁、死亡……。

『「死亡」在訪問這一座屋子，成為它最主要的貴賓。人們雖然厭惡它的黑色臉孔，卻依然從箱底拿出最後一塊金子，獻給它。「離別」在訪問另一座屋子，人們不得不把自己同國籍或異國籍的妻女，從東半球送到西半球，或者從亞洲大陸東部送到西部，而這一次分別，不知是死亡分別生命，還是生命分別死亡。兩個半球相隔兩萬里，一封信也得走半年，兩片大陸相隔幾千里，一封信也要走一個月。「飢餓」在訪問第三座屋子，屋內，每個孩子變成蠟人館的展覽品，你不是踏入一個朋友的家，是進入一座蠟像館。即使在假日，主人為了不損失那頓不花錢的公司飯，十一點鐘，可能就拋下作客的你，來往化一小時路程，去佔有它應得的那餐飯，以免剝奪孩子們的最低營養，而使小蠟像們更「蠟」下去。就是這同一個主人，幾年前，曾經常開流水筵席，像古代孟嘗君似的款待賓客。

『戰爭使死的死了，走的走了，餓的餓了，一切都變化了。

『當人們浸透在死的喪樂裡時，再沒有時間和你談莫札特與他的弦樂小夜曲。當人們生活在蠟人館裡時，再沒有耳朵聽你的康德和莎士比亞。當人們在東半球的眼睛，成夜望向西半球時，或者從大陸東部望著西部時，更沒有眼睛望你的摩娜利莎與馬童奈了。

『每一扇門後面，全有自己的哀愁，正像每一朵花，全有自己的蓓蕾。這裡是一朵龍口花，那裡是一朵石榴紅，又是一朵大麗花，於是一朵萬壽菊，或者玳玳花，或者，金絲荷葉海棠。不管它是紫紅的，大紅的，金黃的，粉紅的，淡紅的，不同的只是它們的顏色。『它們朵瓣的細胞質地卻是相同的。這種質地，就是哀愁，無窮無盡的哀愁。比太平洋大西洋印度洋還要渺茫至極的哀愁。』

印蒂聽得出來：這裡面有他幾年來吃父親救濟米的痛苦。

林鬱替他補充了一段，對印蒂道：

『你和門後面的全不相通。不管這扇門本身有怎樣美麗的外形，你依然與它後面的不相通。主要因為：你是生活的旁觀者。』停了一下。『單身漢和哲學家常常是旁觀者。另外有少數人，即使結了婚，可能也依然保持單身漢與哲學家的風格。』他苦笑起來。『只當你有一個家，有一個女人和一大堆孩子，而且對他們負責時，你對生活才能夠放棄旁觀。女人與孩子群是炸藥，使你不能不經常生活在爆炸中。不，女人是溫柔的，孩子是純潔的，所以爆炸，是因為她（他）們而帶來的另外糾葛事件。在濟茲「夜鶯曲」與蕭邦「瑪佐加」裡，是沒有這些糾葛及事件的。』

印蒂聽了，許久不開口。終於，替自己答辯。他不承認自己是旁觀者。他說明一些理由。最後，他解釋：『我們看問題，出發點不同。你們比較從蒼白的一面看，我比較從有血肉的一面看。你們永遠只看見「自己的園地」，我有時卻看見地球的大花園。』

他喝了一口茶，燃起一支煙，像幾個月前他那個教堂的神父講道，慢慢的沉重的道：

『我們所以特別困難，在於我們面臨一個萬花筒世界。在一秒鐘內，幾乎有一萬朵花出現，我們不知道選哪一朵好。人們大多在事後懂，很少在事前懂。一切少女的悲劇如此；一切歷史的悲劇也如此。假如一個少女事先能多有一隻中年女人的眼睛，舞台上幾乎將不會有一切青春戀愛悲劇。人們假如多用一點眼力，多讓大腦皮層疲倦一會，歷史上也不會有那麼多慘劇。人們不願在事先多疲勞眼睛、大腦，寧願事後多支出鮮血，這是人類的根本悲劇。

『走過森林，你看見老啄木鳥「工人」啄樹，從樹肉裡層啄出一條條蚜蟲，青蟲，為了餵小啄小鳥。我現在並沒有衰老，卻在真理大森林裡「工工」啄了二十幾年，不只為了比我年輕的人，也為了自己，因為我自己同樣也飢渴於任何餵飼。

『龍井茶炒紅了不行，炒黑了也不行，必須鮮綠才行。我們現在大家在炒真理茶葉，不是炒紅，就是炒黑，好像不紅就非黑不可，不黑就非紅不可。人們忘記了，綠色是龍井茶的最本色的顏色。在大自然中，最主要的色彩也是綠。有那麼多鮮綠葉子，你才感覺到一朵紅花或白花的美麗。綠色對視覺最適宜，最具保護性。『假如原野裡到處是紅，凝視久了，你會感覺不安、刺激、疲倦，而渴望綠色。你可以看厭紅，卻永遠看不厭綠。綠是宇宙間最正常最自然的色澤。綠色山，綠色水，綠色樹，綠色葉，加上藍色天空，這些包圍且保護我們幾萬萬年的顏色，就夠說明一切。綠是從藍中分化出來的，是它的血緣兄弟。

『現在，我開始回憶起藺素子從前的話：西方靈魂從來是被東方拯救的。羅馬的物質財富遠超過猶太，卻從耶路撒冷的信仰中得救。我們所謂東方，是真正的東方。從前指以色列、阿拉伯、印度，現在是中國。我們這個戰爭，假如只為了一個民族的勝利，那是錯誤的，太狹隘的看法。更重要的是，它為了人類下一代的靈魂。在中國，命定將有各式各樣的思想與文化的衝擊，它將成為各種信仰的實驗室，和排演舞台。』

扔掉煙蒂頭，他又喝了口茶，燃起另一支煙，繼續說教，講明自己的追求，掙扎、痛苦，與歡喜，以及內心湖水中最深和最淺的倒影形像。他的話聲響在黑夜，使兩個友人有點感動。連坐在一邊長久噤默的陳雨眼睛裡，也忍不住閃起陣陣光輝。這些話聲，多少說明了一顆在鬥爭在找尋的靈魂，一顆在沙漠裡找太陽和星星的靈魂。

『一切山在崩潰。不是一葉、一片、一枝、一叢的崩潰，是喜馬拉雅山的大雪崩：一個山頭又一個山頭的崩潰。到處是火，是硝煙，是硫磺，是仇恨和哭泣。我們不可能做超人，站在崩潰以外，我們是在崩潰以內。崩潰不是一個字，一句話，一本書，它是整個歷史，一整個世紀，一整個人類，一整個地球生命。

『問題不是一個，兩個，三個，或者更多個；它不是任何一個口號、一篇宣言所能包括盡淨。它幾乎有無數個，需要巨大時間來看、來想。在我或你或她這樣年齡，任何一個煽動性的辭句或綱領，已引不起我們全部血管的燃燒。我們不能安於一枝一葉的解決，也不能滿足於一個島一個大陸的解決。我們需要一整個地球的總解決。凡是曾當引起顫慄的幻景，事例，「？」，「！」，一切符號、標記、象徵，包括那最黑最黑的，與最亮最亮的，都得設法使我們的肌肉纖維不再顫慄。或者，堅決把那些最沉痛的顫慄，變為最歡樂最明靜的。』

『一個兩個愉快的名詞、形容詞，對我們只是偶然的裝飾音，不是主要樂句。一個兩個動聽口號，對我們也只是大海微波、大浪，不是主要的海洋本身。我們已經歷過這麼多，任何一點表皮現象，再鑽不進我們深處。任何街頭大鑼大鼓，也引不起我們的共鳴。我們只要那最深最深的，最圓最全的。

『感謝那些正在前面打的人，感謝那些讓敵人血液溫暖他的炸彈鐵片的人，感謝那些讓強盜心臟成他的子彈窠巢的人，這一切，使我們獲得了這一分，這一秒，而一秒一分一刻的延續下去，使我們能佔有最低的現實低地。但是，我們既還沒有浸入鮮血，我們四周、既或多或少、還有點永恒和平，我們當中的某一個或兩個，就不妨為永恒致力，把眼睛投入遙遠的未來，為了讓未來的地球上不再染一滴鮮血，再沒有子彈學鳥飛。未來不是在未來出現的，它是從這一秒這一分出現的。假如，今天你不望明天，你就永遠望不見明天。假如，這一剎那你不努力望見永恒，你就永遠望不見永恒。

『必須在我們身上保持一切河道，讓一切河水流過我們的肉體，讓萬象留最千變萬化而又最和諧的印跡在我們身上。絕不可排斥那屬於真正真實的任何一點、一滴；就這意義說，我們雖有許多分歧點，但我仍從你們身上找到映襯我自己形象的光和影。……目前，我自己雖還沒有抓住人生的最後真諦，與地球的最後理想境界，但我二十幾年來的觀念河水流跡，卻可以供我自己和我的朋友們參考。也許，終點不是最重要的，重要的是過程。但無論如何，從此時起，我所追求的，不管你們笑我怎樣狂妄，它已不只是我個人的，而屬於我們整個文明的最高境界的追求；因此，這一起點與它的過程，或許對我們大家不是無益的。也許，我永遠追求不到，即使全盤失敗吧，這失敗經驗仍可供大家參考。』

三個霧城住客聽完這片聲音，完全能理會佈道者的心情、境界。但在感覺上，仍與他有一段距離。在思想上是這麼近，肉體上卻這麼遠。經過這麼多年荊棘及鐵蒺藜後，他們開始有點迷惑：是什麼一種神秘力量，支持這個西北沙漠上的來客，叫他永遠強韌，永遠新鮮，永遠追逐，——即使在最黑的夜裡，當夜色染黑他整個肉體時，他也依然放射一身新鮮。

是的，他們迷惑著，也敬佩著。可能，他們將有很長一個時期的迷惑。但不管如何迷惑，他在他們心目中，絕不會失去敬意，為了二十幾年來千千萬萬靈魂崩潰了，他的靈魂仍巨巖樣屹立。

七

幾天後，一個星期日下午，在第三家，印蒂發現：屋主人的靈魂畫面，並不比前兩家更好。他拜訪了黃幻華。

知識份子的共同悲劇，是他們眼睛與腳踝的分裂，有點像原始生命過程中的細胞分裂。他們的視覺，透過藍天白雲，游泳同溫層，他們的腳踝，卻陷竹地腹熔岩，或泥濘沼澤深處。這種官能的二重性，叫他們不得不披枷帶鎖的生活著。黃幻華也不例外。

比起九年前，在S市、印蒂他們第一次訪問他時的那座「香煙攤販之皇宮」，黃幻華現在的住宅，或許算是天堂了。因為，這裡到底有門，有窗子，有樑柱、簷角，有正式的屋形。可是，它仍得歸類於貧民窟。由於建築材料窳劣，假如放在南岸山坡上，它們將遭遇另一些同類屋子的同樣命運：一夜大風，就會把屋頂颳到長江底，有時，幾乎連整個一座樓也會捲走。樓上沉在夢裡的住客，還以為夢見自己扮演阿拉伯神話中的阿拉丁，御風而行，將要進入天國呢！

這是一座大雜院。黃和妻子高芰佐朝南一間，他岳母與男孩住隔壁一間，另外東西北三方，還有三份人家。天井真正只有一口井大，不，確鑿點說， 約只有三四五口井大。板壁薄得像牛皮紙，彷彿一撕即破，任一戶家庭談話，都變成廣播演說，把左一車右一車的話，直送到全院住客的耳裡。有時，話聲稍重一點，它就像電話鈴一陣響聲，全幢屋子都震動起來，有點像地震。

白天，黃幻華假借那四五口井大的穹空漏下的天光來譯書，他不是伏在窗前譯，而是坐在井底譯，他幽默的在門楣上貼了一張橫額紙匾：「井觀齋」。

他的妻子高芰，是一個蒼白瘦弱的女人，真像從小在井底長大的。她常常睜大他那雙無辜的圓圓眼睛，怔怔向那一口天空凝望。她心裡似乎永遠生一個疑問：『牛的天空能不能比四五口井更大一點呢？』正像「井觀齋」長住著她這樣一個長期房客，這個疑問，在她心裡也卜居住好幾年了。

他們後門外，卻有一片空地。幾家人用籬笆圈起來，作養雞場。

印蒂他們進來不久，就聽見一顆炮彈爆炸聲，那是一個蘇北口音的老太婆，為鄰舍母雞偷吃她的雞食。印蒂立刻明白，為什麼幾天前，林鬱談到黃幻華時，才聊了七八句，倒有四、五句牽涉到他的岳母。

彷彿直覺到客人的疑竇，主人寒喧片刻後，馬上替這片炮彈爆炸聲作註釋，像一個清朝樸學大師，註釋先秦四書五經或諸子。

『有什麼辦法呢！我們的生活，完全不由自主。當你讀一篇希臘神　話：麗達與白鵝的故事，想把它翻譯出來時，老太婆馬上在你窗下罵雞了。她罵雞、罵雞屎、罵雞屎臭、罵雞屙沒人掃，罵雞亂啄她盆子裡栽的老蔥，罵別人雞啄她的雞，罵別人雞偷吃她的雞糠，罵雞跳上桌吃剩飯，最後，她罵了你：罵主人沒有好好管教雞，像老師沒有管好學生，父親沒有管好兒子，沒有「雞教」！（在這個大雜院裡，「雞教」和「宗教」一樣重要。）假如你辯白幾句，說雞的頭腦和你的不一樣，你不能和雞溝通思想，你也不懂雞語、雞情感、雞心理學，能教育出一隻奉公守法的偉大的雞，像孟母教育出孟子，大密勒教育出偉大的小密勒一樣。那麼，好！她便和你開展議會式的馬拉松辯論。你本想譯一篇美麗的希臘神話，把麗達和白鵝那個旖旎的愛情故事奉獻給讀者，結果大腦裡卻裝滿雞屎、雞屙、雞糠、雞毛、雞蝨子、雞屎臭……，生活就是這麼一回事。』

接著，主人又加了幾句：『最叫你哭笑不得的是，她罵過吵過後，又坐下來，一面嗑瓜子，一面嘻嘻哈哈，讚美你家雞蛋大了。大得像鵝蛋。你呢！這半天算白搭，麗達變成母雞，白鵝變成鵝蛋。他們四周充滿雞糞，……你看，這就是生活，我的生活。』

彷彿在證實他的結論精簡無比，另一顆炮彈又爆炸了。前一個像迫擊炮，這一個是小鋼炮——一個四川老太婆的金嗓子，對準他房門口直「轟」。雙方炮火的真正目標，仍是雞。

『格龜兒子！你家雞是雞養的？還是人養的？成天到晚，直往我家鑽，偷我家雞食！你究竟有沒有家教？……』

高芝聽了，蒼白面孔愈益蒼白了。為了掩飾自己不安，她就把身邊的小男孩黃坡羅緊緊摟在懷裡，溫柔的撫摸他的短頭髮，用胸口這點小小平安，來抵抗門外的世界大戰。

印蒂輕輕道：『你們不能不養雞麼？「

主人嘆息道：『剛才我已說過：「我們的生活，完全不由自主。」一切綁得緊緊的，動也不能動。假如你要逃出雞的包圍，首先得和雞宣戰。假如你和雞宣戰，禁止養雞，首先得和我岳母宣戰。她與雞的同盟，比一次大戰前的俄法同盟更牢固。當年，威廉二世向莫斯科宣戰，法國馬上向柏林宣戰。我岳母也是這樣。你禁止養雞，等於禁止她活下去，雞是她的一切。六十多歲的老年人，沒有權威，沒有天地，她便在雞群裡創造天地，創造權威。『在這片自創的小宇宙中，她可以稱王作霸，發揮巨大權威作用。你搗毀雞的宇宙，那就是第三次世界大戰（記住，現在不過是第二次世界大戰。），你得準備和她的獨養女——我的老婆高芝離婚。』說到這裡，他諷刺的微笑起來。坐在一角的高芝也微笑了。並不因為他的詞語詼諧而慍怒。『接著，你得準備把孩子送進孤兒院，或者跟她去，永不見我，或者，跟我走，永不見她。而我就得變成保母。你看，為了幾隻雞，你必須家破人亡。』繼續諷刺的笑。『可是，即使家破人亡，依然沒有解決雞的大問題。因為，即使我家不養，鄰家養，我依然可以成為炮火的靶子，而且，看樣子我不會學尼采，做超人哲學家，一輩子獨身，我可能又要結婚，但我卻不能保證：我的第二個岳母一定不會和同住，更不能保證：她一定不會養雞。這樣，我可能又會第二次家破人亡。』

黃幻華說完，大家全笑了。高芠笑著道：『幻華，我覺得你說得太嚴重了。任一個男人結婚時，不會先向岳母提出不許養雞的條件的。你未免太誇張了。』她把孩子放到地上，抱歉的道：『你不必埋怨了，我這就勸她們不要吵。我母親也瑣碎，年紀大的人，就是嘴碎。唉！』

他們聽見她的破皮鞋響在地板上的聲音，地板像一面皮鼓，破鞋像鼓鎚，她不是走過去，是一路咚咚敲過去，聲音震人耳鼓，其可怖不亞外面的炮彈聲。不過，經過這一陣敲破鼓，不一會，外面炮彈聲到底小下去，變成竊竊私語，彷彿違禁賭博者，怕人竊聽，在低聲細算牌帳。

林鬱道：『我和幻華有同感：一切正是綁得緊緊的，動也不能動。你為了不喝一滴苦水，先得搗翻一條長江，而且，還得準備永不喝水，做一個礦物。幻華說得一點不誇張。為了少聽一聲雞叫，少踩一腳雞屎，你得準備家破人亡，從此做和尚，苦修行。』

楊易沉鬱的道：『世界上，有許多極難明白的道理，倒可以講得清楚，比如經驗論與唯理論，大陸學派和英國學派，等等。但有許多極容易明白的道理，卻永遠講不清楚，比如老太婆們有關雞鴨貓狗的爭論，便是。世界大戰，不是由於經驗論和唯理論的分歧，也不是由於大陸學派和經驗學派的鬥爭，卻多半由於老太婆們雞鴨貓狗式的糾紛。』

印蒂道：『我總覺得，你們太消沉了。你們現在的心，情，比五、六年前S市時的心情，沒有多少改進。從某一意義上說，格調反而更低了。這幾年來，出現在世界各國角落裡的火光與熱度，你們似乎絲毫沒有感染到。』

黃幻華苦笑道：

『你是單身漢。單身漢和哲學家雖住在地球上，實際上卻生活在高空同溫　層，但又嫌那裡氧不夠，因而終日苦惱，發生生死問題。問題的解決，其實很簡單，只要離開同溫層，回到地球面就行。一般生活在地面上的人的問題，不是這個，而是另一些。單身漢和哲學家們的苦惱與一般人的苦惱永不相通。一般人不成問題的，他們成問題。一般人成問題的，他們不成問題。單身漢和哲學家、以自己的超越來訕笑那些不超越的人，後者卻又以自己不缺氧，來嘲笑前者莫須有的呼吸器官病，和循環器官病，以及缺氧治療等等。』停了一下，又補充幾句：『當然，我這不完全是分析你，我承認，有時，你是和我們在一起呼吸的。』

他舉歐陽孚二次入獄為例，說明這就是人在地球上所遭遇的無窮問題之一。

『究道他犯什麼罪呢？』印蒂苦痛的問。

『這不是什麼罪。要你進去，你就得進去。就是這麼一回事。』楊易深沉的道。

印蒂打算過幾天去探監。另三個不同意。主人道：『我們誰也沒有去看他。我只每月到南泉，給他送點吃的、用的。不知道由於什麼理由（可能還是因為歷史上的老帳），很少能允許見到他。偶然，我只見過他一次，談了十幾分鐘話。他瘦得很，精神還好。他只一再叮囑我，給他S市的妻子羅眉茵去信，安慰她。我按照他願望，定期與羅通訊，勸她別急，早遲總會獲釋。她是S市小學教師，一再表示，打算湊足旅費，來重慶。天知道，這麼遠的路程，怎麼個走法？……唉，這一切真是命，命，有什麼可說的？』

林鬱說了一件叫印蒂感動的事。一年來，歐陽孚在獄中用費，大半由黃幻華維持，別的友人只不過擔負小部分，或偶然幫一點。像楊易，自顧尚不暇，哪有餘力？只能偶爾點綴點綴罷了。這樣，黃的經濟擔子便更重了。他只有一支筆，而屋子裡卻有這麼多雞。

談到這裡，他們的話聲停止了。一個五十多歲馬形面孔的老婦人走進來，看她滿臉殺氣騰騰，大家立刻猜出：這就是雞王國的大獨裁者——她那副氣派，不比德國希特勒遜色。

八

印蒂來訪後，這天晚上，黃幻華許久不想睡，獨坐在暈黃燈光下，支頤沉思。幾年來一切經歷，排山倒海式的，向他衝來。他第一次感到自己正往一個深淵底下沉，沉，沉，沉——。

時辰是個黑暗染色體，每一秒延續，就多每一秒的黑暗染色。每一分鐘棉賡，就多一分的黑暗染色。隨著一分、一刻、一點鐘、一日、一週的進展，黑暗染色體越來越擴大，包圍他，纏裹他，以無限邪惡的蘊藉魅力蠱惑他，也蠱惑他四周一切人。他不是消耗時間，是堆積黑暗染色體的假山石，把自己永遠埋藏在它的假山洞中，埋得深深的。

是這樣一個窒息性的環境，比石頭還乾燥，比霧更不透明，難道他就永遠生根在這裡？浮沉在這裡？他將怎樣著手生根，浮沉？到處是露瀰瀰的霧，他能一手拭乾淨它？他能把它改扮成秋季明靜天空？或一片秋水？他不能把霧一條條一片片撕裂，拉開，正像他不能把家裡家外的長舌婦們的話語、一條條一片片撕裂，拉開。這是些比霧更難忍受的話語，比霧比雨更多的聲音，喋喋咻咻，晝夜不息。他也只能用沉默或聲音來抗拒她們。他也只能用沉默或聲音來抵抗這布滿山城的迷霧。

使他的痛苦的，是一切無從著手。他只有讓迷霧埋掉他，讓靈魂永遠癱瘓。

人們像地牛樣痲木的活，你把一隻地牛翻個身，它無聲的躺著，慢慢的笨拙的掙扎，許久，才又翻過來。你再摜它一個跟斗，它仍死躺著，慢慢的，愚蠢的掙扎，難得發一聲「嗡」，或者作任何情緒表現。他四周的女人們的吵鬧，甚至罵，其實也是地牛的掙扎，笨拙的扮相，因為，這一切很少是她們的真聲音，那種能震動宇宙的有效聲音。她們自以為用盡氣力了，實際上和地牛一樣，徒勞無功——不久，空中那隻手，又作弄的把它翻個跟斗。她們的一切雞爭鵝鬥，像地牛一樣愚蠢，只能增加霧的迷離，不透明度，以及那可怕的黑暗染色體的濃度和色素。她們只不過用一些醜陋的字句與話語、在製造一個醜陋的繭，為了囚禁自己，隔絕世界。自從第一個繭製成後，就永遠不能擺脫了。痛苦的是：他自己並未發什麼聲音、動作，卻也被他們拖到這個繭裡，極無辜極不自願的衝出繭麼？——可能會家破人亡。

最叫他不能忍受，也最叫他說不出苦的，是他的岳母——一個六十六歲的蘇北老女人。這個老婦（也許是一切老年人），對聲音有一種迷信。假如有二十分鐘，世界沒有聲音了，她便恐慌起來，好像一切「過去了」（註三）。世界「過去了」，地球「過去了」，長江、嘉陵江「過去了」，重慶「過去了」，她也要「過去了」。「過去了」者，死也。於是為了讓全世界不「過去」，她便發聲，找尋聲音籟，正像有些狗恐怖於過度寂靜，沒事也要吠兩聲，安慰自己。她是這樣需要聲音，渴望音響，假如地球無聲，鄰居無音，雞鴨貓狗無聲，板凳桌椅無音，窗扇門板無聲，她便製創造聲音，像諾貝爾實驗和製造炸藥。她每發聲，必吵。就連她最心平氣和、最開心時，所發的歡喜聲音，也近似吵。「吵」與「鬧」是乾姊妹，「鬧」與「熱鬧」又是換帖弟兄，由吵而吵鬧再到熱鬧，於是她真正心花怒放了——她需要熱熱鬧鬧。可能，這是她生命力太飽滿充沛的象徵，或者是沉醉於太飽滿太市沛的生命力的象徵。

可以說，她晚年生命、一半全耗在雞身上。她不斷與雞鬥爭，不，她不是與雞鬥，是與雞屎鬥爭。小母雞年方及笄，大約四、五個月光景，最貪吃，最愛拉屎，排洩，毫無分寸「節制。直到變成老雞，由於生理作用，屎才少了點。這正像青年人愛使性子、愛自由，小雞一高興，隨隨便便，臀部一翹一提弄，就是一篇偉大創作，一堆糖雞屎。

雞屙稱之日「糖」，是因為它形色棕黃、稀黏，很像餳了的紅糖。特別是下雨天，雞無處避雨，全湧到房內，人們的寢室兼飯廳，便變成雞的廁所，鄰舍遍處像暮春滿地落花，腳一踩，滿鞋雞屎，再前進，屎上加屎。腳天生就與走路結不解緣，那麼，凡腳跡所至，便遍地黃金。鄰居，四川老婦，是母雞們的律師，特加辯護，糖雞屎並不髒，也不臭，還有人找去當藥吃呢！江北老婦卻不承認這段「衛生雞屎論」。她神經裡——不，她鼻觸裡，似乎總一片臭氣薰天。而且必須大掃特掃，才能掃乾淨。掃雞屎的掃帚，再不能掃地，得專門預備一把，由此種種，小雞便成為她平生最大仇人之一。當然，她自己養的雞是例外，屙出的可能真正是「衛生雞屎」。

黃幻華曾約略作過一次統計：老婦每天化在雞身上的時間，至少二小時，這就是說，每天至少和它吵兩點鐘，一年吵七百三十小時。

雖吵，但她並不覺苦惱，也從不感麻煩。這吵，已變成她日常大事之一，正像罵猶太人，已成為戈貝爾日常大事之一。非吵，不足以顯雞的重要，更不足以顯她這個雞王國大獨裁者的重要、忙碌。

和雞吵，是極易事，只要她把自己房門一開，雞們紛紛湧入，她馬上便吵成了。雞所以特愛她的房間，並不是為了投其所好，——好吵，主要是她房間裡有一罎米，每次量米煮粥、燒飯，不免撒幾粒在地上，雞嚐過甜頭，一個個便扮演李闖王，非闖關不可了。這樣，當老婦人一恐慌，於世界沒有任何聲音，怕人類都要「過去了」時，便開始和雞吵，由「吵」而「鬧」，再到「熱鬧」，她高興了。黃幻華疑心，她明知雞們會來「闖關」，仍有時不把房間關緊，可能是恐懼門禁太嚴，雞們過門不入，她就失去吵的理由和對象了，那麼，當宇宙真正無聲時，她怎麼辦呢？

當然，這是過份的憂慮。她只要願意，永遠不怕沒有對象吵。即使真無對象時，她也可以和自己吵，甚至和空氣吵，和牆壁板凳吵。

她有五大吵對象：一雞，二貓，三小孩，四鄰舍老婦，五自己。這五大吵中，以一與三最重要。

『嘿嘿！又來了！才離了一步，又來了，……滴開！瘟東西！東西！滾滾滾！給我滾！……這個死東西！這個死棺材！又來了！給我死出去！給我快滾！滾滾滾滾滾！』

她嚷著。她常常這樣嚷著，彷彿氣憤得很。你以為她是和一個叫化子吵？或同一個借債的鬧翻了？再不，她可能要變成中古西方騎士，要與敵人決鬥了？其實，什麼也不是。她的吵罵對象，只是幾隻小母雞。

這一段吵罵，不只可用在偷米的雞身上，也可用在貪嘴的貓身上，或者用在闖入房內踢毽子拍皮玻的孩子們身上。這叫一罵三用？她之所以不指明對象，含含糊糊，就這麼吵起來，妙處在此。

假如雞無可吵之處，則與貓吵，貓無可吵之處，則與孩子們吵，孩子們無可吵之處，則與四川老女人吵——其實是大嗓子喊話（不是說話）。四川老婦萬一正坐在馬桶上出恭（天下不作興和正在拉屙的人吵），那麼，她就和自己吵，和自己怎麼吵呢？這恐怕是一種愛迭生式的天才發明。

「撲碎過了！這一針怎麼縫到這裡啦！個老悖時！咳！上年紀了！明天要見閻老王了！不中用了！咳！倒頭眼睛！個死窟窿有屁用！』這是自言自，言自怨自艾。

這時，她在縫針線，縫她那些永遠縫補不完的破襪子、舊褲子、壞小衫。她縫錯了針腳。假如針腳一點不錯，線路分毫不爽，自己既未殺人放火，也沒偷吃撬拿，當真一無理由可以相吵。那麼，世界就沉靜得太不像話了，怎麼辦呢？於是她突然找東西。

『啊！不好了！不好了！我那條麻紗褲子沒有了。』

『啊！不好了！我那雙栗褐色襪子沒有了。』

『咦！咦！我那條藍色手帕呢？』

『唉！真是，我的針鼓子呢？』

『呃！呃！我的線板子呢？』

不知底細的人，見她那副驚慌失措，大喊大叫的樣子，還以為宅子失火，差點沒打電話叫救火車來。

這當兒，她可找得不亦樂乎，忙得團團轉，像狗逐尾巴，貓追影子，這一找，不只她自己像上戰場，連黃幻華夫婦也鬧得心驚肉跳，有時還得幫她找。

『哦！哦！在這裡！在這裡！阿彌陀佛！』

『呃！呃！人老，不中用，沒記性了！這線板子就在抽屜口嘛！嘿！嘿！』

結果，一樣也沒丟，而且，她永遠沒有丟過東西。然而，她永遠找東西。找丟了的東西。因為，她永遠覺得自己丟了東西。老年人記性極壞，一分鐘前的事，有可能忘得乾乾淨淨，一刻鐘前放的東西，可能想不起來，這樣，她就常覺　自己遇到竊賊。另外一個理由是，當上面那五大吵全部冷場時，她寂寞得要發霉，一找東西，一忙，又熱鬧了。世界就不會發霉了。而且，這也是與自己吵　的一個機會。還有一個重要理由，自私的人總怕吃虧，無端丟失東西，是天下大虧之一，因此，只要一懷疑丟東西，那個疑團，起先雖小如黃豆，不到五分鐘，它就大如雞蛋，十五分鐘後，它比一隻母牛還大。這「母牛」大的疑團，如與竊賊影子混在一起，它就會變得比印度白象更大。這樣擴展下去，它終於化為諸葛亮八陣圖，她再也逃不出來了。只有藉諸大「找」特「找」，她才能脫臉。

就是這樣一個老太婆，她己也不知道：自己究竟給別人添了多大麻煩、多大傷害，又怎樣磨痛磨礪了別人的精緻感覺。也許，她回到上帝那裡，才能慢慢明白這一切，但在她未徹底明白以前，黃幻華只有揹著沉重的鐵鑄的十字架。

想到這裡，他無法想下去了。

更壞的是，她不只與雞吵，和自己吵，常常的，她更和鄰居吵。這個大雜院，簡直比正在歐洲進行的二次世界大戰更可怕。

他能把她怎樣呢？

『怎麼，幻華，你還沒有睡，隔壁鐘已敲過十一點了。』

高芰從床上坐起來，張大那雙善良的眼睛，凝望丈夫。她一覺醒了，剛好聽到隔壁敲鐘。他平日譯書，有時，也工作到深夜十一、二點。但今天，他並沒有寫作，卻團蜷在那隻破舊籐圈椅裡沉思。那形相，很像一個八十歲老人。她不禁吃了一驚，下意識的，她的眸子有點濕瀅瀅了。他每見這雙眼睛，就感到生物學的奇跡：正是這樣一雙純潔的沉默眼睛，竟會從那樣一個粗獷的老太婆的子宮裡孕育出來。

『我這就睡了。』

他揉揉眼睛，打了個呵欠，站起來，走到床邊，低下頭，一手擁住她瘦弱的腰，深沉的吻了吻她那雙眼眼。兩粒淚珠悄悄的、緩慢的，從他的眸子裡滾到唇邊，漸漸的，又從唇角滾入她的眼睛下緣，與她的淚下溶成一片。

註一：此指馮玉祥故事。終其一生，馮氏仍念念不忘權位，與張良風格實風馬牛不相關。
註二：山西以醋出名，本地人有時稱爲「忌諱」。
註三：「過去了」，蘇北土語，即「死了」。

第九章

一

假如蜉蝣有知，牠會震駭於地球太大，大得不適宜做牠的寢室。假如海王星有格陵威治天文台，台上觀察家又會感覺地球太小，小得幾乎像蜉蝣一樣。十七歲的眼睛，初透視江湖，會驚訝世界是個數學上的無窮大，當第一百七十根白髮搖閃於頭上時，他又會抱怨大海太小，人們不得不擠著共同一隻杯子裡共飲鹹水，而那些遺失了多年的形相，又一次紛紛出現於杯子邊。於是，在電影院花花彩彩的廣告牌下面，在水果店的紅紅綠綠果籃畔，在公共汽車上的壅塞角落裡，你會突然發現一張久已失落的臉，你記憶倉庫內早已一筆勾銷的陳貨：廿幾年前在××小學體操場上和你打過雪仗的生命。回憶中，你常忘記這些臉主的名字，僅於偶然午夜夢迴時，不經意的、閃電樣的，亮起這樣一張面龐，而白晝的光又拒絕它闖入你清醒知覺。是這一次偶然邂逅，才明白翻譯出那條夢中的偶然閃電。

重慶正是一個叫人抱怨地球太小的空間。

可以說，任何時代，任何城市，再沒有像一九三八——一九四五的重慶，更能捕捉那樣多的失落了的面孔，名字，記憶。這個山城，似乎是專為回答尋人廣告而屹立的。戰前，被命運颶風吹散於東西南北方的生命穀粒，此刻，又被另一陣颱風吹聚到這裡。S市和重慶，一在長江終點，一在航運起點，千里水道彷彿變成一條短短飛機跑道，兩個城市卻顛倒扮演跑道起點與終點，那些構成S市中心的人物，像轟炸機起飛似地，一下子，突然從跑道這一頭衝到另一頭。

在這種衝刺下，你在重慶巴山路轉角，發現「沙龍咖啡館」與它的主人彭大衛先生，他嘴上的英國BBORIK牌黑煙斗，斗內的亞爾培王子牌淡巴菰，以及他那張淡巴菰一樣的臉，就毫不奇怪了。別人只不過帶來兩條腿和一隻腦袋，他卻帶來他的法國鳳尾樹與雪萊半身浮雕，永不發光的紅燭，及永遠放光的藍色織絹宮燈，壁龕內的燈飾性的小白兔和彩色幻畫，咖啡香與可可香。比這一切重要的，自然是沙龍女主人，那有一雙帶裝飾性的機智與嫻靜的黑眼睛的戈黛諾，以及懶懶躺在她大紅繡花黑緞鞋邊的暹羅貓。不同是，除了她和貓以外，別的已非六年前的原貨，大都是複製品。那盆法國鳳尾樹，是他在河內買的，其餘是在重慶備辦或複製的。店名前半段「藝術」二字，他動手術截除了。憑他對山城第一眼商業直覺，非截除不可，這才自動擔任醫生的。進門處，白色維納斯石膏雕像他沒有了。他本來把它帶上船的，但這位精緻的希臘女神，顯然經不起這麼艱辛的長途旅程，起運卸運時，被撞破臉孔，變成一個缺嘴巴的獨眼維納斯，他只好嘆為觀止，也無意再複製一尊。因為，他發現，路遠不是S市幽靜的林肯路，從早到晚，人們似乎都在趕廟會。這位典雅的白色女神婷立入門處，不只有被錯認作十字街頭女警察的危險，而且，隨時可能在廟會狂潮中粉身碎骨。

令人驚異的是，那像黑色鳥一樣、偶然掠過他臉孔的神秘憂鬱，自到陪都後，就不再出現了。他變得幾乎很滿足了。他發覺：雖然半個地球已變顏色，不是塗上厚厚褐色，就是插上太陽旗，但以他為圓心的那個小小圓周，卻沒有多大變化。他依然是這裡的國立藝專的教授。

他依然有巨大閒暇、經營這爿咖啡館，而且，自從他決心隨地理經緯度轉變而轉變，接受本地那些比鯽魚還多的吵吵鬧鬧的小茶館的啟示，把「沙龍」變成一隻巨大畫眉籠後，它的營業竟極度發達起來。更叫他形貌由裝飾性的悲觀，變成實用性的樂觀的是：一些S市的老客人，居然也先後趕到這裡，陸續出現了。他們依然喝他的咖啡。這些人彷彿不是為抗戰趕來的，而是專為喝他的咖啡趕來的。當一切真理凋謝時，他的咖啡杯內的真理，依然四季常青，開花放香。唯一遺憾是，自從日本對珍珠港投下炸彈後，一些運輸南美咖啡的船，也被炸沉了，或者徵用了。再則，太陽旗閃耀於爪哇島後，巴達維亞的咖啡也來不了。現在，他不得不學別的咖啡館，用炒焦了的糊大麥做咖啡代用品。假如不是為了生意經，而是為真理其實他很想把別出心裁店名，改做「沙龍大麥倌」。

店名「沙龍」，也引起一些話柄與故事。不少本地國粹們，把它解釋做京戲「四郎探母」中的「龍困沙灘」。據說，他們一見這名字，立刻大發憐憫心，進來喝一杯「大麥茶」。這些國粹們嗅覺全像獵狗一樣。他們中有些人，由於過份饕餮，搞得消化不良，腸胃積物太多，不免常從中藥房買浮麥與山楂片沖開水當茶喝，以助消化。這樣，他們一舉起「沙龍」的咖啡杯，馬上就嗅出大麥味了。

彭大衛目前生活裡，假如還有誘使那隻黑色鳥掠來的任何因素，就是：他的臉色，比淡巴菰了。戈黛諾頰上的笑靨，當笑影完全消失後，也漸僵化成兩條刺眼的長皺紋了，它們固執的留在粉鼻兩側。一個民族的敵人，並沒有帶給她們多大損失，但另一個永恒敵人，卻從未放鬆過四周包圍圈——窗內窗外的時間。

此外，「沙龍」核心陣地的佔有者，也漸漸轉化了。從前佔有者是詩人、畫家、音樂家、哲學家、戲劇家和教授，目前，卻是一些暴發戶商人。他們麕集這裡，不是說翡冷翠與拉斐爾，談莫札特與塞尚納，而是大談頭寸與拆息，赤金與美鈔，粳米和秈米，再不然，是一百打老虎牌麻紗襪，或者，五十打大中華橡膠鞋。即使是過去的主角們，他不再像從前，拿沙龍咖啡館當會客室了。林鬱只在禮拜天來坐坐，陪他的大肚子太太。楊易欠店主一屁股咖啡帳，胖夫人錢素煙有時就在這裡對他表演打鼓罵曹，近一晌也少來了。歐陽孚學菩提達摩，在土橋監獄面壁喝白開水了（註一）。黃幻華每到，必帶一大捲翻譯稿子校對，或者，領著他那吵吵鬧鬧的孩子黃玻羅，後者把沙發當天宮，常常表演孫悟空大鬧天宮，逼使彭老闆不得不學英國外務大臣，發表一通斯文的抗議。藺素子住南岸鄉間，相距幾十里，不可能常光臨。馬爾提和他的新夫人駱香香，本欣賞這裡的陳設與音樂唱片，然而，一百打虎牌麻紗襪，及五十打大中華橡膠鞋，卻把他們駭跑了。那些像鬧鐘一樣，從早上七點響到黑夜七點的四川「喜鵲」商人們，幾乎趕走這裡所有的中國畢加索和勃拉克。只有韋桴與韓慕韓仍像當年一樣，是座上常客。一個是他多年老友，一個極要沙龍溫暖的流亡革命者。然而，韓又越來越多的談他的韓國臨時政府和志願軍，只有韋「客戶」未改過去本色。最近，印蒂、莊隱、范惟實陸續蒞止山城，雖先後出現此處，可是，他們都是過客住不久。印蒂雖稍可久居，但他的情緒卻完全變了。

這些人中間，唯一「以不變應萬變」的，是韋乘桴。自從他再度留學巴黎歸國，他的「花花」氣味也更濃厚了。他是結過婚的獨身者，妻子並未死去的鰥夫（他的舊式妻子在故鄉）。一個近四十歲的人，有一大堆鈔票，而且過獨居生活，這是一種難得的幸運。當他眼看朋友們累得彎腰駝背，為妻子兒女做叫驢時，他就攤開一雙肥胖的手，輕鬆的笑著道：

『誰要你們結婚以後、和妻子兒女住在一個屋頂下面呢？』

按他拆過字，婚後的家是「枷」，聰敏丈丈非逃「枷」不可。

今夜，這個無數週末之夜的一夜，他又一次表現巴黎派作風。一星期前，他發現許多舊友蝟聚霧都時，曾柬邀朋友們，在沙龍舉行一次茶會，表示對、莊隱、范惟實三人的歡迎。今夜，他又一次做東，邀請他們喝咖啡。應該說明的是，店主人為了顯示特殊友誼，兩次破格、拿出儲藏幾年，專為自己飲用的真咖啡、巴達維亞產品，奉獻給這三位遠客兼稀客，不過，定價他卻毫不客氣，全按市價折算，還加上三成利潤。

『不遠千里而來，第一次就請朋友喝炒大麥，太不成話了。』

『我覺得，這個大麥代用品並不壞，只要芳香，就行了。』韋乘桴笑著道。他伸了個懶腰，展開雙臂，以最舒服的姿態，放在沙發靠背上，輕鬆又抒情的繼續道：

『不管怎樣，分別五年後，我們總算又同坐在沙龍裡了。這裡依舊是我們彭大衛先生的英國BBORIK牌黑煙斗，和它亞爾培王子的煙草香味。那裡依舊是沙龍夫人的大紅繡花黑緞鞋，和它鞋邊的暹羅貓。我們四周依舊是法國鳳尾樹、紅燭、宮燈、雪萊半身浮雕與小白兔裝飾。遺憾是——』他輕輕的擠了擠核桃眼睛：『我們平日喝的是炒大麥。』嘆了口氣。

『該詛咒的是日本軍艦，連真咖啡都不許我們喝。』

『在我看來，最大遺憾是——』林鬱苦笑一下，對前面一個角落呶了呶嘴：『這裡豬肉店氣味太重。』

順著他「嘴」勢望去，大家只見靠街幾人座子上，出現好幾個大胖子，每人都在一百七十磅到兩百磅之間。他們吵得很兇，滿嘴是法幣數字與金融名詞，好像不是坐咖啡館欣賞這裡的情調，而是在證券交易所流汗作鬥爭。

彭大衛從嘴裡拔出三B牌大煙斗，苦笑道：『沒有辦法。這叫「人為財死，鳥為食亡。」他們是，我彭大衛，也是。』

彭的口吻，使印蒂吃了一驚，他記憶裡的店主人，似乎從未說過這類話。但很快的，他原諒他——每一株移植的植物，得適應當地氣候，土壤。

『大衛，我看你沒有理由再抱怨了，在座的人，誰也沒有你幸運。別人能把一隻腦袋、兩條腿，從長江下游搬到上游，原封不動已算上上大吉了，你卻把整個沙龍搬來了。而且，人們好像末日將臨，就要在地獄忍受長期饑渴，爭先恐後，來喝你的炒大麥。當年你在S市，何嘗有這樣好生意？』

『這不是幸運。這是湊巧。大衛湊巧有那麼一個堂叔，堂叔又湊巧是個商人，這位商人湊巧又對開咖啡館發生興趣，這才能使我們有機會把原來沙龍盤給他，有力量到後方參加抗戰。假如不是這三個湊巧，那麼，你們連這杯炒大麥也喝不到呢！』戈黛諾笑著替丈夫解解，她的又機智又多感的眼睛望著范惟實、印蒂、莊隱三個，他們顯然不知這一切底細。

『別人流血抗戰，你們是開咖啡館抗戰。動脈管裡流出的血是紅的。咖啡、可可杯裡流出來的汁液，也是棕紅的。你們也就算克盡象徵性的流血責任了。』莊隱笑著說，他發現沙龍夫人比五年前豪邁些了。

楊易道：『「湊巧」也正是一種幸運。人生中許多悲劇與喜劇，都是一些湊巧組成的，正像蕭邦用那些華麗樂句組成他的小夜曲。對這些人湊巧的，對另一些人或許不湊巧，我們當中，有好幾個，就在不湊巧的戲。』

『是的，對這個人湊巧的，對另一個卻不湊巧。』

彭大衛歎息起來。他吸了一口板煙，回憶式的，舉了下面兩個例子。

人生命運像輪盤賭，一次短促的旋轉，會旋顯出一大串歡樂和悲哀，猶如花開花落。當一朵胭脂紅桃花開放時，正是另一朵雪白玉蘭花謝落時。當這片芬芳消失時，正是另一片香氣氤氳時。沒有人預測：那隻白色圓球會滾到那一只幸運圓洞裡，在圓球未停止旋轉前，每個紅黑號碼都是一朵紅玫瑰或黑玫瑰，一殺那間，兩個兄弟式的毗鄰號碼，卻會遭遇南北極式的結果。「藝術沙龍」每一個老客人都熟悉的兩張條頓臉孔，約翰唐克與弗里茨奧本，正是這樣兄弟式的毗鄰兩個人生號碼，命運的白球卻叫他們產生南北極式的結果。

珍珠港炸彈聲爆發時，櫻花島來的客人佔領所有租界，德國納粹大卡車衝遍全市，卍字旗與太陽旗到處舞蹈。一片『希特勒萬歲！』聲中，納粹們竟從無名洞窟裡發掘出約翰唐克，他被委為德國文化協駐S市藝術連絡員，兼S市中德文化協會委員。他父親那些重重蒙上灰塵的油畫，由於它們的民族色彩和庸俗，也交上好運。他從一間里弄頂樓遷入華麗的公寓。

據說，他並不一定歡迎這場幸運，因為，它使他從地球上最閑的人變成最忙的人。他的早晨，必須從十二點「搬回」六點。早飯也得從下午兩點「歸位」到上午八點。他既不能整下午陪伴畫眉與百靈鳥，雪德狗和波斯貓，也不能每晚坐藝術沙龍，從七點泡到十二點。他有點抱怨這隻偶然滾入他圓洞裡的白球，但它卻強迫他接受無意贏得賭注。

相反的是弗里茨奧本。這位牙醫本算幸運的，除了他身上的阿非利加瘧疾外，他生活裡可說毫無憾事。然而，他夢想不到，出走一萬幾千里，從維也納逃到東方，卻在S市又一次被捕。他被送進日本集中營，整天罰做苦役，所有財產一乾二淨。據說，他的鬍鬚現在拖長得像古埃及法老了。對他來說，地球實在是太小太小了。

文藝沙龍另一位老客人，那位家住在阿爾卑斯山的意大利人，有一個時期，曾悲悼他的乘飛機失事的中國女友，現在，卻遇見一個家住阿爾卑斯山麓的意僑少女，他們結婚了。太平洋事件以後，意僑在S市的勢力也大為增加，他的投機生意很興旺。

那個瘦小的侍女蓮蓮，也早已結婚，變成一個胖太太了。而且，她懷裡出現了一個白胖胖的男孩子。

賈強山、項若虛依舊在警察局供職，不同是，胸襟上換了大道市政府的徽章。大光報董事長梅子玖，依舊是董事長，而且兼任偽市商會理事，他的幾個企業茂盛得很。

『唯一寂寞的是莉莉。她依舊寂寞的睡在萬國公墓石碑後面。四年前，我們離滬時，放在她墳頭的新鮮蒼蘭，可能是她所享受的最後一次鮮花了。祝她在天堂裡幸福。』

太平洋事件發生後，有些沙龍老客人陸續來重慶，從他們口中，彭大衛得知一些其他老客人近況。現在，作為話題，他轉告今夜的老朋友們。當他簡略敘述完後，大家都低下頭，陷入沉思中。

一直愉快的韋乘桴，胖臉上也第一次掠來陰影，他很久很久的沉默著。

二

是的，依舊是紅燭、宮燈、金色地氈、法國鳳尾樹，雪萊半身雕像，懶懶躺在戈黛諾大紅繡花黑緞鞋邊的暹羅貓，以及窗外的霧，但現在，它們投影在印蒂視覺裡時，卻不再紅了、亮了、綠了、金了。那隻貓似乎是一隻石貓，雕刻的貓。簪插在黃銅燭台上的那兩枝象徵性的紅燭，永遠不燃燒的紅燭，也不能再給他任何裝飾性的富麗感和東方感了。燭只是燭，除了是兩條可雕性蠟料外，它們什麼也沒有。它們沒有任何瑰豔色彩，也不再紅在他視覺水晶體裡，像紅色蓮花開在荷水上。他竭力沉思，追溯著，想尋求八年前的反應，找回一九三三年——三七年時代的視覺與記憶。但一切努力全白費。他們能抓回的，只是一堆碎片：原始蠟料，無光的織絹，無色的鳳尾樹，無花形的地氈，以及那隻雕刻的貓，不，連女主人本身也有點石刻味了，她那出名多感的黑眸子，顯得很呆滯，近似兩尾不再游泳的魚。

炒大麥的代用咖啡，依舊是香的。今夜喝的巴達維亞咖啡，味道特別芬馥而釅。杯內香氣，卻不能再在他鼻觸或舌頭上激起任何反應。杯內似乎沒有熱，沒有流動，沒有棕紅色，沒有蔗糖的甜。當他舉起杯子時，它在他心靈上彈不起任何聲音。人們喝著紅茶、牛奶、咖啡，在他看來，只是一杯又一杯喝無色無香的水，毫不流動的死水，死得像腐爛霉臭的油漬污水。玻璃窗前長長垂彈下的，白色鏤空織花窗帘，是一條條醜陋的殮屍布，覆蓋著窗內這些活動的殭屍。亞爾培王子的異國煙草味，莫扎特與蕭邦，十九世紀浪漫派的雕刻，淺紅的康乃馨和杏紅的蒼蘭，這一切所形成的精緻氣氛，再不能濾透他官能的沙濾器。他的腎臟機能彷彿失調了，再不能過濾任何「生命之水」了。一句話，他是來到一個絕對陌生的空間，彷彿踏上另一個陌生星球。

是什麼一種大風的波浪推他來？是什麼雄壯風力，逼他坐在這些人中間？是什麼大氣的活動能力或地下熱力的流動，要他在這裡等待？他究竟等待什麼女人的風情？秋夜的迷霧？騙人的天使？還是一種永久的氣體或固體？他準備聽些什麼？說些什麼？想些什麼？是記憶許多年前的感覺？捕捉三十年巴比倫時期曾捕捉過的那一切？一片苦笑畫在他嘴邊。那隻一九三三——三六的魚網早破了。除了裝滿海水，又漏掉所有的海水外，再不能帶什麼給他了。是的，不會再有一條魚給他了，哪怕是最小最小的黃魚。這是赤裸裸的真實。也是今夜官能所給他的唯一回答。

他是純粹為別人坐在這裡的，不是為自己。就自己說，哪怕這片空間是一個巨大發電體，他也是一個強大的絕緣體，與它毫無溝通之處。現在，他四週這一切紅、綠、黃、藍、方、圓、三角，即使真是紅、綠、黃、藍、方、圓、三角，也不是他的紅、綠、黃、藍、方、圓、三角。任何一朵最鮮緻的薔薇花，不管發射出怎樣魔魅的吸引力，對於一個像他此刻這樣，古老而黯淡的心靈，充滿百歲老人式也只能帶來一片苦笑，一派冷默。

然而，他仍坐在這片紅、綠、黃、藍、方、圓、三角，和炒大麥的香氣中。他坐著，聽著。他聽見他對面的楊易聲音。

『剛才大衛談的，是幾個熟人的命運。現在談我們自己的命運吧！』他舉起杯子，喝了一口紅色葡萄酒。當巴達維亞咖啡喝完後，韋乘桴要了兩瓶紅葡萄酒，算是代替雞尾酒款客，佐以精緻奶油西點。『你們記得嗎？在維也納飯店的最後一次「再會筵」上，我們曾談過每個人的「五年計劃」？』又喝了口酒。『首先，我要聲明：我曾計劃好好教幾年書，並完成我的「黑格爾哲學綱要」。但現在弄得連一隻最起碼的粗飯碗（不必談景德瓷碗了）都輪不到。快四十的人了，柏林大學和巴黎大學的哲學碩士，兼維也納大學學士，我還不得不吃父親救濟米，把全部時間消磨在抱怨胖老婆這類瑣事上，再不，就把自己淹沒在劈劈卜卜麻雀牌聲中，彷彿天天過新年，聽爆竹一聲除舊。至於其他，一些倒楣事，我也不細翻陳年流水了。反正「天」花板知道。「地」板知道。我知道。『那本薄薄三萬字的「黑格爾哲學綱要」，只寫了個「頭」——序言，身子和四肢依然躺在黑格爾墓地裡，並沒有出現在我書桌上。唉！』他嘆了一口氣，又埋頭喝葡萄酒了。

莊隱道：『我曾希望在西北一角建起「小小煙囪之家」，此外，還希望在蘭州水濱靜靜釣釣魚，做個姜太公。』停了停，『可我想不到竟被人打出蘭州。小小煙囪之家也不得不搬家，差點冒不出煙，姜太公不得不恢復老本行跑單幫，從秦嶺那邊跑到嘉陵江道。』吸了口煙。『我順便替另外幾個朋友答覆你們：甄俠沒有做成他計劃中的「半個諸葛亮」，也跟我一道跑單幫了。原因是，他老家那一帶已變成大炮與機關鎗的陣地了。同樣，「八、一三」炮聲一響，鄺半齋也吃不成高級郵票飯，逃到後方了。他的「二二計劃」，更無法完成，看樣子，永遠不會完成了。美國霸王號飛機正忙著載炸彈到中國前線去，絕不會從紐約裝哥倫比亞唱片給他的。余良弼依舊是一個「Picnic 專家」（專打野食），一時不會考慮坐在屋頂下，好好吃一頓飯。至於唐鏡青呢，他本沒有什麼「五年計劃」，但他做夢也沒有想到會被關主西北一隻兔籠，終日靠吹肥皂泡混日子，又成天生活在他那個「賢內助」的壁虎式的恐怖中……這就是我們在西北的幾個人的目前命運。天知道，輪盤上旋滾的白球，什麼時候會滾到我們的圓洞裡。』

范惟實道：『五年半前，我曾有一個荒唐計劃，作一次湘粵旅行，一路嫖過去，直嫖到桃花江，在那裡或許會發現一半個美人。這個計劃幾乎實現了，要不是盧溝橋炮聲把我從桃花江拉回來。現在我假如有什麼「收穫」，那就是「收穫」了一個年輕太太，她的裙帶能把我脖子扣得牢牢的，像橡皮帶扣一條狼狗。今後，也許我永遠做不成旅行家了。這一次是出差到重慶。下一個節目，是等待太太進產科醫院。』

黃幻華道：『我的希望大體實現了，不會再扮演馬路天使，在街角擺香煙攤了。可是，我現在並不比當年擺香煙攤更愉快。』停了停。『歐陽孚本想當一名水手，此刻卻進了土橋監獄，在四堵高牆所形成的永恒「方舟」中住著，也算是一個無水的水手吧？』他嘆息。『可惜他剛結婚兩年的太太羅眉茵還留在淪陷區，一點不知道他的事呢！聽說她想到內地來。』

黃向范和莊解釋，抗戰初起時，歐陽在S市一家報館裡當編輯，沒有和他同來內地，後來他就結了婚。三九年秋冬，他實在看不慣S市的黑暗環境，獨身由香港來重慶，想不到由於莫須有罪名，竟被拘留了。

韓慕韓大聲道：『我的希望只實現了一半；我曾希望二次大戰早日爆發，現在當真如願了。可是，世界上有的醜惡並沒有燒　得乾乾淨淨。拿我們韓國臨時政府說，現在就依然很困難，我們革命的內部，依然充滿醜惡。』

林鬱道：『那個再會筵上沒有我，但我現在情形並不比你們更好。吃飯，睡覺，坐辦公室，聽街頭各式各樣政治「小夜曲」。此外，我和惟實一樣等待老婆肚子繼續通貨膨脹，直到送進產科醫院為止。然後，準備在我那隻滿陳歌德、濟慈、雪萊詩集的書架上晾晒尿布。』

楊易道：『我看，這裡全部朋友，只有乘桴完全如願，一帆風順，白球永遠不斷滾到你的圓洞裡。』

韋乘桴笑道：『我總算平安到了巴黎，又平平安安回來。……』抽了口煙，又搖搖頭道：『不過，你們也只看見表面。』眼色沉重了些。『不瞞你們說，昨天在我們報館一次會議上，我就幾乎和一個流氓打架，……一碗安穩飯並不容易吃。有人利用某種力量，想在館內鬧一次風潮，把我的兩個屬員趕走。』他嘆了口氣：『在一個到處是旋風急雨的時代，沒有一處樹葉子不顫動、飄飆、潮濕。』

『印蒂，你為什麼不開口？』女主人問。

『我很抱歉，那時候，我從沒有真正希望過，因此也就談不上真正的絕望。』印蒂諷刺的笑道：『你們還能有心情談這些，我非常羨慕。』

店主人敲出煙斗裡的灰燼，慢慢道：『印蒂，我總覺得你太嚴肅了。』沉思起來。『這次再見，我發覺你比過去嚴肅多了。』

『這不是什麼嚴肅不嚴肅，一個人活著，頭腦和四肢總要有些活動，而且還得按照一些方式與軌道來活動，不管我們同意不同意。』沉思著。『就我現在說，可能我既不相信有什麼白球，也不相信有什麼紅黑號碼和圓洞。這些說法，不過是無可奈何，自安自慰的解釋罷了。』頓了頓。『能有解釋，而且相信這些解釋，總算是可喜之事。可是，有些東西也許是你永遠無法解釋的。』

『是的，有些人事，是我們永遠無法解釋的。』不太多開口的沙龍夫人多感的道：『像莎卡羅就是。』

大家聽了，都沉思起來，好一會，不想再開口。

林鬱很想說什麼，但印蒂施了個眼色，他就沉默了。他明白，這次來山城，除了他，印蒂沒有對任何人再談過莎卡羅。

不久，他聽見黃幻華的沉鬱的聲音：

『變了，完全變了。從前我坐在這裡，感到精緻、輕鬆，彷彿是在欣賞一幅希臘磁皿畫，或羅可可雕塑。現在，我卻像坐在車站侯車室，等待什麼。也許是一輛黑色火車，也許是蒼蠅式的「嗡嗡」人群，也許是空寂的兩條軌道，也許是不幸的火警，也許是一陣狂風……』語調有點苦痛。『從前，我們用抒情的調子談孤獨、談口渴、談恐怖、談颶風和大霧、昨夜和今夜，現在，我們自己就是口渴、恐怖、颶風、沙漠、大霧。我們不再站在岸邊，我們自己就泡在死亡與痛苦裡。只要一枚日本炸彈，我們的今夜，紅燭和宮燈，法國鳳尾樹，就全部毀滅，我們的明天，也會變成岩石地底下的明天，白蟻蛆蟲所組成的明天——一切關鍵都在這裡。』

在這片沉痛聲音中，大家都謐靜了。人們在靜靜玩味組成這片聲音的某些核心狀態。於深靜中，另一個冷寂聲音忽然響了，是楊易的聲音：

『關鍵還不只在這裡，關鍵還在——』一個字，一個字，慢慢道：『我——們——都——衰——老——了。』聲音有點悽苦。『假如二十歲是青春，我們現距離它已二十年……想想吧！我們還有什麼理由，什麼權利，再享受應屬於青春的一切呢？』

楊易的音籟是一陣北極寒風，一剎那間，颳得大家心頭冷颼颼的（唯一不受吹颳的是印蒂）。人們不由自己的，想望望自己臉孔。時間不在黑色小禮服上，不在白色襯衫上，不在漿硬的領子上，甚至也不在腕錶上或手上，而在臉上。現在，眼睛是一種奇異生物，它似能望見自己臉孔，眼睛望見眼睛自己。至少，每個人可以從別人臉孔皺紋上，看見自己皺紋，鬢邊幾莖白髮，額上波狀的水紋。緊鎖眉心的峰形條紋，鼻兩側口水袋的擴大、加深，眼角的魚鱗紋，嘴邊的摺皺，這一切像照在顯微鏡裡，一時都突然凸顯出來，可怕的醜陋。在楊易的聲音以前，它們彷彿是睡著的，此刻，卻被鐘聲敲醒了，極惡毒的醒來了。它們給人以很大壓力，許多情緒都被壓扁了，許多思想也被壓得變形了。它們比千言萬語還有力的說服人：從此，做這不做那，今後，要這樣不要那樣。臉是生命中最大的神秘泉源，只由於它，宇宙才這麼複雜。它的變化，也就是世界的變化。人從每一根皺紋上找尋生命的原始謎底。人從臉的幻變上，咀嚼時間、思想、情感、歡樂與哀愁。臉是一種人生舞台，如果代表人的不是臉，而是手掌或腳背，世界也許簡直多了。在岩石與植物的世界裡，就沒有人類這麼多的不可思議，岩石的臉幾乎沒有變化，月季花的臉，變化內容也單純，一隻甲蟲的臉，更很少變化。假如人是一個有思想卻沒有臉的動物，這個地球上將會減少多少悲劇。現在，拿沙龍夫人說，楊易的聲音就叫她打了個寒顫，她彷彿第一次想起：『啊，我已經三十四歲了！按照一個古怪的意大利詩人的說法，這樣年齡的女人，都應該被鞭撻。』她正想著，靠門口處突然響起一陣巨大吵鬧聲。

『日你先人！看老子不揍死你個臭婊子！』

『你個龜兒子！你敢撒野，老子操你十八代先人！只許你在她褲襠裡插秧，就不許別人插秧！』

由門外闖進一個紫膛臉的客人，在扭打一個妖冶的年輕女人。她身旁的男友，一個黑胖子，馬上宣布「抗戰」。兩人打成一片。女的顯然是西藏主義者——達賴喇嘛的信徒，主張一妻多夫制，身兼好幾份妻職，這是戰火根源。

為了挽救那些茶杯糖碟，彭大衛馬上衝過去，但已經遲了。

『嘩喳！』

一隻康乃馨花瓶砸過去，正擊在藍色織絹宮燈上，絹罩內的燈泡立刻發出炸彈爆裂聲。整個沙龍咖啡館，立刻變成一座爆炸了的富士火山，一陣狂烈的硫火熔岩氣味淹沒一切。

三

久在江南過冬春的人，常覺季候是一隻巨大野獸。二月裡，獸頭獸腹都已鑽入春天，尾巴卻仍留在冬天。有時，上午是獸頭，下午是獸身，晚上卻是獸尾，它從黃昏拖過午夜，又搖曳到黎明。

這個時代的知識份子群，也正像江南冬春氣候，是一隻隻野獸。韋乘桴是屬於獸尾群中的一個。

這不能怪他，只能怪他令尊那些大醬園，那些支配浙江濱海某大城酸甜苦辣鹹的大商店，以及商店裡那些大油簍、醬缸、鹽缸、雙桶瓜缸、醋罎等等。也虧得這些醬園一片油氣衝天，才一支火箭似地，他直衝過阿拉伯海與地中海；二十五歲時，他就用他父親那柄大油杓撈到巴黎大學政治碩士。當時，他是極少數沒有接受花都深淵召喚的留學生之一。儘那座西方巴比倫打扮得花枝招展，像個表面貞潔內裡淫蕩的古羅馬貴婦，他卻心如古井，無動於衷。這時候，他胸懷大志，血液中燃燒著比紅海更紅的夢想。一回國，經同鄉推薦，擔任S市商會資料室主任後，他血管的紅海竟漸漸幻變成黑海，整個變化過程，是他手頭所有資料法分析和統計的。

理由也許很簡單。他的頂頭上司商會主席，S市五大流氓之一，就是著名的「三八制」

擁護者：八小時工作，八小時休息，八小時娛樂。這個能吟詩作賦的文流氓，到處宣傳此制優點，特別強調：必須嚴格遵守八小時娛樂制。他的實踐行動綱領，就是他的阿拉伯主義。請讀者別誤會，他並沒有改奉回教，他只是信仰它的一夫多妻主義。他究竟有多少妻子，連他自己也數不清。他究竟有多少兒女，他同樣也算不清。據消息靈通人士毛估：前後正式掛在他「妻賬」上的，至約三十戶左右，正式登上的他「子女賬」的，也在九十——一百名之間。至於賬外的戶頭、名額，那就很難統計了。他的一些兒女，從出娘胎到吃奶、走路、成人，根本就沒有和父親照過面，甚至爸爸也沒有聽說過他們。

首長親自開風氣之光，以後，有些商會屬員們，或多或少，也接受了伊斯蘭教的影響。這有點像流行的電氣燙髮，大家都算燙過了，只燙法與式樣，鬈曲的高低、深淺各有不同罷了。

每天辦公室電話鈴不斷響，找商會主席的，一半倒是女人聲音，而且是極年輕、極美麗的聲音。

在商會這位回教蘇丹的狂熱影響下，韋乘桴在生活觀念上，不得不改穿一件阿拉伯白色袍子，是可以諒解的。他父親的定期鉅款匯票，也是促成他改裝的因素之一。這也是為什麼，一九三三——三七時代，他終於加入印蒂與莊隱的魔鬼隊伍，沙龍的莉莉是他的「殉難者之一」。

仗著父親大力支持，第二次歐遊時，前後判若兩人，他幾乎想正式皈依回教了。他在巴大掛名研究歷史，實際上，他大半時間在學繪畫，不，專門研究畫的「主題」。再說得更明確點，他主要時間是陪「主題」玩兒，坐咖啡館、進游泳池、上跳舞廳、吃大飯店、等等。儘繪畫「主題」有千百種，他卻以不變應萬變，永遠只畫一種：裸女。他的「主題」，其實就是他的情婦，是一些年輕的法國模特兒。他曾以不算太小的代價，僱過法國野獸派大師馬諦斯的模特兒，這是他所遇到的唯一除了作繪畫主題拒絕作其他「主題」的少女。至於其餘許多美麗「主題」，大都和他在地板上或畫板上打過滾。他先後畫過三十幾個模特兒，不是在架上，而是在鋼絲彈簧床架上。

回國後，據他夫子自道，有一次，一個美麗的巴黎模特兒第一次進他「畫室」時，他先要她穿衣服，坐著，畫素描。十分鐘後，他請她赤裸上半身，一手支頤，蜷臥床上，畫繪另一張素描。再十分鐘後，他求她全身赤條條的，以十字形仰臥著，他跪在床尾，準備從她腳部平望過去，畫描她胴體的平面姿態。他換了第三張雪白畫紙。又十分鐘後，他放下炭精畫筆和畫紙，走過去，說是要仔細研究、觀摩她全部肌肉形象，作物理透視，好深深浸沒於它們的光與影、色與彩中。又十分鐘後（記住，這是第四個十分鐘了），他已進化到創造性的運用手和其他器官代替畫筆，用她的白馥馥的肉體代替雪白白畫紙了。

當他敘述這一切時，洋洋得意，好像在咀嚼一隻愛克斯美味蘋果。

這次出國，他並未按原定計劃，精讀西洋歷史，卻精讀了女人身體，各種各樣的肉體歷史，法蘭西的、西班牙的、意大利的、奧地利的、阿爾及利亞的、越南的、德意志的、猶太的。他不是一個歷史家，簡直是一個偉大的巴黎廚師兼食客。

少年青年期過度克倫威爾，中年就常會變成路易十五。這種人性「歷史」。過去多的是，現在也多的是。不過，這種遲開的玫瑰，特別表現得惡毒，韋乘桴正是這樣一種畸形植物。

蘆溝橋炮聲傷害了一個民族，卻拯救了他。戰爭第二年，他總算回國參加抗戰了，擔任重慶一家大報紙的經理，私生活漸漸步入正軌。但這只是用巴黎蒙瑪特亥的尺度來衡量，事實是，重慶沒有那麼多模特兒，他也不能再用巴黎作風來畫畫了。

從一件事可以看出也的瀟洒。這次歸國，多年來擔任他的「財政大臣」的醬酒商人，堅持他必須結婚。當時他正在廣州，陪年輕的船孃泛舟珠江。接到電報，他馬上回電說：『家裡介紹的姑娘，只要父親認為合適，就算數，不需等他自己相親了。請馬上代表他先訂婚。』這樣，父親就代理兒子，來了個「缺席訂婚」。一個月後，他返故鄉結婚，憑他多年經驗，他很有把握的下了種子。因為，他早吃透父親心思：金山銀山堆得再高，沒有後代，乃是一場空。因此，當他離開時，新娘肚子裡的梅花鵲已報喜了。此後，醬酒商人表示：繼續供應他為數鉅大的定期匯票。

以上情形，印蒂來山城後，才逐漸從林鬱和楊易口中知道。這並不是一些愉快的事。然而，與一些不愉快的人事打交道，這已變成他目前命運。

為了求名，韋乘桴不得不著手為林鬱那個出版社編一本書：「第二次世介大戰資料」。這是一件費力最少而收穫最大的工作。林答應他：可以摘選書中一部份，先連載在他那家日報上，或與他有關的一家雜誌上。林又許諾他一份豐厚報酬。這類現實蛛網，於是又一次把他們纏在一起了。

可是，印蒂第一次醒覺的發見：六年分離，他與韋乘桴這類人之間的距離，是怎樣遙遠——。

這位巴黎派人物，極偶然的，帶給他一個意外消息。

一個晚上，在沙龍咖啡館，韋和他談起巴黎，無意中，他微笑道：

『老印，你相信麼？我在巴黎，曾經看見你的一個好朋友。』

『誰？』

『猜猜看！』

『我猜不出。』印蒂有點感到沒頭沒腦。

『假如我說：是你要好的女朋友，你還猜不出麼？』

『要好的女——』

印蒂陷入沉思，漸漸的，臉色有點蒼白了。

『你是說——』

『瞿小姐！』

印蒂沉默了，他點起一支煙。

『我重遊巴黎的第二年初夏，才看見她。那時，她遊歐已五年多，這以前，她觀光印度。據說，她到過釋迦牟尼誕生地——北印度邊區。她在英國和德國住過兩年，在西班牙、意大利、希臘、瑞士、荷蘭、比利時、奧地利旅行過一年，此外兩年多，住在巴黎。五六年來，她一直學鋼琴。先後師事英國與德國的名鋼琴家。在巴黎，她又從一個法國著名女琴師學習，空下來在巴黎大學選課，旁聽法國文學和哲學。有人建議她正式進巴大或巴黎音樂院，她拒絕了。她似乎永遠不願接受任何形式束縛，寧可追隨自己自由意志。在英國，她到牛津、劍橋旁聽過。在德國，她一半時間卻沉酣在古典音樂裡。她的英、法文都不錯，德文也勉強能對付。

『在一般巴黎中國留學生攬來，她太孤傲，極難接近。在我們少數歡喜藝術的人看來，她是一朵阿爾卑斯山巔的高峰玫瑰，無比高貴，無窮的芳香，但充滿危險。同學和華僑們很少能看見她。她非常用功，大部份時間化在音樂和外語上，小半時間消磨在盧浮畫廊、各種美術陳列館、音樂會、歌劇院和哲學裡。可是，人們從不當她是鋼琴家，寧把她看做一個遺世獨立的古代哲學家與詩人，她有一種超越一切的瀟洒，好像這個宇宙是她獨自創造的，應該歸她獨自享受。

『有好些留學生向她獻慇懃，她一笑置之，極少報以詞色。人間的愛情，那對她似乎是不可能的事，正像高山玫瑰永遠應屬於高峰，不可能屬於大地。

『人們幾乎認為，她是一個在修道院長大的西班牙女尼，一個貞潔的聖處女。

『我早聽說她的驚人的美。

『我聽說，有好幾個男同學，為了想看看她，在她公寓門外一站幾點鐘。有一個學藝術的愛美的女同學（瞿小姐並不認識她），為了欣賞她的姿態和形相，不只一次跟蹤她，逛完盧浮畫廊和現代藝術館，一眼不放鬆她每一個動作，每一個形相，每一個姿態——她走路的步態非常美麗、高貴。

『終於，我有一個機會能看見她了。

『平常，她絕不參加任何應酬。有一次，中國大陸館舉行筵會，專門招待巴黎一些留學生。接到請柬後，她不能不出席，可以說，這幾乎是她唯一參加過的盛大筵會。

『當大使夫人招待她進來時，全場客人幾乎停止呼吸。

『我不是基督教徒，但我願憑上帝名義起誓：有生以來，我第一次看見一個真正的美人。我第一次在盧浮宮看見達文西的摩娜利莎和斐爾的瑪唐娜時，可以也沒有這樣感動過。不管那兩張名畫怎樣富有萬千生命，但在我自私的觀念裡，只有我眼前這一幅，才是真正富麗堂皇的，有血有肉的新鮮生命。

『她那雙眼睛，根本不是眼睛，你就不知道它們像什麼才好。它什麼都是，什麼又都不是，不管怎樣，那不是眼睛。因為，一般社會眼睛，早把人類對眼睛的原始魅力的記憶磨光了。現在，你第一次發現一雙真正屬於大自然的眼睛，反而不認識了。它們隨便掠你一瞥，全是一條閃電，一片燦爛星光，點亮你所有智慧，燃燒你情感火山流液湖。更重要的是：把你帶到地球剛成形時的那片原始魅力境界。你幾乎要暈眩，恍恍惚惚想飛翔但剎那間，那片閃電星光中，又出現一派秋季藍天的絕對澄明清澈，那是一種魔術式的矛盾的神秘色素，又空靈，又謐靜，叫你也安安靜靜，一片空靈。直到現在，五年後，我還沒忘記當時她投向我的那一瞥。那種奇異的明亮，神蹟式的媚麗。沒有一種人間的色彩和花朵，沒有一種海水的顏色與光輝，能形容得很恰當。

『她的白色梅花味的鵝蛋臉，玉樣純潔，高高的希臘型鼻子，彎彎的菱形紅嘴，大森林似的豐滿而膿烈的黑髮，頎長的苗條身裁，比果子還熟透的胴體，這一切，映襯她那一襲長長的白色夜禮服，從第一個眼色，第一個動作起，就緊緊扣住全場客人的心弦。我們不是在看她、聽她，我們是第一次觀賞二十世紀舞后鄧肯的舞蹈，第一次聽完克萊斯勒的提琴獨奏。她每一個動作，充滿舞蹈韻律，可又顯得高貴。她和大使夫婦的有限談話，聲音放射提琴的色音，可又莊重，嫻雅。

『確實，正如我過去聽林鬱說過的，她有印度紅瑪瑙的熾熱，北極白雪的玉潔冰清，和波斯古巖窟的深度。

『那一晚，我的眼睛一直沒有離開她。我吃的是什麼，喝的是什麼，嚐的是什麼，聽的是什麼，跳舞的是什麼，我完全不知道。我的眸子，始終像兩支箭鏃，筆直射向她，直到她翩然離去。

『假如風有色澤，有比孔雀藍石藍更藍的藍色，比天青還青的青色，她正是這片藍色的風，天青色的風。我們不只聽風、感風，還看見風的流動、畫彩，正像我們不只想像夢、回憶夢，也看見夢流動於我們四周，夢的花朵開放於我們面前。

『是的，這一晚，她是夢中的風，她是仲夏夜的露珠，她是白色土耳其清宜寺青色圓頂上的月光，她是十二月的水仙花，她是希臘的磁皿畫。她的笑，是西湖水面魚的笑渦。她的眼睛，是整整一座水晶世界的凝望。她的步態，是敦煌壁上的舞姿。她的聲音，是莫扎特的弦樂小夜曲。她的性靈，太陽極了，也月亮極了。她的姿態，動作，大海極了，也泉水極了，

……

『假如人們說，早晨是一扇窗子，通過它，宇宙把光明瀉入這個世界，那麼，我要說，這個夜晚，她是一扇窗子，上帝借她的形體，把祂自己所有的宇宙美傾瀉入我們這個筵會——一切明亮酒杯裡。

『真正，她簡直是一座春天花園的化身，我們全被她形相上的千花萬朵迷住了。

『不管別人是否議論我沒有禮貌，在我整個生涯中，這是我第一次享受一種絕對人類造型美，我不能放棄這一可貴機會。我相信，其他許多客人，也不會評論我的態度，因為，他們也和我一樣，所有視線，都像百鳥朝鳳，飛翔到她形體上。

『我不知道她什麼時候走的，不是她走了，是我的夢醒了。從她進來的第一秒，我就幾乎睡著了。我睜著眼，在做夢，看夢，聽夢，像一個夢遊人。

『我只聽見旁邊一個中年對他朋友說：

『「我的上帝，這個女人是從哪裡來的？我活了一輩子，在世界上美女最多的巴黎，也生活了這些年，我可從沒有見過這樣的美人！——她簡直是一個希臘女神，剛從天堂走下來——這真是一個奇蹟！」

這一晚的筵席，剩下極多菜餚。我相信，主要原因之一是：不少客人全像我一樣，讓眼睛代替嘴唇，恣意享受另一場空前絕美的盛筵。

『也正因為這樣一種巨大壓力，筵席結束，舞會開始時，她只禮貌的和大使跳了一場交際舞——四步舞，就迅速離去。當她彩虹樣消逝時，我只聽見四周發出一陣輕輕的嘆息，是讚美，也是惋惜。

『這以後，我再沒有看見她。不久，她回國參加抗戰了，聽說現在在大後方，但不知道在哪兒。』

講到這裡，韋乘桴滿滿飲了一杯桔金酒，深深凝望印蒂：『回來後，有一次，偶然和林鬱談到生平所見美人，我提起這件事，他說，她是你表妹，也曾經是你的愛人，你們本可以結婚的，結果卻分開了，而主要責任在你。經我再三追逼，他才相當詳細的談到她的一切。』（以前你從未和我提過。）

韋乘桴用力拍了印蒂肩膀一下。『當時我真是詛咒你，認為你是人類有史以來第一號大傻子。這簡直比逼死埃及女皇克麗奧帕屈拉的羅馬奧古斯都大帝還傻。我真不懂，究竟是什麼鬼念頭、怪念頭，叫你作出這樣殘忍的決定。在這個世界，除了贏得這樣的美人的愛情外，還有什麼特別的偉大幸福？你倒說說看？』

印蒂聽了，扔掉第四支煙蒂頭，一直不開口，臉色卻愈加蒼白了。許久以後，才有氣無力的慢慢道：

『謝謝你告訴我這樣一個故事。』他站起來。『今晚我有點疲倦，我要回去休息了，改一天再談吧！』

這一晚，他從十點鐘起，躺在床上，睜眼望著夜暗，直到黎明第一線曙光從窗口瀉入。

接著，整整一個星期，他每夜失眠。最多只能睡三小時，直到第九天後，才漸漸恢復正常。沒有人知道：這些黑夜他想些什麼。他自己也再未向別人提起這件事。此後，當他再遇到韋乘桴時，他絕口不再談它，不管韋怎樣逗引他。

四

在沙龍咖啡館主人彭大衛眼睛裡，韓慕韓和韋乘桴一樣，大體沒變，依舊是他的座上常客。實際上，這兩個人精神生活，卻是兩條鐵軌唯一岔道站——交叉點，只是沙龍，此外，它們永遠平行，毫無接觸點。

在這位韓國人一生中，霧城這一段，是他內心最苦痛的一頁，雖然就韓國民族政治遠景說，它正孕育一些巨大希望。亡國者的他，從小流亡異邦，除了參加北伐一段，大半時間，他奔馳在關外大平原上，性格一向挺直如標槍。有好些年，他簡直就過著野人生活。S市的四年流亡，因為處在革命最低潮，他並未有接觸多少中國內層政治社會正面現實。抵山東後，特別是抗戰後，他才又恢復軍人生活。韓國臨時政府建一支志願軍，號召一切韓國革命者投效。他應召來山城。很快的，他感到幻滅。他發現，他面對一個極複雜的政治畫面及社會畫面。因為城小浪多，各式各樣浪潮浪花朵擠在一起，使人性的錯綜漩流突出的顯在日光下，他幾乎無以應付。他痛感到，他永遠失掉他記憶裡的東北大草原空間。在這小小山城裡，他再不能騎馬馳騁，橫衝直撞。中古騎士風的他，不得不在許多小胡同內摸來摸去，敲每一扇狹窄的門。有時，還得敲冷酷的官府衙門，為了祖國光復事業。

他全部生活，幾乎就是一部與各式各樣大門掙扎史。他從沒見過這麼多的門。（關外大草原上沒有這種門。蒙古包或野生鄂倫春人帳篷內也沒有門。）他也無法理解這些門。

每個人都是一座門，關得緊緊的，有時甚至加上雙重大鎖。不管門外怎樣扣擊剝啄，甚至用拳頭擂打，仍聽不見開鎖聲，或撥門閂聲。也許，這是一戶永不開啟的門，他永遠看不見門內是些什麼擺設：是古董？翡翠？字畫？是新式柳按打蠟傢具？是破舊桌椅？還是四壁空空，只有空氣？有時，偶然虛開一線，等他真想推開時，它又關上了。從這樣一線閃光中，你只能看見一個角落，一條板凳腿。也許，有一天，它會打開，讓他進去，他發現裡面只是一個大廁所，已有好幾年沒有洗刷打掃了。也許，它永遠敞開著，讓他觀看那個華麗庭園，但真正重要的廳堂，卻閉得嚴嚴的。或者，僥倖有一次接待他入廳堂了，但最後的內室卻永恒扃閉，你永遠不知主人的最內層空間的面貌。

門是那麼多，一重又一重。鎖是那麼多，一道又一道。閂是那麼多，一根又一根。帘幕是那麼多，一條又一條。關不完的門。開不完的鎖。拔不完的閂。揭不完的帘幕。在這個世界上，這個霧城裡，他這個原始型的野人永壞是門外客人。

即使是好朋友，也仍有各自的門，各自的鎖。

即使是親兄弟親夫婦，也仍有各自的箱子，各自的鎖。

當他叩每一個熟人大門時，常常的，他在門外有點躊躇。有時候，門內撥門開鎖了，他卻想逃走。他預感，門內思想和門外思想，常常不是兩只輪子同一根車軸。

他原諒他們。每個人都被生活的車輪壓得喘不過氣，全部思想盡被馬達聲塞滿，他如果找他們對流思想，等於在兵工廠機器間談話，把嗓子喊啞。十句話不一定能聽見兩三句。

也許，這個人的母親在患嚴重鼻竇炎，鼻孔吸進氣了，得用嘴呼吸。據醫生說，因為年老體衰，她連開刀的條件都沒有。也許，另一個人的小男孩和鄰舍孩子廝打，臉上血痕斑斑，主人正準備與鄰居吵架。也許，第三個人巧逢債主上門，千言萬語在搪債、回債，叫你不知怎麼才好。也許，畫家比較清高些，但他正為一根惡劣線條發愁，它破壞了畫面美。你既不能變作那根線條，幫他忙，也不能嵌進他腦子，變成他的新靈感。也許，老年人比較空閒，但他一看見你，就把你當競選台下的群眾，滔滔兩小時對你演講，連三十年前燒餅多圓多大，半徑是一寸或二寸，直徑是二寸或三寸，都一起向你傾銷，聲音比炮彈還響，炸得你耳朵發痛。也許，婦女比較溫柔些，找一位女太太吧，但她滿嘴柴米油鹽醬醋茶，他這位客人也就變成柴房、米甕、油瓶、鹽缽、醬缽、醋罐、茶壺，永遠將不完這許多固體和液體，甚至氣體（茶會蒸發成氣）。也許，還是自己同胞及革命同志好，然而，門內貨色仍是柴米油鹽醬醋茶，只不過包裝不同，容器不同，它們唯一的後果，仍是中世紀經院哲學的煩瑣。

也許，這些都還算好的。即使變成一隻油瓶或茶壺吧，也還結結實實，瓶是玻璃的，壺是磁的，運氣好，可能還是景德窯。

最致命的卻是那份疲塌陰乾。

這一次，也許輪子真正同一車軸了。但那片地獄黑鍋的燒焦氣味，卻叫他窒息。他會發現：一個生命，他曾信任過，敬佩過，卻疲了，塌了，肩胛骨走了「盤子」，膝蓋骨扭折了，再坍了。火，有時連最硬的那根脊椎骨，都斷了。他不是創造主，他不能替他們再鑄造一套骨骼系統。萬一這一系統大體無恙，主人卻面孔陰霾，比黃霉天更霉，又比老太婆的下巴更乾癟，又陰又乾。他對你笑陰乾的好，望陰霾的望，你對他也笑陰乾的笑，望陰霾的望。完了！你後悔推開這扇太容易推開的門。不，門鎖早已懷了，主人懶得修理，不需要推了。

『想想吧！我是在關東大草原上生活慣的人。這一切，我怎麼受得了？』

一個陰暗下午，韓慕韓喝了許多白酒，獨坐他小樓上——也就是臨時政府一間小寢室裡，對造訪的印蒂陰沉的吼著上面那些思想。滿室盡是大麯酒氣。這位檀君子孫像剛從酒精缸底撈出來。

印蒂同情的瞧著他，連他腦門那小塊禿亮處也無限同情，它現在更禿更亮了。面積也比從前擴大了些。它下面的額頭，添了一些皺紋，這是他幾年來與各種鬥爭掙扎的成績。這次來渝後，印蒂發現，所有舊友中，就數他較有生氣，想不到他內心也和窗外天空一樣，那麼雲雲霧霧、黑霾霾的。

『你是說這裡的社會情形。就你們臨時政府和獨立黨說，它們總算還有希望的。』

『哼！「希望」！』他咬咬牙齒，憤激的道：『上帝發明這個字，只不過叫人在泥土裡打滾時，多一份死拖活撐的勇氣罷了。』

他握緊拳頭，睜大那雙鞭屍味的充血眼睛，沉痛的道：

『你以為我們這裡，沒有這些悲劇的門的故事麼？』他用手指指樓下大門口，那些舊式白木排門。『你看吧，就是這個門，這幾扇棺材店的店板門——我們堂堂大韓民國臨時政府的大門，為了它，也幾乎發生流血慘劇，而且是在我們自己人中間。』

一個月前，臨時政府在這裡召開議政會，南岸一批韓國人（大多是「朝鮮志願隊」的），一定要衝進來，這裡的人——部長兼議員們說，他們不是議員，沒有資格出席。門外人卻大聲吵鬧，說這裡的議員，是攻府關在家裡包辦產生的，完全不合法，沒有權利代表韓國人民。吵罵中，雙方大打出手。接著，大門緊閉。門外人擂聲喧天，要「攻」進來，門內人則罵聲震地，說門外人再不退，就開鎗。幾扇棺材板門，差點擂破了。雙方相持五小時。左近中國鄰居都圍過來，欣賞這齣活鬧劇。直到中國警察出面，才暫時休戰。

第二天，報上便出現雙方「啟事」戰和新聞戰，鬧了好幾天。

『天知道，全重慶所有的韓國人，連吃奶的孩子和七十歲的老太婆都算上，還不到三百人。祖國離這裡還有三千里，國內三千萬檀君子孫，還在日本刺刀下喘息、呻吟，他們就鬧這個！幾扇棺材店破板門差點變成碎片。這就是革命！』他的眼睛更紅更亮了。『門！門！

門！門內門外，永遠誓不兩立。』

印蒂同情他內心苦痛，但一時也說不出安慰話。他對韓國人的事不清楚，卻沒有想到會這樣亂。

『志願軍的事呢？』

『哼，這支偉大軍隊，還在紅木桌上無限期旅行呢，等到它批准，二次大戰恐怕早已結束了。即使能提前批准，等到隊伍正式裝好步鎗子彈，準備出發，也就是它宣佈解散時。那時候，已經不需要它去光復祖國了。它老實實，還是準備回去喝小紅米粥，嚼韓國泡菜算了。』

『那麼，這兩年你幹些什麼呢？』

『我？』韓慕韓的口氣輕鬆點了。『我跟著我們的偉大志願軍，從這張紅木寫台，旅行到那張紅木寫作台。不同是：它搭的是洋鐵公文車廂，我騎的是兩腿驢。它的交通工具比我「棒」。旅行兩年多，它一點也不累，我可累得人仰驢翻，差點沒進醫院。我真吃不消。』語氣又有點憤慨。『早知我的命運是陪洋鐵公文箱捉迷藏，當初我絕不會答應擔任這個軍隊的高級參謀，或者參謀長；爽性讓我在山東部隊裡、真刀真槍和鬼子們幹一場，倒痛快多了。前幾年，我們幹的並不壞，在黃河北岸那幾仗，揍死的日本鬼子，比我二十年來所消滅的還多。……現在，這真叫旗桿頂上拉屎，活現眼啦！』

直到此刻，印蒂才開始想起幾句話，來安慰這位韓國朋友。

『我覺得你太悲觀點了。你們裡面還有一些有作為的人。像臨時政府主席金九先生，就是個不可多得的英雄。一九三二年他佈置的虹口炸案，（註二）現在我們中國人還感激他。』

韓慕韓沉思一下，『我也沒有說，這裡的人都不行。這些老頭子，能流亡異國，苦撐這麼多年，不肯在本國做順民、做亡國奴，單憑這點熱血，這把硬骨頭，也就難能可貴，沒什麼可說的了。可是，——』他摸摸腦門那塊禿亮處慢慢思索著。『單憑中世紀的守節，還不夠，光扔幾個炸彈，也不能解決一切問題。二十世紀的革命，必須具有非凡的政治藝術、政治思想和政治組織。這些老頭子，單憑一點熱情和書生氣，怎能開展一份偉大事業？』深深的感歎道：『就算中國政府幫我們在這裡暫時站住腳，將來回去，用這種中世紀作風，能不能在人民中間站住腳？還是個大問題。假如這裡的兩三百個人還搞不好，將來回去，怎麼能搞三千萬人的工作呢？』

談到這裡，一個廿七八歲的黑衣短裝青年走進來，有點趑趑趄趄的，送了一封信給他。

他拆開來，看了一下，笑道：

『又是約會、談話。永遠談不完。談過兩年了，韓國志願軍、還是厚厚裹了一層胎衣，在子宮裡睡大覺呢！……我對這種談話，已經沒有胃口了。』

那黑衣青年呆呆站著，像個木頭。韓揮了揮手，叫他出去，他才傀儡般地向後轉，木兮兮的走開了。他的腳步，輕得像快斷氣的人歎息，剛才上樓，就沒有聽見他一點聲音，現在下樓，仍沒有分毫聲響。這似乎是一個無聲的人，有一雙永遠沒有聲音的腳。

『這個人的樣子很奇怪。』

印蒂正要說下去，主人已打斷他的話，苦笑道：『我知道你對他很好奇。這個人』慢慢的，他的聲音忽然沉下來：『這是一個幽靈。是這幢古老地下室房子的幽靈。也是大韓民國臨時政府一個幽靈。』

他遞給印蒂一支煙，自己點起一支，深深噴吐了幾口，緩緩的，浸在回憶中。這時他的神色、聲音、語態，使你想起柴可夫斯基的「悲愴交響曲」的主題旋律。

『這是一個代表三千萬人的臨時政府，你走過門口，會發現它像一爿棺材店。早上，學徒把幾扇排門取下，晚間，又上起來。其實，這些排門口，只中間兩扇是活動的，算是正式大門。走進門，一片漆黑，不僅是黑色大地，還是黑色嚴峰，你得從峰頂向山谷下降，走十幾級石坡，才下達議政廳辦公室。這是一座黑色地下室，一扇風火高牆，比當典裡的大牆還高。沒有光，沒有熱，沒有太陽，沒有星星，一片寒颼颼的。人們就在這冷冷地窟內活動著，像些老鼠。我常想，我們那些老耄的部長、簡直不是從內室中走出來的，而是從　陰溝裡爬出來的。他們黝暗的臉色，發霉的眼睛，龍鍾的老態，正好配合這片地下室的色調、氣氛。

『最近一年，這地下室才稍稍活動起來。因為，太平洋戰爭爆發，美國對日本宣戰，人們出於一種迷信：美利堅合眾國將來終會完成韓國革命者四十年來未成的目的：把鬼子從朝鮮半島趕出去——。光復既在望，阿貓阿狗都要來搶烏紗帽了。一個月前，許多檀君子孫在這爿棺材店門口大吵大鬧，正說明一切。前幾年，這裡其實一切空空，比空大鼓肚腹還空，只是偶然晃動幾條人影子，像墳墓底鬼魂一樣，其中主要的一個，就是你剛才看見的那個韓國青年李猶松，他是看門人。另一個是燒飯的女工阿寬。她背上經常綁了個男嬰孩，這標誌她是一個廣東女人。

『她年約三十六七，看上去倒有四十幾了，瘦小乾癟，臉孔發黃、發黑、發白、發青，像一塊洗過許多次的廉價印花布，你根本就不知道它究竟什麼顏色。她這種面相，照星相家說，叫做拼湊起來的「五顏六色」相，是最倒楣的相。我想，在第一面，任何一個有理性的年輕人，都會把她當老祖母看待，一個正走向墓窟的老祖母。』

韓慕韓扔掉煙蒂，換了一支，神情顯然很沉痛。

『去年夏季，天氣太熱了，我貪圖涼快，從樓上搬下來，在辦公室裡搭了張臨時床舖。這時，一些耗子部長都到南部憩夏了。屋內白天少見人影，一直空著。一個午夜，我被一陣聲音驚醒了。我猜想是賊，悄悄爬起來，從門內向外張了一眼。在一片慘白色月光中，（天知道這片奇異月光是從哪裡來的！）我看見李獲松的影像閃晃在大廳裡。他赤條條的，渾身上下，一塊布也沒有。我詫訝極了。我不知道他究竟要幹什麼。他的舉止、神情，完全是個幽靈、陰森、可怖。慢慢的，他踅到阿寬房裡。

『我悄悄跟蹤他，閃避在通阿寬寢室的甬道陰影中，一扇門背後。我好奇的觀察著：他究竟打算幹什麼？不管我幻想翅膀多麼長，也想不出他能在這裡做什麼。

『月亮反光森然照見阿寬躺在床上，穿著布衫和短褲，她旁邊是睡著了的嬰兒。慢慢的，李猶松赤裸裸的走到她床畔。我這才恍然大悟他是想強姦她。我的呼吸立刻緊張起來。我準備，只要他一爬上床，我就衝過去。

『事情大出意料。這青年在這個女工床側站住了，並沒有爬上床。他兩眼發癡的凝視她，這個又瘦又乾癟的女人，這個醜陋的老太婆老祖母。他定定呆站著，望了她十幾分鐘，一動也不動，宛似一座石像。我懷疑我起先想錯了，可能，他是想謀害她。他平日有點神經兮兮的，誰也不能保證他不會莫名其妙的發瘋、要殺人。

『我偷覷著，決定：只要他前進一步，我就竄過去。

『然而，一幕絕想不到的奇絕人寰的奇景出現了。他既不對她施用強暴，也不謀害她，卻幹出一宗比這件更可怕的事。啊，朋友！我怎麼說才好呢！即使像我這樣一個浪漫粗獷的人，我也怎麼能說得出口呢！……這個赤裸裸的青年，竟站在這個老婦旁邊，實行自我侮辱了。他眼睛裡燃燒一種狂醉和淫慾。

『我的天！當時，我的憤怒是無法形容的。假如他真爬到她身上，或者用手扼殺她，我的憤怒可能倒會小得多，他到底扮演了一個真正魔鬼。真正勇敢漢子。然而——

『隨憤怒而起的，是一片悲哀，是一種慘絕人寰的感覺。不，一片更大的羞恥佔領我，我無法再看下去了。一個多年殺日本人從不眨眼的我，卻羞怯的逃走了。』

接著，主人繼續用沉痛的語詞，說明事情並未了結。這個幽靈雖然未對阿寬採取暴力，但過去另外某同志，卻採取了。後來，他才明白，她背上那個男嬰，就是他的一次「即興」的成績。至於李猶松，後來經幾位同志磋商，雖然曾建議給一筆錢，讓他到妓院去住幾夜，根治他的變態心理，但他卻死活不肯，在人面前，他什麼也不肯承認。

『沒有人的時候，常常的，這個青年幽靈，對著這扇高高風火牆，一站幾小時，背抄雙手，癡癡傻傻的望著它，一聲不響，一動不動。我見他那傀儡木偶式的臉和姿影，就說不出的難受，他說不出是什麼感覺。他是一株黑暗的植物，一朵黑暗的花朵。培植這片黑色，一半歸咎於他的天賦，一半卻要由這片地下室環境負責。在耗子式的「部長」腳下，只能爬去一些醜惡的毛毛蟲。

『可是，我們能把他怎麼辦呢？這是我們的「同志」呀！而且，這一切又發生在大韓民國臨時政府的偉大總部呀！這一些，假如不是我親目所睹，我絕不會相信。你知道，我在部隊裡呆過許久。軍隊裡有兩句俗語：「當兵當三年母豬賽貂蟬」，但我沒有見過這種情形。』他扔掉煙蒂頭。『你想，在這樣的環境中，和這些人在一起，我，我，我怎麼能叫自己靈魂安靜下來?!』

他喃喃:『這就是門、門、門內的故事,發生在流亡政府門內的故事。』

印蒂聽了一直不響。他抬頭看看窗外,暮色如一隻黑鴉翅膀,已飛展在天空下。他有點感到恐怖。那個黑色幽靈,說不定又會無聲的輕輕推開門,走著他那永遠沒有聲音的腳步。

『真奇怪!……是這樣的一個年輕人。……又會是這樣的——』印蒂輕輕道。

韓慕韓不再開口,一種巨大悲哀,顯然把他淹沒了。

五

一朵花的名字,有時獨白出它的顏色、形狀、花時,與其他特徵。一個城市的路名,也常常表演類似獨白。沒有到過重慶的人,從它的一些地名,可以揣測:這本是一片山地,農民和植物的地區。它一些街名,帶有「埡」字、「巖」子,為一般平原城市所無。黃家埡口,汪家埡口,棗子嵐埡、黃桷埡,觀音巖,曾家巖,李家巖,大田灣、學田灣,小龍坎,背風舖,清水溪,羊子壩,鞏華園,李子壩,桃園路……,說明它們本是一些巖峰、山埡、山坎、山灣,以及甚民播種植物的空間。「壩」字充分敘述它受兩條大江環繞,江水有時泛濫,便築「壩」抵抗。一個叫做「飛來寺」的高地,寺早沒有了,大約又飛回去了,像候鳥,它使人聯想杭州靈隱飛來峰。

除帶「埡」字、「巖」字一類的特色外，重慶路名另外還有與下江城市不同處。

由各個城市的路名，人們可以抓住它的一些歷史特點，與社會標誌。許多地名稱某某「橋」。即使早沒有橋了，人們依然喊它李家橋、馬家橋之類。橋說明這些都市由農村蛻變而成。在重農時代，不只路名，連整個鄉鎮也常以橋為名。比如，蘇北某縣西北鄉，大多小鎮，都以橋名。公道橋、黃珏橋、戴家橋、王家橋等等。橋在古代農村佔特殊地位。沒有它，一個站在水這邊，一個站在水那邊，是很可怕的。天河故事裡的鵲橋，就獨白了一幕橋的深刻悲劇。封建社會裡，所謂「善人」，修橋常是他們終身一大善事。上海、南京、杭州，各大城市，幾乎有數不清的橋名；娑婆橋、海月橋、大車橋、小車橋、覺橋、菜市橋、華光橋、江漲橋、賣魚橋、龍翔橋、大木橋、小木橋、濡基橋、外朗家橋、西蒼橋、亭橋、大石橋、文德橋、鴿子橋、惠民橋、龍江橋、天后宮橋、外白渡橋、圓明園路橋等等。

重慶市區幾乎「橋」名。無山地裡，水向山麓流，形成溪澗，或入大江，不需要橋。

牌樓也是一些城市歷史文化的象徵之一。在上海、北京、南京及其他城市，都以牌樓作地名，它常是最主要的街名，如北京東四牌樓，西四牌樓，南京的四牌樓，花牌樓，在上海也有三牌樓，四牌樓。但重慶卻沒有牌樓地名，這表明：它是一座新興工業城市，一個暴發戶，沒有穿過華麗的歷史繡袍。

廟也是舊日城市中心之一。許多街路，以廟為名。鄉間一些鎮市，也常拿廟做鎮名，但重慶市區的廟比較少，這顯示：它缺少另一件綺艷的歷史綢衫。

可是，無論帝制時代或民國以後，大姓依然和橋、廟三位一體，共同素描出城市的基本輪廓。李家路、王家路、張家路、狀元路、石駙馬大街，以及乾脆叫虞洽卿路，這直白出巨頭們在地方上的潛力。重慶雖是暴發戶，也在同樣巨大潛力的統治下，和下江城市一樣，也有一些戴者大姓帽子的地名。農業時代的水和橋，廟裡的鐘聲，以及無所不在的巨霸們，就構成舊中國一般城市歷史的典型形相。

一個地名，常是一個深刻的或有趣的故事，一段神話式傳說，或一齣悲劇。「自來火街」，可能是那條街上第一次出現自來火。「啞巴弄」起源於一個著名的或不著名的啞巴故事。下馬陵是漢代董仲舒門人下馬的地方，因為那裡有董墓（後來訛傳為蛤蟆陵）。「狀元街」曾出過狀元。「轅門橋，曾駐紮過大元帥的中軍帳。「黃珏橋」，橋下出現過兩塊黃玉。「貞女祠」，包含一個聖貞女的故事。……千千萬萬個某種不同地名，有千千萬萬個不同故事，傳說、喜劇、悲劇。人們假如順著線索搜尋，可以發現不少莎士比亞或莫里哀的劇本素材。

這個星期日，他們八個人，就在一個充滿傳說與故事的空間野餐。

他們聚會在黃桷椏附近的塗山望亭。

塗山又叫妙真山，山上屹立一座建築雄偉的妙真禪寺。相傳「禹娶塗山之女」，就在這個山。廟門外的一塊巨大石碑上，鐫刻這六個字。但大禹妻子是否四川籍？這是三千年前的故事。它的詳情早已湮滅，沒有留下任何痕跡。然而「禹娶塗山之女」這句話，仍有一種簡樸的美。一想到自己就坐在大禹妻子出生地附近飲酒，是真是假，先不管，仗著「禹」的偉大形象，飲酒者也就膏沐於一派奇異光輝中。雖然這種僅僅是想像，它仍給人一種宏麗的感覺。一剎那間，彷彿整個中國都淹沒在洪水中，此刻，他們正活動在偉大的治水者當年曾活動過的地方。

同樣吸引他們注意的，是山腳下那條大江，江對面那座山城，以及對面另一條大江。

韋乘桴舉起酒杯，走到亭外，睜大核桃眼睛，俯瞰兩條大江間的城市，仰首一飲而盡。他瞭望那萬萬千千灰色屋脊和香煙，慢慢的道：

『中國瓦片有一種美，它的斜坡式的疊法，也有一種美。特別是雨天的屋瓦，纏絡著雨絲、霧淞、空氣、溼氣，遠遠看去，它流露一種特殊的調子，使人聯想起黑色燕尾的情調。可是，現在，這座山城的屋脊面卻顯得破舊零亂，一點也不美麗。真奇怪，從高空看下去，這座具有無窮歷史變化的山城，倒表現出一派渺小。這些灰色屋脊、黑色屋脊是這樣簡陋、單純、平凡。』他用手隨便指了一下。『那裡可能是民國路，那一片鉛灰色，說不定是我的報館的屋脊。站在這裡的人，沒有一個能想像得到，「在這一片單純的灰色屋瓦下」會隱隱那些許多風暴。同樣，在另外千千萬萬片平凡屋脊下，他有千千萬萬個風暴等著。』指著另一處對楊易道：『你的住所棗子嵐埡，也許在靠東那片灰黑色中。沒有人想到，那裡面會有你的胖太太錢素煙在生活。』又指了一處，對黃幻華道：『你住的新民路，說不定在這一片灰黑色中，也沒有人想到：這幾片灰色屋瓦下——現在它們幾乎是黑點點了——在這些黑點點裡，就有你那位偉大丈母娘在與雞鴨作鬥爭。有血有淚的鬥爭。』停了停，感嘆的道：『假如我們能永遠留在這裡，不再回到那大片灰暗色和黑點點中間，多好！』

他轉回八角亭，望望大家沉鬱的臉色。『你們怎麼不說話，盡喝悶酒？今天這個郊遊和野餐，一點生氣也沒有。比起當年S市仙樂農場的郊遊，簡直是小巫見大巫。大家不是登高爬山，倒像沉入十八層阿鼻地獄，愁眉苦臉的，唉！……』

韋乘桴是今天東道主，對這次郊遊確有點失望。因為莊隱大後天將回西安，他特地替他祖餞。一清早，大家從山腳騎馬出發，穿越清水溪，直攀汪山，在汪家花園內遊覽一番。十時左右，就在游泳池附近草地上，舉行野餐，算是早午飯。接著，又下來逛妙真禪寺。現在，下午了，他們在妙真山左側大叢林望亭內，舉行第二次野餐，打算吃光剩下的食物。亭內方形石桌上，正好擺設酒菜。他們就分坐在四周水泥欄台上。

重慶南岸的山，從山腳下看，是山，由頂上看，卻不全像山。有些空間，和平地差不多。人們把許多山地削平，改造成田隴，園圃，公路。和路兩側，有建築櫛比的房舍、別墅、學校、醫院。這座妙真山附近地形也不例外。山頂上沒有突出的奇峰、岡巒、峭壁，多半是林木蓊鬱的平原，草場、路徑、草地有時只不過顯出丘陵地的起伏、和凸凸凹凹陂陂坎坎罷了。他們選的望亭，離這些紅柱和水泥欄臺不遠的前邊，叫南天門，是此山最高處，下眺雙江片葉——楊子嘉陵二江和重慶一覽無遺，倒是個理想的眺望台。

儘身前身後還有一片殘餘綠色，但他們心裡都染滿深灰色，正像對面山城那片屋瓦一樣。最叫韋乘桴失望的，是平素最活潑的范惟實今天也變成一架無弦琴。也許，他自己曾撥弄過弦子，卻彈不出一點聲音。

聽了主人怨言，林鬱舉起一杯子大麯酒，對眾人道：『我們大家為莊隱乾一杯！祝他一路順風，平安到家。』一飲而盡。『這個年頭，從起點到終點，只要能平平安安，就算很幸福了。』他針對主人剛才的話，慢慢回答道：『要做夢，必須四周有夜，有黑暗，有迷霧，有矇矓，而且是不帶直接傷害性的夜，黑暗，迷霧，矇朧。當四周是大太陽時，夢就沒有了；當四周的黑暗與迷霧太帶傷害性時，夢也沒有了。』望著韋乘桴。『你請我們遊山、野餐，你希望我們依舊作夢，可是我們現在並沒有做夢的條件。六、七年前在S市，那時還有。』

楊易道：『必須閉上眼，才能做夢，我們現時每秒鐘都不得不睜開眼，否則，任何一個炸彈陷坑都會叫我們摔倒。當人們每一步都要把心「拎」在手上時，怎麼能有那些蓮花夢呢？』

黃幻華道：『我的經驗和你們不同，我現在的情形是這樣：從前，我只有閉上眼，才能看見一切，睜開眼睛，反而什麼也看不見。現在，閉上眼睛，曾經出現過的一切，不再出現了，只有睜開眼睛，我才能看見它們。也許，我的視覺退化了，我和最平凡的人一般平凡了。』他喝了一口酒。『既然必須睜開眼，那麼，就睜開吧！

『我睜開眼，這是蒼白的牆，那是死寂的日曆；這是啞默的舊書桌，那是永遠無聲的破沙發椅。靠窗茶几上，一隻空空花瓶兩側是單調的白色窗帘。窗外是灰霧，永遠悶氣的霧。我看見這一切，也看清這一切。它們如此蒼白、沉寂、窒息、單純。（那些窗外霧中的騷囂聲，更叫人感到沉寂、單純。）不只室內如此，我走到任何空間，也是如此。閉上眼睛，我曾經看見它們異常幻美、綺麗，一睜開眼，一切奇蹟都突然消失了。

『不需在黑夜想像，在白晝，我們也可以看見午夜的一切。幽靈一直霸佔這個世界，這個城市的每一角。它們在象牙之塔，十字街頭，在玻璃窗內，在各式各樣貨架上，在各式各樣鑼鼓聲中。也許，你就是幽靈，我也是幽靈。相互的幽靈味對消，於是我們都變成「人」。

『任何一個充滿陽光的白晝，我們都在扮演午夜的梅斐士特。

『我睜開眼了，看見世界了，世界卻從未看見我，更不認識我。這是我與世界之間的悲劇。世界不是一隻貓、一隻鵝、一隻兔、一隻畫眉鳥，能凝望我，傾聽我，世界也不是一個女人，能感應我全部的感應。我所感應的是這麼多，似乎一整個世界也裝不了，但世界卻永遠不回答我一聲、一個字。』

莊隱噴吐著煙篆道：『我們現在生活的變化是：從前我們可以用永恒眼睛看剎那和血。那時，剎那還算是悠閒的，血也暫時還不會濺到我們身上。現在，我們不得不用剎那的眼睛看剎那，它就沒有過去悠閒了。每分每秒，都有人在炮火炸彈中倒下、死去，我們自己也可能隨時倒下，變成血淋淋的碎片。更重要的是，我們必須馬上填飽肚子，找一張睡覺的床，必須讓老婆有件花衣服包裹肉體，不做赤裸裸的泰葉蒂島女人，孩子也必須有奶吃，有搖籃睡，有尿布換。這一切，和夜一樣黑暗，卻又沒有夜的美麗。我們必須接受它最粗獷的一面，卻無法享受它最詩情的一面。』把手中煙蒂扔到旁邊草叢中，那裡，雜有一些半乾枯的草稈，不久，就燃燒冒煙了。『我們生活中每一件瑣事，都是這個煙蒂頭，隨時會引起冒煙、燃燒。』沉思一下。『為了肚子，後天我又得翻過大巴山脈和秦嶺。我不知道我和我那卡車貨物的命運怎樣？從前，我只是一個人，卡車翻了，海船沉了，也只是我一個人的事。現在，這輛車不只載我，也載著老婆孩子的命運，更戴著甄俠、酈半齋，和他們老婆兒女的命運！……想到這些，我怎麼還能白天睜眼作夢呢？』

范惟實把吃剩的一塊白斬雞骨頭扔到地上，對莊隱表示同情，苦笑道：『在這樣透不過氣的現實下，我們身上動物的人格特別凸出。每個人極度本能化：首先得保存自己肉體，靈魂是次要的。貝多芬不能代替轟炸機交響曲，波特萊爾詩篇也不能代替中途島戰事新聞。不過——』他輕鬆的乾了一杯酒，笑道：『我以為：與其詛咒這一切，還是先把這瓶酒喝完，把這隻肥嫩白斬雞吃光為妙。我過去如此，現在如此，將來恐怕也如此。——永遠像一九三四、三五在S市一樣。』

為了實踐自己觀點，他又倒滿一杯酒，咬嚼另一塊雞脯子，津津有味的吃著、喝著。

韓慕韓睜大那雙充血的眼睛，望了望他，大聲：『惟實，我不能滿意你這個結論。』停了停，揮揮手。『先得注意：我們已喘不過氣，要掙扎著大聲喊叫，你怎麼可能說一九三四、一九三五——那些「蝴蝶夫人」式的抒情時代？』自嘲的笑道：『我是一個軍人，我的要求很簡單：一枝鎗！』

林鬱道：『我了解慕韓的心情，老實說吧，常常的，我想寫一首抒情詩，記錄過去的美麗情慾。可是，二十次拿起筆，二十次蘸了墨水，又二十次白紙仍是白紙。』停了停，凹陷的眼睛裡微微燃燒紅光。『假如一定要寫，我只能寫這樣幾個大字：

『我要殺人！』

聽了林鬱的話，有許久，大家不開口。一些說不出的形而上的事物，佔據人們心靈。奇怪得很，它們是這樣陌生，又這樣熟悉。

『印蒂，你怎麼一直不開口？今天玩了半天。你始終沉默。近來我發現，你越來越沉默了。你彷彿是一個沒有嘴的人，聲音在你身上已找不到出口處。』范惟實扔掉另一塊雞骨頭，挪挪白邊眼鏡，望著印蒂。

『不是我不開口，我覺得，我和你們有很大的意見分歧，說出來，也許你們會感到破壞情調。』

大家的眼睛注視他。他燃起一支煙，慢慢吸著道：

『愁苦，不是我們自己找的。我們並不希望它，正如我們不希望吃一串酸葡萄，一些爛蘋果。然而，它自己會找我們。當我們坐在燈下，或窗邊，或幽靜庭園中時，除非你永遠沒有「自己」，像波浪雜在群浪裡，個人混在人群裡，吃飯、睡覺、工作、走路、讀書、看戲，都是一大群人，讓萬萬千千思想壓倒你，讓萬萬千千感覺埋葬你，那麼，愁苦將與「自我」共同長眠。可是，這也不一定最可靠的辦法。在任何海裡，仍有一個偉大海嘯。在任何江裡，仍有一座最高浪峰。在任何河裡，仍有一朵特別突出的浪花。當萬萬千千感覺思想永遠唱同一支曲子，它的千萬遍重複、痲痺你的感覺後，某一夜，「自我」的海嘯仍會吼起來。這樣的時辰，你的愁苦將比過去孤獨時更驚人。

『而且，波浪也有疲倦時。沒有一朵浪花願意永遠咆哮、蹦跳。群眾也有集體疲倦時，那比孤獨時的疲倦更可怕。

『生命既有暗夜，也就有寂寞。空虛不一定給人痛苦，卻叫人要求更深的現實——更沉邃的真實。』

他彈彈手上煙捲灰燼，深深吸著煙，幽幽的帶幻覺味的噴吐它，那一圈又一圈藍色渦圈。

接著，他的視線轉向望亭外樹林內，那裡面，除了黃桷樹與松柏外，還有另幾種綠色樹木，卻不知道是什麼名字。

『在陽光下，一隻蘋果是美的，香的、圓潤的。但在黑夜枝頭上，它卻像一隻小鳥，又孤獨、又寂寞。黑暗中，一百隻蘋果，也只是一百隻「孤獨」。一樹蘋果，也只是一樹寂寞。人在太陽下，看不見暗夜、寂寞，人吃它果肉時，也嘗不出它忍受多少風雨和黑暗。我們只嚼它的太陽面，不咬它的暗夜面。我們只咀味它香甜的外層，不吞食它酸澀的核心。不管怎樣芳脆的香水梨，我們也不吃它苦澀的核。一切果子核心都是酸苦的、僵硬的、不能咀嚼的。我們只吃它的外層和中層。

『細想想，幾十年又怎麼？一切不全如此麼？赤道也好，北極也好，終點不一樣？除非我們做基督徒，自欺自騙，千遍萬遍給虔誠加油添彩，否則，地球腹心正如蘋果核一樣，永遠不能咀嚼。大多數人只走地面，不走入腹心黑暗處，因此就無法深味那沉痛的一幕。一個煤礦工就不同了。他們走入地球的深沉腹壁內，深味地腹的恐怖，粗獷，因此，他們的情感是粗獷的、最黑暗的。

『有時候，人必須從粗獷得救。

『我們也只走海面，不走海底。只走山峰，不走谷底深淵。只走巖面，不走入最深的巖窟巖洞。

『但是，追求人生真理者，必須經常走進地腹，泅人海底，下降深淵，追求最深的巖窟。』

為了更明豁的顯出自己話意，他又加十幾句：『我們在抗戰初期的熱情和幻想，是退潮了。現在我們已預感到將來的詭譎——這場戰爭的勝利結束，不一定是真正和平的勝利開始，也許另一場更殘忍的戰爭在等待我們。我們不是從戰爭到和平，而是從戰爭。我們不是從抗戰到勝利，是從抗戰勝利到和平失敗。目前，天空陰雲正在預言這一切。想起這些，我的心情是苦痛的。可是，儘管如此，我們仍得先支持目前這場戰爭。我們的一切作為，哪怕會極度幻滅吧，也仍該作出幻滅以前的貢獻，為了更深刻的揭示真實，從而建立合理的真實。』

印蒂講完，一個長久的噤默又瀰漫在望亭紅柱間，直到這場野餐完畢，杯盤狼藉，一地雞骨、魚骨、肉骨頭和水果皮。

韋乘桴打了個飽嗝，表示對這頓野餐滿意。他對大家道：

『我不同意你們。你們不是失敗主義者，就是印蒂式的道學氣。我以為，在這兩隻葫蘆之外，儘有第三隻葫蘆可以喝水、喝酒。』微笑道：『我和惟實的看法一樣，當前的現實是：先啃完手裡的雞骨頭，比什麼都重要。假如在一九三四、一九三五，我們曾經很愉快的啃過雞骨頭，在今天一九四二，我們仍可以愉快的啃它。不管世界變化多大，雞骨頭總是噴香的。』他有點牢騷道：『我看，我們這些人已經反駁了達爾文的理論：我們是越來越退化了。』他的眼睛望望范、莊、印三個，把話題岔開了。『前些時候，我先後看見老韓、老莊、老范陪兩個女朋友在街上蹓，我沒有招呼他們。這兩個女人，都是老太婆，起碼有卅五、六歲了，沒有一個漂亮的。特別是老韓那個女朋友，恕我直說：簡直是醜八怪、豬八戒投胎的。喂！老韓，你們從哪裡認識這些寶貝的？你是不是覺得我們生活太美麗了，需要換兩隻極可怕面孔？還是炒童子雞吃膩了，要改換一盆蒸臭鹹魚？』

莊隱道：『每個人都有自己的秘密，乘桴不該打破沙鍋問到底！』停了停：『假如用你那雙巴黎眼睛來品評，全中國就沒有一個美麗女人了！』

韋乘桴掏出一包華孚煙捲，敬每人一支。『算了，不談這些洩氣話了。今天我是請你們來郊遊野餐，替莊隱送行的，不是替你們奏蕭邦喪曲的，我也不願聽你們演奏莫扎特安魂曲。為了叫空氣活潑些，我有個建議：過一會，我們到黃桷椏騎馬，請老韓表演馬術，讓我們開開眼界，我久仰他的騎術了。』

韓慕韓道：『你不要又怪我奏蕭邦喪曲。這裡爬山的四川小馬，比內地拉大車的馬還可憐、洩氣，真正瘦得像一把雞骨頭。騎都不忍騎牠。今天上山時，我兩條腿一點不敢使勁，瞧那乾癟的小肚子！還表演！』

雖然如此，終於，他仍接納主人提議。他發覺：假如拒絕，那麼，這場野餐真要變成喪宴了：陰沉、幽暗，像他們頭上天空一樣。

這場郊遊與野餐，於是在一場馬術表演中結束。

餐後，他們在黃桷椏看韓國將軍表演馬術。當他兩條腿猛一緊夾時，那隻痛得團團打旋轉的可憐小馬，抖顫看黃色鬃鬣，一付悽慘相，給大家感覺帶來的，不是快樂，而是痛苦。他們在那隻悲哀畜牲的動作中，絲毫沒有發現獸類的任何新鮮姿態，相反倒的，看見他們每個人自己的赤裸裸幽靈——。

『哦！這是馬？還是我們？……』林鬱一面看，一面不禁納悶的想。

最後，他幾乎是命令式的建議：韓國將軍應該立刻停止表演。

六

從南岸郊遊歸來，印蒂第一次醒覺到：他和朋友們的靈魂分歧，比他原先所預感的，要大得多，嚴重得多。脫下修士黑袍後，不但沒有縮短他們之間的距離，反而更擴大了。

假如二十年前，他曾決心跟永恒的行星系統流轉，現在，這決心依然是一柄干將莫邪，截鐵如泥，殺人不見血。如果二十年來，他曾一路摜下去，現在，他仍沒有住手，依然不斷摜，這把代表他「一路摜下去」觀念的寶劍，既然斬斷過那麼多蔓藤糾葛，跳舞會的面具，此刻，他該能幫助他截斷二十年來的最後紐帶；友誼的花環。

他必須衝破人間大氣的膠黏性，地球上空的電離層，昇入那真正的，宇宙高空大氣，一切橫在他通往人生真理路上的，他必須揮起劍。

追求人生真理者，等於害一場重病。每個黑夜，他希望從死神嘴裡多逃出一分，因而他就多佔領一分生的陣地。另一個黑夜，他又千辛萬苦掙扎，佔有另一分陣地。幾百幾千個黑夜後，他才佔有大部分堅實陣地。終於，他逃出死亡，於是，他佔有生命——人生真理。也許，當他獲得生命後，日曆上所留給他的空間不多了，也並不一定能享受他長期鬥爭捕來的人生真理，可是，追求者絲毫不該計較這個。

每一次表面上的撤退，實際上是另一種新的內在前進的象徵。六年來，自從維也納飯店那一次「再會筵」後，他就永遠和他們「再會」了。不，他仍可以和他們坐在一起，談天說地，煙茗酒飯，但他卻再不是一九三七當時喝完最後一口酒以前的他了。也許，用現實市場砝碼衡量，此時他比他們中的任一個，要輕微得多，甚至失敗得多。可是，他始終自覺有一片內在的壯闊、玄深。他的翅膀，比他們飛越過更多山峰，更多巉巖。即使他比一個乞丐還襤褸、貧窮，他仍自詡享有一片隱秘的豪華，擁有幾乎比任何一個人間國王還要豐富的寶藏。

一個目不識丁的老尼姑，自命在「用功」。一個燒飯的火伕，自認在追求真理。一個老太婆修女，自負在與上帝靈通。世人儘可不信她（他）們的「愚妄」，但她（他）們確確實實在用功，以全部生命捕捉真理。這是說，她（他）們有一種追求至上善的無比虔誠，對真理的無比熱情。凡一切對最終最恒久宇宙觀念大追逐者，都是如此。大捕捉者在實驗室裡，在畫板前，在鋼琴邊，在茅棚中，在聖像下，在大海裡，在高峰頂，在另外地方，都表現了同質不同型的熱情、堅貞。

他與朋友們的主要分歧是：他不能再過過去生活了，即使完全有可能。他對過去毫無惋惜，像長江下游水毫不惋惜上游水。朋友們的感情，精神，多半是希伯來人的語言，沒有現在式，只有過去格。瑰美的記憶具有太長的翅翼，太廣的陰影，蔭覆了他們一切。雖然那是一些沉痛的過時花朵，他們仍願它們再開一次，哪怕花色花形跡近奄奄一息。矛盾是：性靈上，他們中間大部份人蝴蝶樣飛繞昨天的花叢，肉體上，卻又沉入最低的現實低地，他們希望生活裡有較華麗的光與影，較豐富的時間。

他們拚命抓住手邊所能抓住的任何一葉浮萍、水草，打算從生活的黑色水底昇上來。往後看，明知後退沒有路，卻懷戀曾經走過來的並不缺少一兩朵豔花的路。往前看，明知對「未來」毫無信心，有時卻又按照市場的時髦習慣，把它當做衣襟角袋內三角形的裝飾彩手絹，正像黑玫瑰剛在新大陸栽培成功後，每一個時髦紳士赴夜總會，總在晚禮服上簪插一朵。這一種自我欺騙，尤叫印蒂不能忍受。

另一個大分歧是，他們已倦於追逐了，特別是：那些最抽象的追逐。也有一兩個人在找明天，卻是狹隘的明天，現實的明天，充滿坎坎凹凹的明天，不是印蒂視覺中那個最深刻最永恒的明天。

他們中間也還有人緊抓住青春的灰燼，竭力搧扇子，希望殘餘的火星殘粒再化於青春大火。他們渴望沉迷於最後的燃燒中。無饜的官能套在他們身上的枷鎖，從沒有真正解放過。

拿莊隱說，在山城雖短短寄居一個多月，他的官能翅羽就從未停止飛撲過。五年半前未婚時，那個願嫁給他而未遂的S市孤孀寡婦司徒玉螭，現在死了第二個丈夫——重慶一個鉅商，第二次又變成寡婦。在這裡的一個朋友筵會上，她發現他後，馬上追蹤他，火熱的捕他的形與影，像蜜蜂採摘陽光花蕊。他不得不對印蒂自畫招供；他正又一次站在情慾邊緣，每一分鐘，都有跳下深淵的可能。為約束自己，避免在喻綠影之後又一次產生悲劇，他忍痛決定：提前回西北。儘管如此，臨行前，他仍依依不捨，有情有致的向她辭行，好像一個古董嗜好者將放棄一件名貴宋磁。

范惟實藉口蒐集和編纂抗戰資料、向原機關延長半年假期，索性暫留山城。形式上，他雖大洗浪漫主義鉛華，內容上，有時仍是「楊柳岸曉風殘月」派。印蒂很佩服他，他居然一隻手擁抱學術資料，一隻手摟抱女人，實驗辨證的統一。他喜歡帶友人們到窖子裡談「道」，談康德的物自體，談黑格爾的絕對理念，談真如與老莊，談喬也斯和畢迦索。他是那樣一個可貴的廚師，把我佛如來涅槃的形而上和妓女小腹部的形而下，炒成一盤絕妙的美菜，真是異香撲鼻。

『人各有志！』有一次，他乾脆對印蒂這麼說：『你太牛角尖了！』

楊易依舊在嘆息和回憶中消磨日子，每一夜，夢著維也納與巴黎的夢；每一個白晝，吃爸爸的救濟米。他的現實課程，是大麯酒和麻將牌桌，再不然，就是漫無休止的玄談。印蒂擔心，這樣下去？他究竟能維持多久？

黃幻華比較嚴肅，但也只是嚴肅做丈夫、做父親、做女婿而已，除了老婆兒子，特別是丈母娘外，他血管裡再沒有一滴多餘的血，流到別的思想上了。只有獄中的歐陽孚，還消耗他一些物質與精神。

韋乘桴的巴黎風格，更不必說了。

這些人中，他最敬重林鬱。然而，後者卻暫安於現實低地。他既不追太陽，也不追地獄，不找高山，也不找谿谷，一切聽其自然。目前手頭既有一杯水可喝，先喝完再說。他已厭倦夢幻與振翮。不，他是機巧得懶於釣沒有把握的魚了。自然，半夜裡，假如幸運自動叩他的門，他絕不會不去撥門閂的。為了掩飾自己的頹唐，他總是揮舞著每一個頹唐者慣愛舞弄的武器：犬儒主義。

比較能和印蒂共鳴的，是韓慕韓。可是，這位異國朋友，對凱撒與拿破崙的過度崇拜，以及一般韓國人常有的浪漫主義，那種「朝鮮」式的傷感，有時仍叫他感到沮喪。除了現實的狹隘山道外，希望這位革命者攀登更高山峰，非常困難。

就是這群朋友，他們離他這麼近，又那樣遠。有時，他可以和他們共飲一隻瓶子裡的酒，共喝一隻壺裡的茶，有時，他又覺得，他是赤裸裸浸在赤道海水裡，他們卻穿皮衣褲，在北極烤火。

真正接近他靈魂氣氛的，還是蘭素子與馬爾提他們。

他早聽友人說起，老畫家已辭去藝術專科學校校長職，（該校現遷重慶），全力從事創作。一些旅華歐洲人常買他的畫。他的家眷仍留S市。馬爾提仍是一個專業畫家，他父親是S銀行總經理，一直接濟他。

到重慶後，他首次訪問老畫家的那個下午，是他生命中最深刻的下午之一。

畫家卜居南岸彈子石鄉間，那一帶叫大佛段。當他沿長江邊，踏著數不清的鵝卵石前進時，他想像，畫家寓所，定是一幢美麗的鄉村別墅，再不就是一座精緻的小洋房。一想起畫家在S市的那幢花園洋房，他嫻雅的法國夫人——真正巴黎風的沙龍貴婦Ellin，和他們俊美的愛子蘭愛理，他回憶裡便飄現出一些華麗海水。他彷彿覺得，自己又一度生活在路易十四的宮庭時代，雖然這位老畫家本人稟賦樸質。

當他沉在這片羅可可式的記憶中時，令他驚駭的是：大佛段一個十三歲農家男孩回答了他的詢問：

『這就是蘭先生的房子。』

他怔住了。面前是一間破舊農舍，一排農家堆積穀物和農具的倉房中的一小間。低矮的土牆，白木舊板門，一片泥垢與薰煙代替光亮的髹漆，腳下則是高低不平黃泥地，門外不幾步，就是黃土路。假如不是屋頂幾椽瓦片及四周黃土牆上兩扇玻璃窗，他毫不躊躇，會把它當做馬廄。也只有牲口，才能把這片空間當做樂園。

他絕沒有想到，那個S市法國式三樓三底花園洋房的主人，現在居然棲身在這樣一所連地板也沒有的倉庫內。

那些會客室、起居室、飯廳、畫家、寢室、洗澡間、汽車間，現在竟變成面積只有十尺平方的小空間。那些盆粉紅仙克菜，朱紅石榴紅，白色茨菇花，深紅玫瑰花，黃色水仙花，豔紅的鬱金香，以及花瓶內一年四季常開的美麗康乃馨與蒼蘭，那些雪白的希臘雕像，米羅愛頭像，**Lysippe**的半身雕像，斐底斯的浮雕女像，阿波羅的頭像，全化為赤裸裸的幾堵蕭條敗壁，一張板床，一條舊木凳子，一隻白木桌子，桌上放著油瓶、醋瓶、鹽罐、一把切菜刀和一塊砧板。假如不是泥牆壁上掛著幾幅水墨畫，木上安著一隻筆筒，筒內插了幾十支畫筆，連創造世界的上帝，在他偉大想像裡，也絕不會把這位馬廄主人與S市那位全世界最年輕的國立藝術專科學校校長聯繫起來。

『你也許託異，我會住在這樣一個關牲口的地方。』老畫家把煙斗放在嘴裡，絲絲絲抽了幾口板煙，沉思著：『一個月前我的一位老朋友，他是一個大官，特地坐汽車來看我。當他在這間堆什物的庫房中發現我時，楞了許久，終於道：

『「住在這種地方的人，不是白癡，就是有道行的人。但我相信，你是後者。在古代希臘，有德摩頡尼斯，那個對亞力山大吐唾沫的木桶裡的哲學家，在現代中國，是你。」

『我當時只笑笑，不好對他說真話。對大官們，是沒法說真話的。我倒想回答他：

『「我既不是白癡，也不是修行得道者，我只是一個人，一個普普通通的『人』！」

『其實，今天中國，好幾萬萬人，都住在我這種破舊農舍裡，他們既不是白癡，也沒有得道，也不是德摩頡尼斯。他們和我一樣，也只是普普通通的「人」。』老畫家笑起來。

這個下午，馬爾提湊巧也到這兒玩。他在旁邊道：『到這裡來的人，所以驚訝，只不過惦念你從前客廳裡那些玫瑰花開罷了。』

接著，他向印蒂解釋，老畫家為了遠避權責麻煩，這才隱居到鄉間的。

老畫家笑道：『不，這位大人物的話，只叫我感覺：今天一些高級知識分真可怕。必須修行成道，才能住得下今天幾萬萬人在住的房子。這些房屋，他們老祖宗已經住了幾百幾千年的了。』他揮了揮煙斗，對印蒂笑道：『從前，一個日耳曼哲學家自負的道：「我死了，把我葬在任何一個地方，人們終會找到我的。」我不敢像他這樣驕傲。但我要說：「把我放在任何一個地方吧，我還是我！」印先生，我們是老朋友了，你覺得我有什麼變化嗎？』

印蒂說不出話。一種深刻的感動浸透他，像原始陽光浸透將萎植物，不，——久病新癒的人。真正，這片空間，有一種極深的新穎生命，是他在任何地方從未接觸過的。除了感動，他幾乎沒有第二種感覺。

印蒂定定凝視畫家，望了好一會。也頭上依舊是獅鬃似的長髮；髮下，依舊是貝多芬式的額頭；額下，依舊是燧火樣尖銳的眼睛。他鬢邊眼角的十幾條皺紋，和槲樹皮顏色的臉頰上極深的粗糙膚，都被他眸子的火光平衡了、沖淡了，使他並不顯得怎樣蒼老，相反的，倒比先前更活潑更精力瀰漫了。（人們稱他「老畫家」，是尊敬他，並不因他年齡真「老」。）印蒂覺得，他主要變化是：身上少了些東西，又多了些東西。他從未看見後者這樣樸素過、無華過，不只形相和裝束，連精神狀態也樸素了。從前，他總覺得，畫四周，閃灼一片神聖不可侵犯的聖像光圈，——當時，中國藝術界所謂「大師」們，幾乎都有這麼一輪圈圈，現在，它卻消失了。從第一面，一個陌生者，就馬上被准許筆直闖入他內在腹地最深處，毫無保留。的確，他幾乎想說，畫家是返老還童了。後者是這樣輕鬆、活潑、洒脫。他穿一件洗破了的黃卡其布襯衫，外加一件舊灰色毛線背心，樣子頗像一個農民，一個鄉下手藝工人。

客人把自己內心感覺坦率說出來。

藺素子笑道：『應該感謝這一切。』

他指指白木桌上的油瓶、醬瓶、鹽罐、廚刀、砧板，和屋角的洗衣板、大木盆，及炭風爐。

『是這些，叫我真正變成「人」的。』他繼續吸板煙，四周充滿藍色煙霧。『在S市住了十幾年，身上一點「人」氣幾乎全住完了，「人」味越來越薄，像一杯羼雜太多水分的高粱酒，沒有酒味了。』又一次用煙斗指指剛才指過東西。『是這些，叫我身上的人味又濃起來，一杯水酒又變成真酒了。你必須是真正生活著，毫不虛假的生活著，你才有真正人味。比一切更重要的是「人」！一個藝術家，首先是「人」，而不是「藝術家」。只有徹底「人」化了，他的作品才有真正「人」味，真是的生命力！』

馬爾提道：『藺先生不只親自上街買米、買菜、買油鹽、劈柴、燒飯、擔水，連衣服也自己洗。並且，他還能洗自己的西裝，洗得比重慶洗衣店還乾淨。』他放低聲音，輕輕道：『他到市區看我們，到沙坪壩學校看朋友，來回五六十里，都是跑路，絕不坐車子。』

老畫家笑道：『從前，我常發胃病，現在卻不藥自癒了。』笑聲更天真了。『對於我們這些「高等華人」，我目前的生活，可以醫治百病。各式各樣的病症，全可痊癒。因為，只有在我這裡，才有真正新鮮的空氣、陽光、大地、泥土，和一切養料。』

七

老畫家不只人變了，空間變了，連畫也全變了。印蒂再看不見像「彭貝的毀滅」那樣一丈長的巨幅油畫，壁上掛著的，都是二尺見方水墨畫。六年前，在畫室裡，他曾見過四張這類國畫。當時，那些從千年傳統中解放出來的線條，只是孩子的最初腳步，試著一步步走，搖搖晃晃的。現——他們成長了，步態穩定了。一幅山水風景，只寥寥幾根弧形線條，和一點光影渲染，像兒童遊戲畫，但每一個到過杭州的旅人，都認識他們，真正是西湖邊的青山，毫不寫實，純屬寫意，它如此簡單，又如此集中的表現出西湖山勢的微妙氣韻，清新風格，使印蒂感到強烈的震盪。因為，它再度顯示離別六年的江南魂魄、神髓。另一張「野渡無人舟自橫」，畫面茫茫一片暗色，描繪了了幽暗天邊的暮色，無限的宇宙蒼涼，那一葉孤舟，正好畫龍點睛，「點」出這派蒼涼境界。它所烘托的深刻情調，給觀者無窮啟示。一幅貓頭鷹，本是一隻黑色兇鳥，卻洋溢一份哲學家的沉思，加上黑夜背景，及它所棲息的老邁僵硬的枝條，一種弦外之音，發人深思。一幅靜物，一隻白色磁盤內，躺著幾尾青魚，人們幾乎以為不是在畫魚，是剛從水裡捕起來的鮮魚，活蹦活跳的，真要跳出畫紙。

沒有一幅畫不又簡單，又樸素，卻又飽滿著亮鮮鮮的生命。死去幾百年的那些線條，又開始復活。在一般流行國畫上枯萎了的樹葉，僵硬的禽鳥、山水、魚、花，又在白色宣紙上搖舞、飛翔、游泳，透出活潑潑的光、影、姿、色。這些畫，正像畫家本人，純粹極了，也敏感極了，放射出一股太陽光似的生氣、靈意。

印蒂看著，整個精魂全被畫紙浸透了。一陣聲音，把他喚醒。他聽見主人的明快口吻。

『老朋友們，都說我越畫越小，越簡單，越不像樣了。他們說我畫的不是畫，更不是中國畫，而我卻很高興：能這樣畫下去。『從一丈長大幅油畫，變成二尺見方的水墨畫，從花花色色的油彩，化為單純的墨色，從雄巨的構圖，歸納為寥寥幾筆，這也許是一種退步，但我自己卻深感，拆掉浮華空虛的假三層大樓房，蓋一間真正結實的、火山岩石砌成的小石屋，像浙江草山頂那些小平房一樣，也許更能真正抵抗時間的暴風狂雨。你別看我這寥寥三四根線條，它們是我畫了三十年線條、畫過無數千萬根線條以後的結晶。雖然不過三四根，卻是過去千萬根線條中最提煉、最純粹的幾根。人們只看見它們表面三四根，卻看不見它們後面三十年歷史。』他又抽起板煙，堅決噴吐了一陣陣藍煙。『我不管人們怎樣說，怎麼寫，我只畫我自己歡喜的畫。做人最要緊的是誠懇，畫畫更加如此。必須把自己本真流露在畫紙上，把自己真正看見的、感到的，捕捉到紙上，畫才能表現真生命。一朵真花，永遠比一萬朵紙紮的假花更接近自然真理。』

馬爾提解釋：抗戰後，來內地，因為不易買到油彩與畫布，藺素子索性停止油畫，專畫水墨。『沒有人同情藺先生的路，只有我們極少數幾個年輕人，站在他旁邊，正像許多年前，他同情我們新派畫一樣。』

藺素子敲出煙斗內的煙灰，嚴肅的道：

『對於藝術家說來，噩運可能是一種滋補劑，足以強壯靈魂。當我執畫筆前，常常的，一部畫史就站在我面前。我沒有忘記，達文西被冷落了大半生，最後死在凄涼晚景中。米開朗琪羅被奴役了一輩子，也痛苦了一輩子。我更沒有忘，梵高是窮得發瘋而死；果根幾乎是餓死的，妻子孩子，全都拋棄他；賽尚納鬥爭了五十年，完成百分之九十九的不朽傑作，世界仍對他閉緊眼睛，直他到臨死前一年，巴黎才展他幾張畫。人類歷史上，特別是十九世紀，幾乎大部分歐洲美天才，活著時都被侮辱、蔑視、蹂躪、誤解，經歷著各式各樣的窮困、寂寞、折磨，但他們到底戰勝一切苦痛，完成了千古輝煌的傑作，在人類各式格樣的冷眼中，畫出終被人類無比痛愛的瑰寶。』他的神色由嚴肅轉為超脫。『真正完成戶不朽傑作的大師們，尚且如此艱苦。我們這些還未完成什麼的人，更不用說了。』

『不，你已經完成許多了。』印蒂感動的說：『從你這些畫幅上，我們已經看出東方文藝復興的第一根線條，第一線黎明光亮了。』

『謝謝你。你太愛護我了。其實，我覺得自己過去三十年只是浪費，現在，才開始真正走出第一步，畫出第一根真正的線條。也許，我再拚命畫二十年，可能畫出幾根比較像樣的線條，或者兩三幅自己看了不太討厭的畫吧。』

『藺先生，你太謙虛了。你知道，我一向把你的畫面試驗，看做人類明日感覺的偉大實驗，東西文化總匯合的感覺實驗、境界實驗。在美術範圍內，東方和西方的過去與現在，表現得最鮮明，雙方的觸鬚，對明天的美學境界也最敏感。到現在為止，我追求了二十年，還沒有採尋到的人生新境界，也許，會先期在你畫紙上預示。你的畫面未來的結論，不只能拯救你自己的線條，也能拯救人類的明天，特別是中國的明天！』

『哦，「明天」！這是一個美麗的字！』畫家苦笑著。『我們這些人，包括你在內，是為明天活著的，這是我們的定命，也是我們的劫數。因為，那些沉沒在「今天」的各式各樣的人，都在嘲笑我們。』他檞樹皮臉上笑紋沒有了，聲音轉為莊嚴。『可是，沒有明天，怎麼能有今天？我們這場偉大的戰爭，是為明天流血的，不是為今天。如果僅僅為了今天，S市的花園洋房仍在等待我，我不會像牲口一樣，住在這間馬廐裡。然而，中國必須有明天，五千年人類苦難歷史必須有明天。你還記得，當北方烽火開始燃燒時，我曾給過你們警告，不要把這場神聖戰爭看得太單純。目前，無數事實與現實預示，我過去的預感並不是杞人憂天。我們民族恐怕還要經歷更多更複雜的煉獄鍛鍊，最後才能昇入天堂。不只一次，你過去也對我表示過你的想法：必須整個人類得救，我們這個民族才能較長久的得救。我同意你的想法。老實說，僅僅為了幾塊麵包，一間美麗住宅，我們才會這樣心甘情願入地獄的，更不必說準備永遠在地獄裡打滾了。一切先知，繪畫史上的先知，和其他領域的先知，都為了爭取人類更高的尊嚴，更強的道德觀念，更超越的人生境界，這才決心犧牲他們今世幸福的。

『你的估計是對的，恕我狂妄，我不僅僅為了追求畫幾幅美麗的畫，才投擲我幾十年生命的。

『你和我一樣，不僅為了虛榮、或社會流行觀念、才投擲了過去二十年的。我們都在掙扎、努力，渴望探索東西文化總匯合——人類精神總匯合後的嶄新世界的，只有當人類精神狀態——觀念狀態，徹底溶化成一片了，戰爭才會永遠消失，世界才有希望變成一座和平的花園。自然，那是一個多元化的花園，不是一元化的花園。……現在，我雖然生活在這間馬廐裡，但我仍追求人類新福音，像一千九百年前伯利恒那個破壞馬廐中，曾誕生西方新福音一樣。』

印蒂立刻上前，和畫家緊緊握手。『你說得太好了！你這些話也正是我想說的。不過，到現在止，你已開始有收穫，我卻一無所有。』

『不，只要你一直追求下去，你總有收穫的，我絕對相信你。』

老畫家正想說下去，馬爾提打斷他，插入道：『藺先生這幾張畫，不只是他幾十年來與線條掙扎的結果，也是他近六年來生活鬥爭的果實。』

他說明：抗戰後，老畫家遭受一些打擊。國立藝術學校遷到湖南時，由於校內陰謀家的搗亂，煽動學潮，他被逼處在一個狼狽境地，最後，學生們雖明白上了別人當，但藺卻發誓不再幹了。他隻身從湘西來重慶，隱居鄉村，用全部時間畫畫。能擺脫瑣碎校務，這對他是一大解放。從此，他可以把整個生命獻給阿波羅神了。他的法國妻子Ellin和男孩仍在S市，靠賣他的畫生活。奇怪是，許多外國人都歡喜他的畫。在山城，各國使節外交人員，和一些外僑，也買他的作品。他的景況算是穩定的。

『印先生，人不只要和畫鬥爭，還得和生活現實鬥爭呀！在這兩條戰線上，藺先生總算沒打敗仗。但另外比他年輕的人，卻打敗了。』

他是指喬君野與李荼夫婦。起先，他們不肯離開S市溫暖家庭，歐戰爆發前，匆匆出走，到了中原，人地生疏，喬已改行，做湖北一個縣政府的庶務員了。有時，他只能偶然畫畫廣告或宣傳畫，在這以前，他們還做一些與繪畫毫無關係的工作。

『想想看，一個畫了十年的畫家，改了當庶務員，成天跑商場和百貨店。我只接到他們兩封信。後來，戰事變化，信也斷了。現在，天知道他們是怎樣了。』

馬爾提說著，眼圈有點紅了，他的聲很沉痛。

『我也可惜，君野他們沒有能早點來內地參加抗戰。』老畫家苦笑了笑：『我的妻子本來也反對我到內地，但我不管她，還是衝出來了。現在，我倒很好，她們不出來，卻受罪了。一個人的雙眼，單對準腕表上這一分、這一秒，是不行的。它還有明天十二點呢！』

接著，他岔開話題，談到馬爾提的畫，誇他感覺靈敏、細緻，繪畫前途充滿希望。主人從牆角上拿出幾幅油畫，給印蒂看。馬的父親是S市金融界名人，前幾年從香港抵渝，主持S銀行重慶分行，帶了大批法國油彩、顏料畫布給兒子，後者囤積起來，直到現在，他還有充裕材料從事油畫。

印蒂仔細欣賞，這是兩幅女像，一幀風景，一幀花鳥。假如不是主人事先提示，他幾乎不相信它們是油畫。一般油畫，畫面油彩都是厚厚的，特別是後期印象派。但馬的畫布上，油彩卻薄薄的，又像油，又像水，帶點中國水墨味。印蒂從未看到過這種風格。再則，他過去畫上那些古怪結構，沒有了，內容更比較接近自然了。印蒂異常驚訝：六年前，只不過一點小小嘗試，今天竟已不再是幻夢，而是巨大現實了。

『爾提比我強。他比我年輕，希望也比我大。我試著摸東方的道路，他試著摸西方的途徑。這兩條路遲早會碰頭。』停了停：『我很高興，你終於能擺脫畢加索、馬蒂斯、勃拉克和羅爾他們，找到自己路了。每一張畫，必須是自己的畫。每一個人，必須走自己的路，表現自己的性格。

『由於開始把中國水墨趣味放進去，爾提風景畫，試著打破洋畫油彩的沉重格局，讓自然美顯得分外輕盈、流暢、超脫，也分外表現出中國古代山水的靜穆味。西方風景不管怎樣洋溢田園光輝，總是外鑠的，對外放射，缺少東方收斂、含蓄、瀟灑。另一方面，中國傳統山水，不怎樣優美、寧靜，總缺少一種生命泉源的豐富。大自然既是靜謐的、超脫的，又是有血有肉的。山有山的血肉，水有水的血肉，花、草、樹木，也應該有鮮活的血肉。這彷彿是一種矛盾的統一，多樣化的最後和諧，既要放射，又要收斂，既向外，又向內。這是一種神秘的二重奏，如果交響得溶合無間，那可能就是東西藝術的新創造。因為，我以為，學國畫的人，最好能畫畫西畫，從事西畫者，也要能畫畫國畫，經過融化貫通後，可能創造出新的美學。』

印蒂聽著聽著，有點入迷了。他覺得，他們不是談畫，而是談他自己，他命運與未來。於是，他抬起眼睛，又一次欣賞這些墨畫和油畫，這些用中國風格趣味所傳達的西方，這些用西方色彩所表現的東方。

註一：菩提達摩十年面壁修道，出自佛典。此處指重慶南岸土橋監獄。
註二：此指「一、二八」以後的「虹口炸案」，當時日本侵華頭子們在虹口公園開慶祝會，金九組織韓國志士尹奉吉投炸彈，炸死炸傷日本侵華禍首數人，轟動世界。

第十章

一

那個劃時代老畫家能拯救他的畫板、畫紙，他的點與面，三角與多角，體積與方圓，色彩與線條，卻不一定能拯救印蒂那個永遠「？」，那片永恒光彩與明暗。要想把前者在畫面上擄獲到的一切，移花接木到他的軀殼中，翻譯成他的肉體，轉變為他靈魂的顏色與線條，精神形式與方圓，卻不是易事。主要是，那位本世紀中國大師仍在追逐中、捕捉中。他雖然以畫筆作捕蝶網，撲得一點蝶色，一片蝶光，它們永遠不是他最後的光色。文西「最後的晚餐」，真正是他自己精神旅程「最後的晚餐」，藺風子的風景靜物，此刻還不是他自己旅程最後的靜物。當然，每一網只要能捕得哪怕是最纖維化的光纖維、色纖維，也能給畫家以海邊漁人的自慰。可是，在印蒂的蝶網漁網裡，永遠是一片空虛，一團「？」與「！」。離開那個隱士畫室後，他惟一反應是：必須更深更廣的追逐，更遼更遠的捕捉。他必須完成他那張永恆畫幅。他已畫了二十幾年，畫了又塗，塗了再繪，目前他畫布上又塗抹成一片模糊，除了幽暗熹微的背景外，什麼也沒有。

朋友們一片錯綜紛歧，兩顆腦袋倒有廿種思想，六隻眼睛倒有卅種透視法，五條心倒有五十種不同血液循環。沒有一個人，能真正全身全心滲透過另一個人的精神生活，即使形成上有時如此接近了，實際上，卻距離很遠。因此，他不得不舉起無可奈何的大鐵錘，從根否定友誼的光輝與花朵。因為，即使在友誼圍繞中，他仍感到極度孤寂。人們的慾望與感覺雖如此相異，各開各的花，但在個體行為上，他們一切努力，卻不斷追求一種重覆的事物。這是一種悲劇性的矛盾，靈魂與肉體的矛盾。不能重覆的事，他們拋棄。不能重覆的思想，他們割斷。不能重覆的行動，他們停止。一切宗教，及類似宗教的政治信仰，便是這種重覆的極峰，它們永遠是一些感情的再版，語言、思想、文字的重印，行動的無窮重覆。複製信仰者以重覆為可貴，以創新為可鄙。印蒂所以離開教會，主因之一，正由於厭惡這種無盡的重覆與翻版。

人們的戀愛、婚姻、家庭，是另一種重覆。在家庭中，人們找到比宗教更親切的感情重覆形式，因而把自己不安的靈魂暫時穩定下來。誠然，生命常在重覆，有時甚至需要重覆。但現時代一切重覆，根本不過是思想的懶惰與懦怯。只有惰與怯的廢園裡，人們才能找到最安全的小路。一切最重覆的，也是最穩健的，最安全的，從此可以一勞永逸，舒舒服服躺下來，睡在百年不變的老巢中。

印蒂不能忍受這種懶惰與懦怯。

從最冷酷的分歧錯綜中，他必須找到最永恒最熱切的共鳴。他也必須突破這一切可怕的重覆。作為一個個體，對於他，這幾乎是一種盤古式的揮斧工程。假如他命定必須創造他自己的大地，他得一斧又一斧開闢出來。

他必須捕捉到什麼。他必須抓住他在最初起點上發誓要抓住的那個東西。說它是靈魂氣分子常數也好，真正的永恒也好，是人性涵數也好，是智慧磁場也好，是人生真理膨脹係數也好，只要它一天還代表人類精神山嶽偉大的巔峰風向，一天他就不能放鬆。

可是，現在他並未得到這一切。有時，他想，他也許永遠得不到。他感到沮喪。他的心情異常複雜，也極神秘；有時，它是兀鷹衝天，有時，它是燕子掠水，有時，是沙漠駝鈴，有時，是落花滿地，烏鴉歸林。

那是一個暮春上午，難得充溢陽光的星期天。

想進一步深刻感受戰時陪都的烽火氣氛，人與地和各種潮流和巨浪，他在這個並不歡喜的山城裡，定居近半年了。為了餬口，且有點臨時寄託，他替林鬱那個出版社編譯有關時事的幾本時髦小書，從而也可稍稍提高英文水平，（這些年來，他一直未中止英語研究。平日他看書，多半是英文原著，或譯成英語的他國名作。）林鬱以為，這個工作對他頂適當。他儘可保持獨立自由的生活。其實，他由老家帶來的財產（多半是金條），足夠他生活幾年，但他仍願致力筆耕。他在韓慕韓附近的一條深巷內，租賃一間樓房，佈置成一個小小書齋，開始過霧城公寓生活。

今早，在昨夜辛苦從事編譯工作後，一覺醒來，吃過早飯，他坐在斗室裡，一面呼吸清晨空氣，一面靜靜欣賞一大朵白花，算是暫時享受。望著望著，他發怔了，出神了，一種極神秘的情緒淹沒他。

他望著茶几上磁瓶裡那枝巨大白色花朵，情不自禁的，終於迅速在日記上寫下後面的行列，算是一種靈魂記錄。許久許久，他沒有寫這類句子了。

現在，這隻寢室是這樣安靜，一切還保持我多年來一貫風格：整潔。專為伴奏幸福的整潔。然而，伴奏的披霞娜只孤獨的響，真正主演者的提琴聲或歌聲，卻早無影蹤。

幾年來第一次，我的花瓶裡又出現花，鄰家女孩子們從外面帶回來的白色花，她們稱香炮花，又叫饅頭花。它奇異的龐大，大得像向日葵。我幾乎想說，這不是花，是一個神，一個莊嚴美妙的菩薩頭，它睜著巨大的白色眸子，凝望我。我躺在一張舊帆布椅上，也對它回望，望了許久許久。

有許多東西，往心底沉下去，又有些東西，從底下浮起來。調子卻只有一個：疲倦。但又不是真正疲倦的疲倦，是一種假像的疲倦。肉體並不疲倦，精神疲倦。精神並不疲倦，思想疲倦。也許，思想也不真正疲倦，但那個慣吹出希望和夢幻的神秘口笛，卻疲倦了。也許，對於希望和夢幻，也並未真正徹底疲倦於感受，只是疲倦於提起它們。一切最舊的或最新的，全不願被提起。讓它們統統沉入海底，或捲到彼岸。它們與我毫不相干。

我疲倦於提起一切，包括生命。我不願聽人或自己再度提起生命。我不是自下對上的，怯懦的躲避生命。我是從上向下的，高貴的扔開生命，像仍掉一些糞團，一些庸俗的醜聞。這是一些與我毫不相關的東西。我只想這麼靜靜的躺著，睡到永生，再不醒來。

我又一度感到：死，是這樣美麗、柔和，像一個高貴而幻美的女尼，充滿誘惑的引我走向她。啊！死在春天，死在鳥聲裡，死在春雨綿綿如絲時，死在最後的夢幻尚未死去時，死在「沉醉」還未醒來時，死在毫無死的感覺時，這不是死，不是拋掉一切，不是厭棄，不是詛咒，不是逃避，不是憎恨，這是另一個生命，一個更深沉更新鮮的活。

我只想從一條生命走到另一條生命。

目前，四周一切，和我接不上，正像一個拙劣木匠，弄錯榫頭，椅腿和椅面接不上。只有死，那裡的音樂是我真正的伴奏。在那裡，一切都真正「接上」了。我毫不覺這音樂可怖。至少，它要比生命本身千百倍的更少威脅。在那裡，生命的千百種威脅，只變成最後的也最柔和的一種；卸脫一切——像脫卸一件不合身的衣服。生命正是一件太狹窄的袍子，對我魁壯肉體已不再合適。我必須脫下它，另換一件寬敞袍子：死！哦，死是如此美麗，如此清潔。死在這樣的季節，這樣的早晨，這樣安靜的我所熟悉的斗室。讓我死得像瓶裡這朵白色花吧！白色花瓣悄悄的無聲墜落，彈下來，一瓣一瓣的，一片一片的，瓶不知道，花不知道，四周的人也不知道。在被全世界的遺忘裡，作一次更深沉更徹底的被遺忘。

我奇怪我的心情。其實一點也不奇怪。在最痛苦時，我渴望生；在最美麗最幸福的剎那，我卻常常渴望死去。這樣的結束，如此透明、靈幻，可以避免來日一堆堆庸俗，那些比山岳堆得還高的繁瑣。這個地球，現在再沒有什麼可拉住我衣角的，沒有真正愛你的臂膀，沒有孩子的小手……。一切一切後面的最後面，我早已想過。一切一切前面的最前面，我也早想透。終點永遠只有一個。而我眼前的這個，比將來的任何一個要幸福得多。你再馳奔千千萬萬路程，也不過如此。現在，我已可能如此，幸福而美麗的如此了。我已擁有一切。

生命魔術的內幕，我已看清楚了。一個沒有前台只有後台的舞台，是不能忍受的。即使有前台，有光怪陸離的前台，我同樣也不能忍受。一切不都在這裡麼？一切不同樣麼？喝或不喝，拿或不拿，有水或無水，有花或無花，不都一樣麼？只有形相的錯綜，才常常迷人。失去對形相信心的人，等於失去一切的真正差別。瞧，這朵無聲的白色香炮花多美，一切無聲的都美。在茶几上，這朵巨花插在一口樹皮雕製的日本花瓶內，掩映一些沒有花的空空山茶綠枝綠葉。在書桌上，什麼也沒有，只有右桌角上，有一隻長長的圓山淡藍玻璃花瓶，我把另一朵香炮花修剪成圓形的花環，滿滿的冠在瓶口，像一個戴著白色花環的藍衣女神，窈窕的凝立著，和茶几上那一大蓬香炮花的壯麗，正形成對照。這是一瓶無葉的花，那個一瓶有葉的花。花是同樣，看來卻又如此相異。這裡面，什麼分別也沒有，只是人造的差異形相。我曾把生命一瓶又一瓶的編造著、修剪著、整理著，——現在，我卻倦於如此了。我願從此無聲，如花。

心底是如此寧靜。

我幾乎是和想到生命一樣多的想到死。我是和想到取得一樣的想到失去，從每一個開始，我會想到終結。這一切，是極自然的。正像枝頭掛起果子一樣自然。也正像果子結果、果子落一樣自然。現在，當我事後追憶剛才的感受，寫著這一切時，我的心仍是甜美的。一種戀態的幸福，畸形得彷彿一個胎兒有三隻眼睛。我還沒有從最後一段春天的巨大沉靜中醒來。我不只沉浸于四周暮春的刺激性的溫柔中，也沉沒於十年前的這份心情中。一種突然的記憶滲透我，我真想就此睡到——底。我想走出這個世界，像走出這隻寢室。室內、室外，並沒有差別。我只不過悄悄走出去，散一會步，蕩蕩。世界外面有美麗的寧靜等我，它正如室內此時洋溢的一樣。哦，死是這麼可愛，像秋天果子一樣可愛。我是覺得生命可愛，才想死去。死本是生命的一部份，也同樣分享它的華麗。我只不過從一種美麗走到另一種美麗。後一種有時倒是更深沉的真正美麗——一個和宇宙的最深擁抱。我必須和我最永遠的愛人做一次最永恒的擁抱。慢慢的，我將在她懷裡睡著，永不再醒。全宇宙是一個原始森林，它在喚我：

『來吧！來到我的懷抱吧！』

啊！多美麗的——這一種衝過去！

常常的，我彷彿覺得太幸福了，我想離去。不，更深的進入。特別是在春末和仲秋。這兩種季節，世界總給人一種幸福感。彷彿只要你要，一伸手，就可以從窗外把幸福抓進來。雖然再遠幾步，就有痛苦在流血。但我並不想再走幾步，只要我身邊還有幾個燦爛的陽光天，我就滿足了。我的生活裡，是如此缺少光與空氣。

這座山城，是如此缺少明亮和色彩。只要有一天，哪怕僅僅一天，霧沒有了，大地完全是金色陽光，僅僅一個真正的「春天」，我就滿足了。正是在這種滿足中，我帶點酒味的想到死。一切是這樣明靜、純粹，日子像一件宋磁，一件希臘磁皿，一種長石或水晶石。再過一天或幾年，宋磁就破碎了。大地又將膨脹起來，悶熱的夏季又將烤焦一切生命。想到這一切，我真不知道怎樣才好。留不住！留不住的，總是留不住！明天或後天，或大後天，即使窗外仍是陽光、鳥聲、樹葉、藍天，窗內仍是白色香炮花，但味道卻完全變了。我又將回到那最古老的地牢中，不安、寂寞、潮濕、窒息、徬徨、孤獨、苦痛的蟲子又在咬，……

心理仍不正常。不知道怎樣才好。剛才鄰舍孩子被母親打了，她大哭，這哭聲不但不叫我不舒服，我反而感到快慰。昨天早上，出去散步，看見鄰家樓上有幾個年輕人愉快的扭打、玩兒，有笑聲、喊聲、碰撞聲。然而，樓梯口突然出現一個老太婆的嗓子：

『當心不要打破玻璃！』

永遠是這樣。

惆悵著。溫柔的惆悵著。這一切，只不過像燕子掠水，掠過去就算，並不永留。在天空，在海面，一掠，就過去了。在紙上，也一掠就過去了。其實，我們只是用另一種來代替這一種。深刻的情感，正像天氣與光影，時刻變化。只要悄悄一撳開關，這一片綠色燈光就熄了，另一片紅燈就亮了。隨著鳥聲、瓶花、季候、書本、天空、陽光、溫度、雨腳、雪霰、雲彩、風颸，我們的感覺永遠不斷在亮著一種色彩的燈，又熄滅另一種色彩的燈。

多少年來，我在追求一個原則，一段思想，一句話，不，簡直是一個字。我渴望從這一個字得到全世界。我這種追求究竟必要麼？宇宙間當真有這樣一個字麼？唉！

寫到這裡，他停下筆。

『真奇怪！我會寫出這樣的句子。我還會有這樣的思想。』

他喃喃自言自語，兩手抱在胸前，陷入沉思。這一切似乎不是他的思想，彷彿不應該是他現在的思想，經過兩年的修士生活後，他這隻老蠶還會吐出這樣的絲，特別是，他在山城裡已卜居半年了。

他接受林鬱推薦，開始替他的時代出版社和另外一家出版社——大地出版社，編譯幾本小書，有關國際政治內幕的。他的生活算是有點上軌道了，可他為什麼還會有上面這些思想呢？它們是他真正的思想麼？說也奇怪，他所編譯的這些書，屬於所謂暢銷書，有較豐厚的經濟收入，這筆錢，加上他從家中帶來的一筆積蓄，他的生活居然會開始穩定起來。他佔有現在這樣一隻整潔的不算小的房間。而這樣一種穩定，這樣的房間，並不是每一個山城居民都能享受得到的，甚至也不是他在這裡的每一個朋友都能享有的。比如，那位夜裡沉醉在巴黎、柏林、維也納，白天又沉沒在錢素煙的磨槽邊的楊易，便缺少這樣一種穩定和運氣，因為爭取到一份寧靜——一片純粹的窗明几淨，雖然他也未嘗不渴望這個，而且曾企圖達到這樣。

然而，他為什麼還會有上面那種情緒、感覺和思想呢？

他想，為什麼他不能像山城另外一百多萬人一樣生活呢？前面有的是大旗，後面有的是坦克，左面有的是戰友，右面有的是傳統，而且，看樣子，勝利的船似乎已安然航來了，每個人像等定期輪船似地，專候它碇泊碼頭，好搶先踏上第一腳去迎接。就在這樣的光明時辰，為什麼他還會有現在這樣的思想呢？他靈魂深處，究竟藏了些什麼？孕育些什麼？準備找尋些什麼？……

正想著，門開了，他聽見范惟實的聲音。

『印蒂！這樣燦爛的春天上午，你依舊一個人關在房裡，扮演老僧參苦禪麼？哈哈哈！好一朵漂亮的饅頭！簡直像一隻最美麗的女人乳房！哈哈哈哈！』

和范一道進來的是林鬱，他用一副嚴肅聲調道：

『惟實，不要開玩笑了。我們是來談正經事的。』他的聲音變得更沉肅了。『印蒂，你想不到吧！我們一個最老最老的朋友，一個曾經是最愛最愛你的人，後來卻又變成最恨最恨你的人，現在居然出現在山城了，而且，他很渴望看見你。』

印蒂聽了，大吃一驚，過度敏感的把「他」聯想到「她」，以及一件神秘縹緲的事，一件關係他整個生命的事。『誰？』他的心卜卜跳起來。

『左獅！』他苦笑了，『你想不到吧？』

主人卜卜蹦跳的心臟馬上安靜下來。他想，雷電到底不會這麼容易出現，這麼突然的劈來。可是，他依舊很緊張。客人提起的名字，對他依舊是一種夢魅，一片壓力，一個雖然離他萬水千山卻又有時在夢裡糾纏他的最後幽靈。

『他在哪裡？』他匆匆問。

『他在醫院裡。』范惟實的聲音也變得嚴肅了。『可能，他會在這個禮拜內死去，也許，是下星期，……醫生告訴慕韓，他不會活得很久了。』

『我們決定今天上午十點半鐘去探望他。十點到十二點，是探病時間。我們分兩路。老韓、老楊、幻華一路，我們三個一路。我們特來邀你。時候不早了，這就走吧！別的在路上談。』

范惟實指著手上提的一大竹簍水果，『我已買了點水果。你假如要送東西，可以送他一盒餅乾或點心。』他附帶告訴印蒂一個消息：莊隱來信，他已再度動身運貨物來重慶，大約一星期內抵達。

『我們這就走吧！』印蒂看看腕錶說。

在路上，他們談著，印蒂這才知道：是韓慕韓首先發現左獅的。韓的妻子金翠波因病住醫院，他去看她，從護士口裡，知道鄰室有一位從印緬撤退回來的軍人，這立刻引起他的注意。他早聽人談起印緬叢林的慘烈戰爭。他尊敬每一個在那裡戰鬥的戰士。似有意似無意的，懷著好奇心，他上鄰室去張望。他還未發現病人——左獅形像現在已改變得不能認識了——病人卻首先認出他，一九二五到二七的老戰友。他魁壯的五短身材，他巖石樣結實巨蓬般圓滿的肺型，他深棕色的臉膚，他微微充血的眼睛，而特別是，他那龐大的腦袋，以及腦門處那塊又光又亮的禿頂，人就是再過十年，也不會忘記。這一切經過離奇得很。但據韓說，在談話裡，左獅透露，從印緬大森林撤退時，他曾遭遇過一段沉痛的經歷。

在這支部隊裡，左獅擔任政訓工作。他所以能打進去，一部分由於他那個老組織化了九牛二虎之力，輾轉設法，一部分則由於他的英文能力。抗戰前兩年，他就在英語上下苦功，能說一口流利英語。因此，他的所謂「政訓」職務，一部份倒是從事英語翻譯。

二

一片記憶的壓力，一個圍繞恒星座的幽靈，一團問號，一個名字，一份糾纏，十幾年來，時隱時顯的，一直在印蒂四周旋轉。自從他離開那座黑色大門後，這幽靈就從未離開過他，他把它看成最後的壓力，環繞那個虛幻恒星座的最後一顆行星。現在，它是否繼續在軌道上運行呢？運行得怎樣呢？這顆行星是他和那個軌道唯一的最後殘賸鎖鏈。至少，感情上是如此。這一切，正像一個醫院裡的故事，一種醫療過程。一些醫生——他的好友們已在「時代信仰病」的病史記錄和診斷書上集體簽名，只剩下最後一個醫生左獅，還拒絕左獅蓋章。他不能不認真的想到左獅。從思想過程說，雖然信仰之玫瑰的葉子，總是綠的，但開在峰頂岩石縫裡的高山玫瑰葉子是否也常綠呢？人在想像中，答案是肯定的。但印蒂認為，未爬完高峰最後一級看清它時，這答案仍是個幽靈，近似否定與肯定之間的中性，有時，簡直就是否定。他自己就是個先驗的否定者。但左獅不是。這也是為什麼：多少年來，有時印蒂總想起左獅這個名字，像想起一個問號：究竟，他將在那縹緲而可怕的行星軌道上運行多久呢？難道真就永遠作那極單調而虛幻的庸俗循環麼？

這個上午，這個多霧城市難得充滿陽光，這個多年問號，終於獲得最後答案。無論是窗外陽光，頭頂藍天，醫院裡特有的奇異寧靜，和病室極其眩目的巨量白色，都不能阻止這個陰暗答案。那許多化學氣味，整個酒精氛圍，也不能阻止它。甚至連死亡也不能阻止它。印蒂想不到，它來得這麼快，而且很偶然。他原以為，在他這一生，可能看不見它了。那個有一張巫覡面孔的人，他那份片麻岩式的冷靜與嚴肅永遠不會給他滿意答案了。

首先終結這場十多年的糾纏，決心正式在上述診斷書上簽字蓋章的，是躺在床上的那一個，也是自動這樣作的，並未經過站在床面前這一個的鼓勵。

『印蒂，你終於對了。對的是你，不是我。』

此聲應該是雷霆霹靂，驚天動地，至少，從它深刻內涵上，在印蒂耳膜面應該如此反應。但實際上卻不是。床上聲音是低沉的，帶點嗄啞，沒有十幾年前那種嚴峻了。它的調子，像一塊風化的岩石，從峰頂跌到峰底，那最尖銳的，變成最低沉的。印蒂幾乎不相信這樣柔和聲音，竟是從這樣一片鋼鐵肉體上發出的。可是，一切又似在意料中。如果真理也是玫瑰，不管是開在那裡，也不管是各式各樣顏色，它們的葉子總是綠的。自然，開在峰頂巖縫中的玫瑰，它葉子的綠色生命，可能要比平原的短一些。

只要你還相信血液循環的原則，與X螢光屏放射出的光線，那最後一個在集體診斷書上拒絕簽字的醫生，終必簽字蓋章。既然那個恒星座是虛幻的、不持久的，最後一顆行星必會從它的軌道上跌下來。如從人類心理角度看，這時，印蒂應該心滿意足，至少是非常愉快了。因為，他自己的特別長的觸鬚，首先，遠遠向前伸長了一尺或五寸。他比任何同伴更早的向那個虛偽星座吐第一口唾沫。可是，怪得很，現在，他毫無滿足感或愉快感。他寧感悲哀，而且是巨大悲哀，彷彿人們早發現一個偽君子變成一具死屍，卻又看見路人正對它踢最後一次腳，為了遠遠把它踢開去。——這完全不是愉快事。特別是他敏感到，當這隻腳抬起前，它本身還含有許多深沉而複雜的悲劇。

『你能保證，這是你最後答案麼？』韓慕韓問。也只有韓能迅速這樣問，別人是一時問不出來的。

『我能保證：這是我的最後答案。因為我的生命已經達到最後，不可能再翻案了。』

『你現在的話，初初聽來，至少我是有點奇怪的。』林鬱說。

『這沒有什麼奇怪。宇宙本體雖極奇怪，但真理本體卻極簡單、明白、樸素，像一株向日葵。』

『在我想像中，為了抓住這點明白、簡單、樸素，你大約曾經支付出極度的晦澀、複雜和華麗。』黃幻華帶點同情的說。

『你真正不後悔你現在的答案麼？』楊易問。

『我只後悔：獲得太晚。』躺在床上的人低沉的說，聲音充滿痛苦。『人總是付出最大代價，才能真正看見一樣最簡單的東西，比如說，一塊石頭，一張白紙，一片玻璃窗，或一隻飛鳥。』

『你能告訴我們這份代價麼？』范惟實問。

『你們不久會知道的。現在，我還有什麼可向你們隱瞞的呢？這個世界還有多少時間准許我隱瞞呢？』

聽到這幾句話，大家才第一次開始意識到；除了聲音，這個人還有一張臉，一片肉體。先前，他的聲音與它的內涵一起頭就把他們征服了、鎖住了，此刻人們才獲得解放，終於恍悟：原來他不只是一個聲音，還是一個人。於是，大家找尋他的臉。但它究竟在哪兒呢？在他們記憶中，他過去的臉——那副歷史上的臉，本就不大像一張常見臉孔，巖壁式的嶙峋面頰，呈露帶黑的黝銅色，解腕尖刀似的眼睛、溢滿陰厭和憎恨，特別是面部那份黑森森的巫覡風格，當人們第一眼看見時，懷疑它曾在地底封閉了幾千年，剛剛出現地面，它依舊發散出地窟幽靈味。不過，從現實角度看，當年它還不只是一種古代殉葬的陶俑，有時也是一張正常人的臉，是一副正在衝鋒陷陣的正常的臉，隨時要從地底衝向地面，所差的只是一片喊殺聲。現在，這樣一張真正歷史性的臉，居然消失了，完全不再存在了。架在他肩上的，並不是一顆人頭，是一副極度三角形的骨骼，任何一個骷髏頭，也要比它圓潤些、美麗些。他沒有臉頰，也沒有嘴唇，他的唇瓣似乎完全溶化了，變成一片蒸汽，當他講話時，特別像是如此。人們所看見的，只有一雙眼瞠，裡面嵌鑲兩顆蠟黃色念佛珠，它就叫「眼睛」。就連這個，其實也不真屬於他，彷彿是從一個木乃伊臨時借來的。同樣，他也沒有真正肉身，在白色被單下，只隱約顯示一種象徵性的身形。身形的頂端，兩顆蠟黃念佛珠極慢慢慢慢的轉動，下面承接一團蒸汽。

唯一真正代表他，叫他像一個真人的，只是聲音，由一片薄薄蒸汽組成的。紙在這裡面，人們還認識出許多年前的左獅，那個像片麻石一樣堅強的靈魂。確實，不管他肉體怎樣瀕於崩潰，他的靈魂還是堅強的。

『我不會活得很久了。』左獅低低的強項的說：『從醫師臉色上，從護士姿態上，我知道我不會活得很久了。』

『你幾時到這裡來的？』一直沒有開口的印蒂，終於找到一句可說的話了。

『我到這裡兩個月了。我是從昆明來的。在那裡，我養了一年病。醫師認為沒有辦法，把我轉送到這個山城，希望這裡的醫療條件能對我有點幫助。可是，這裡春天比昆明冬天還冷。昆明最壞的天氣，也比這裡最好的日子可愛得多，再好的醫療條件也被壞氣候一筆勾銷。我是沒有什麼希望了。我的機體整個崩潰了。』

他一身是病，心臟瓣膜炎，慢性腎臟炎，風溼性關節炎，慢性腸炎。醫生已經對他絕望。他預感，這個春天、可能將是他在這個地球上的最後一個春天。

抗戰後，這幾年經歷，他只簡單說明：起先，他在別的戰區工作，後來，他參加印緬遠征軍，失敗了，撤退到印度，一回國，才抵昆明，他就病倒，以後，他再沒有離開過藥瓶與病床。

他所說的，就只這點，問起別的，他苦笑著道：

『慢慢的，過幾天，你們總會知道的。』

他這個預約，一點不是敷衍。一星期後，一個多霧日子，陰暗下午，他精神顯得特別振作、興奮。他終於告訴他們：過去幾年中，不，有生以來，他所支付出的最大生命「代價」，是中國遠征軍從緬甸大撤退，路經印緬叢林野人山那一幕。

軍事失敗了，他們便整個從緬甸北部後撤。軍隊領導人為了保持體面，不被英國訕笑，打算直接撤到雲南邊境。想不到迷了路，誤入野人山一帶——開天闢地，那是從無人類踏過的空間。

『那是一場最可怕的旅程。可能，自從上帝創造地獄以來，幾萬萬年來，這是第一次真正地獄旅行。比起這個來，過去萬萬千千地獄，都是假的，像嚇鴉草人一樣，算不得什麼了。真正，自有人類戰爭歷史以來，這是一次最恐怖的行軍。』

左獅的故事，就是這樣開始的。他的眼睛裡，充滿恐怖。

下面是他全部談話。他是分好多次，斷斷續續講完的，每說個十分鐘，總要休息四、五分鐘。但故事太精采了，大家毫不感斷斷續續。

三

這正是印緬森林雨季。我們兩萬三千多人，足足有兩個半月，走在雨裡。將近兩個月，白天黑夜，我們沒有任何屋頂可蔭避。我們身上，沒有一天乾過。

雨！雨！雨！青的雨！藍的雨！灰的雨！蒼白的雨！海樣的雨！夜黑的雨！蜘蛛網樣的雨！藤蔓樣的雨！連枷棒式的雨！花癡式的雨！猴子似的雨！大血櫧樹的雨！獰厲的雨！野獸的雨！毒蛇的雨！牛虻的雨！青年的雨！中年的雨！老年的雨！眼淚的雨！犯罪的雨！謀殺的雨！雨！雨！雨！雨！……

不知道怎麼會有那麼多雨！

從早落到晚，從黑落到明。又從明落到黑。從昨天落到今天。從今天下到昨天。從今天下到明天。又從明下到後天。從星期一飄到星期二。從星期二飄到星期六。從星期六又瀉到第三個星期六。從星期日又瀉到第八個星期日。到處是雨。每一秒是雨。每一個細胞是雨。每一根神經纖維是雨。雨由天空撲下，由地腹鑽出，自樹木裡衝出，自葉子裡蹦下，從人體跳出，從頭髮叢飛出，從眼睛流出，從沒有方向的方向馳出，從沒有空間的空間躍出。整個宇宙變成雨，一座雨的建築。整個人變成雨，一個雨人——生物學上一種新動物。

雨把人連根拔起，像樹，樹在飄，但沒有翅膀。人在走，但沒有腿。人在動，但沒有動作。人在思想，但沒有腦子。人有觀念，卻沒有知覺。

森林像雨一樣可怕。它與雨柱子同樣密，死死纏住人，抱住你，叫你不能動彈；一棵棵樹是巨無霸，是最兇魃的原始樹，千千萬萬年來，它們從未與任何人類肉體碰觸過，一根接一根，像要塞工事似的緊湊。人每走一步，就得砍一棵巨樹。不砍，它就是絕壁，寸步難行。砍樹等於在峭壁上砍路。這一棵棵樹又好像巨人群，堵死了隊伍，要前進一步，就得砍死一個巨人，從它倒下、騰出的空間插進一腳。然後再砍死第二個，再在它屍身上插入第二腳。一腳一聲轟隆。一腳一樹。腳腳是樹。樹樹是腳。倒下一棵，又是一棵。

樹！樹！樹！猛鷙的樹！嗥吼的樹！潮溼的樹！情慾的樹！叛逆的樹！酗酒的樹！狂暴的樹！蠱惑的樹！睜大眼睛的樹！吃人的樹！瘋狂的樹！白天的樹！夜裡的樹！這一秒是樹！下一秒還是樹！這一個星期是樹！下一個禮拜還是樹！醒著是樹！睡著是樹！頭上是樹！腳下是樹！東面是樹！西面是樹！南面是樹！北面是樹！樹！樹！樹！

沒有人能想像，一個人走一步路，要砍倒一棵大樹。彷彿在草地上，每一舉步，要踏倒一根或幾根草。這在我們世界任何平原上，是不可思議的事。在印緬大叢林裡，卻極平常。

雨和樹一樣，已變成印緬森林夏季特有的生物，它與森林巨樹綁在一起，和人綁在一起，人動，雨動，樹動，森林動。人雨樹纏一片。

先前，我們還期望明天會有太陽升起，地球上永不再有雨與樹，但願這個世界從未出現過雨和樹，然而，一個又一個星期過去，我們的希望也變成永遠睡在地底的太陽，不再升起，發光。黎明不是太陽。明天不是太陽。夏季也不是太陽。太陽死了。這個地球上唯一活著的是雨。人已化成雨這一生物的血胤。

整整一個半月，我們沒有吃到一顆糧食。飢餓不再是餓，它像樹與雨，變為生物，和細菌一樣大、多，佔有我們所有器官，在全身血液裡流轉。

人前進，飢餓前進。雨前進。樹前進。疲倦在前進。疾病在前進。死在前進。——這一切的總和，叫做「隊伍」。

我們疲乏的砍著巨樹，喘息著，在原始植物間掙扎。不管後面人怎樣用樹枝鞭打前面的人，速度依然極慢。相形之下，蝸牛是飛機，我們是牛車。那是一種很奇怪的境界，人死了，卻在動；人活了，卻又自覺的死著。

想不到這樣美麗的樹，有一天會變得這樣殘忍，每一秒在殺人。

想不到這樣美麗的雨，有一天會變得這樣可怕，每一秒在犯罪。

我們走在雨裡，睡在雨內，活在雨中，坐在雨裡。雨就是個家——雨家。這是活動的家，我們帶著它走。

難得找一大塊開闊地——「林空」，晚上睡覺，把雨衣掛在樹上，搭個小棚，就算臨時窠巢。我們斜坐雨衣下，篝火邊，就算睡覺了。坐就是睡。人睡在雨水裡。前半身被火烤得暖暖的，後半身卻一直淋雨，脊背似泡在游泳池中。深夜，身子常常探伸到火光內，被火燒醒，身上燒焦、起泡。可是，沒有人理睬這些火泡，眏眏眼，再睡。

一個人怎麼能想像：從撤退到印緬大叢林第一天起，我們就會碰見雨？我們竟在雨裡泡了七十幾天？

一個人怎能想像：一個兵躺在雨水裡，頭上是雨，身上是雨，身下是水，竟會睡得著？人就是那樣奇怪動物，他能泡在雨水裡睡覺，而且每一晚是鼾眠。飢餓和疲倦是有效的安眠藥，人們跑了一整天，一倒下，就睡過去了，不，死過去了。假如沒有人推醒，也許永遠就這麼睡下去了。

睡死實在比甦醒幸福。一睜眼，痛苦又站在面前。開天闢地，自有地球以來，人類歷史上極少有過這種痛苦。

常常的，一大臉盆冷水劈頭劈腦澆來，淋了全身，我醒了。原來「雨衣棚」頂積水太多，變成大蓄水缸，缸翻了，叫一面睡熟、一面本就斷斷續續洗蓮蓬淋浴的我，再來個大淴浴。於是，我再把「雨衣棚」搭起來，重新躺下，「死」過去。直到第二盆冷水再兜頭把我澆醒。饒這樣，我還是渴望沉沉睡去。

有一天，睡在小山頂。半夜，緊急集合號淒吼。我一睜開眼，渾身冰涼，發覺自己全身泡在一大片河水中。原來山谷發大水，山水上漲，直漲到我胸部，幾乎淹沒喉嚨管。我隨身帶的東西，全被大水衝走。白天我吃的那種安眠藥太多，人完全死了。要不是號角聲把我吼醒，我將一直睡下去，就是大水淹到我的腦殼，也不會醒。

山水不斷上升，一點鐘漲五六尺。隊伍後面的人，不能急速爬登高處，便淹死。有的人真的睡死了。直到大水衝來，他還在水底做夢。有的人攀到附近樹頂上，暫時躺一下。真奇怪，幾十天幾乎沒有吃東西，週身那麼疲乏，在大雨中，人還有那樣奇異精力爬樹，而且爬得很高。

我爬到附近一棵樹頂上。

雨。雨。雨。又是雨。不知道怎麼會有那麼多的雨。山下大水。頭上大雨。夜又那麼黑。我們蹲在樹頂，等天明。第三天，水漸漸退下去，水位低了，我們才重新下樹，涉水趕路。

成天泡在雨水裡，一雙手永遠像剛洗過冷水澡，雪白雪白。也許，世界上從沒有過這樣雪白的手。白得可怕，和一具淹死的屍體的手掌沒有分別。兩個多月，我們沒有脫靴子、襪子，每隻人腿部都「通貨膨脹」，腫成兩倍大，連襪子和大靴子也爆裂開來，我們就舉著這雙像巨大樹幹一樣的腿、腳，和樹和雨和餓和病掙扎。

晚上，大家脫下褲子放在火邊烤。早晨，血液循環受阻，麻木了。兩條腿軟顫顫的，一點不能動彈，僵直得像根棍子，無法彎轉。要把褲子套上腿，真如不會走鋼絲的人第一次被逼著表演一樣難。腿既腫成兩倍，幾乎和褲管一樣大，於是，褲口便嫌太窄，難套進去。人不能想像，有一天，竟會活到連穿褲子也變得像空中走鋼絲一樣艱鉅。

每天早晨，我們穿一條褲子，繫一根褲帶，要費一點多鐘，比動一次腿部外科手術更費事。

比雨更可怕的，是飢餓。

我必須再重複告訴你們一遍，前後整整一個半月，我們沒有一顆糧食進過嘴。你能想像麼?在這種飢餓狀態下，還有人——而且是許多許多人，能成日成夜在雨裡走，而且走一步，砍一棵千百年大樹。

在遭遇這樣經歷後，我相信，全世界字典上，所有關於奇蹟的字句，都應該被塗抹，得重新改寫過。

這一帶叫野人山。我們是野人山上第一次、也是最後一次的真正野人。

山上長芭蕉。我們食芭蕉根，嚼各式各樣野果子。有一種野果，人吃了一頓，立刻變成兇手——一個血人。渾身上下、嘴上、手上，都染遍淋漓血紅色，許多天不退。這種果子，肉紅得很。

森林內，蚊蚋極小，幾乎看不見，可是，牠們卻比獅子老虎更兇猛。被牠咬了，我們會害瘧疾，此後許多年，不管你怎麼治療，總不能斷根。

沒有人不生病。沒有人不發瘧疾。起先，醫療隊還診治，後來，藥太少，不夠，只好不治，索性打一針或幾針嗎啡，讓他們沉醉死去。

森林中，螞蝗多極了，一聽見雨聲，全爬過來。一覺睡醒，渾身上下，都是螞蝗。牠們吃得太飽了，一拍，盡都落下來。飢餓已榨乾我們的血，還得餵牠們，讓牠們吮吃個飽。後來，我們想出一個法子，把鹽或煙絲放到牠們聚集處，這樣，牠們就不會爬出來了。

一隻螞蝗旅行到一個兵的尿道裡，他死了。

有一次，我們找到一種不知名的野穀子，炒了炒，吃下去，結果，有十幾天不能大便。這個時候，我們的飢火是那麼可怖，在路邊，即使只找到一點點穀子，只有幾粒，我們也等不及煮熟，馬上吞吃下去。假如不是由於傳統倫理觀念，我們很可能把路邊病死者的屍體用刀切開，煮熟了，吞到肚裡。

找芭蕉根不容易。有時，士兵們要尋個半夜，才尋到一些，煮熟了，深夜裡，把同伴喊醒，同吃。

芭蕉根不常見。野果子不常有。有了這些，也只能騙騙腸胃，不能真充飢。一天天騙下去，胃腸機能也變態了。人彷佛又回到幾十萬年前的猩猩時代，變成一種專吃芭蕉根的奇異動物。

好不容易，忽然發現奇蹟，找到幾擔米，（那是快抵印度邊境時的事了。）由幾個衛兵抬著，打算專供杜司令一人食用。可是，杜急忙趕路，跑得太快，擔米的跟不上，落後了。杜在前面佇待了幾天，等擔米人到時，這些白花花的顆粒，早被他們偷吃一光。世界上最嚴格的鐵的紀律，現在也被雨水加飢餒衝走了。

夜裡睡覺，杜把僅剩下的半罐牛奶沈在頭下。他發現一個衛兵走近來，想偷。他問：『你幹什麼？』

『報告司令。我實在餓極了。』

『你吃了這罐頭，我怎麼辦呢？』

『……』

杜司令被公認是一個最堅強的人，平素為人極慷慨，現在，他不得不用最大的警惕，來保衛他後腦勺下這半罐牛奶。

初出發時，我們帶的東西很多，半個月後，一切都扔光，只剩下四樣：頭上一頂鐵盔，身上一件雨衣，右手一根棍子，左手一只漱口杯子。這些象徵人生的全部現實總和：衣、食、住、行（雨衣代表衣和住，夜裡好搭棚）。

在生死最緊張關頭，人只能留下最必要的。

每天，每小時，每幾分鐘，都有人死去。死是如此容易，你一坐下，就死了。你站著，也會死去；你靠著樹身，會死；你走著，一倒下，更會死。人死得簡直不像死。

人們太餓了。有的人坐下來，想憩一憩，卻從此不再站起來。他坐著，像一尊害了重度潰爛性肺結核的彌勒佛。

有的人，一坐下，根本不願站起來。就這樣坐著，靜靜等死，簡直是進天堂。前進是太地獄了，只有死才是真正天國。

自殺每天發生，每小時出現，正像饑饉每天有，雨水每小時有。人們無法忍受了，便拔出手鎗。

死是各式各樣。手鎗是有聲的死、更多是無聲的死。一大批，一大批的死著。有的死者坐在地上。有的坐在樹椏上。更有許多斜靠在樹身上，完全像活人一樣。我們經過時，簡直把他們當作真正活人：活人的形態，活人的臉。假如不去用力搖搖他們，試驗他們鼻翅的呼吸，我們絕不相信，再沒有空氣進入這些肉體，還以為他們靜坐著憩憩腿呢！

每一個死人都跟活人一樣。

因為，每一張活人臉孔，這時也跟死人一樣。

可以說，每一張活人臉孔，比死人還醜惡。

兩個多月不洗面，不漱口，滿臉滿身盡是污泥，頭髮與鬍鬚，野蒿樣蔓長著，蓬蓬亂亂，糊成一片，我們簡直像一些原始多毛猿。不需要照鏡子。每一張臉都是最好的鏡片，可以絲毫不爽，照出別一張臉。

到處是屍首。頭幾天，屍體脹大好幾倍，特別是胸膛部份，膨脹得像齊伯林號大氣球，皮子雪雪白白，真駭人。幾天後，它們慢慢縮小；十幾天後，仍收縮成一副極完整的人形骨骼。

屍體奇臭，對鼻子是個苦刑。我們必須踏著死屍前進，一路嗅著屍臭。常常的，有人滑跌下來，撲到屍身上。有一次（那時離印度已經比較近了），我們在一座村莊夜宿，滿屋子全是死屍，我們就睡在屍首旁邊。

有一次喝水，水源處堆滿骯髒屍軀。我們喝下那泡著屍死的水，眼睛連眨也不眨一下。有的人病了，躺在地上，昏昏睡著了，從此不再醒來。這時，即使他（她）是你親父母、親兒女，你也會看都不看一眼，冷冷的走過去，彷彿他（她）是個毫不相識者。

走在雨裡，路太泥濘，黏滑，人們不斷跌倒，森林極密，一摔下，就給樹叢絆住，很難擺脫。有些人跌下後，再爬不起來，永遠躺在樹叢中。

每晚必須點火，這是一件最麻煩事。我們這一小隊，沒有火柴，要到附近火堆裡借火。樹枝極潮濕，不易引火，兵們就劈碎竹子來點。為了找竹子，有時跑十幾里，找到，劈碎，引了火，走到半路，又被雨打濕，再跑回去，重新燃著。不久，又打濕，又回去。像驢推磨，來回要兜十幾個圈子，最後，才算真正點著火。有時，找了半天，實在找不到竹子，大家就把皮鞋底撕開，劈成幾片，分幾次引火，有時，火帶回來了，只剩下一點點灰燼，裡面卻閃著火星，我們就鼓起吃奶力氣，用嘴拚命吹，吹得肺葉特別緊張，疼痛。

在一天最艱苦的行軍後，還要做這樣艱苦的吹火工作，其苦痛真是不可思議。我們直吹得頭昏眼花，人仰馬翻。終於，它算燃著了，再小心翼翼，在上面加一塊皮鞋底，等它更旺了，才架樹枝。這以後，火不會熄滅，一直熊熊燃燒到天亮。

在無窮痛苦與黑暗中，這到底是火，是光，是亮。我們即使無比飢餓、疲倦，加上寒冷。一見火光，希望那個已經死亡的生之幽靈，似乎又影影綽綽，閃起來。

在地球上這是極熱地帶的最熱夏季，我們卻把一切希望放在烤火上。沒有吃的，水可得喝。每天宿營處必須有水。為了覓水源，有時直走到夜半兩點鐘。

在巨大「林空」地帶作夜行軍，我們是走在墨魚汁一樣的黑夜，墨魚汁一樣的雨水中。最深的深夜，常常看見森林地帶的鬼火、燐光，毒蜮蜮的。夜太黑，鬼火也不能照出什麼。大家怕走斷。後面的人便有氣無力的問：

『前面的人在哪裡？』

『前面的人在這裡。』對方回答。

問答聲不斷響，一問一答，一串串的，像算盤珠子，此起彼落。

夜靜極了。只有雨聲、腳步聲與問答聲。我們是走在幾萬年來從無人類足跡的地方。

白天最前面的士兵們伐掉巨樹，順利開闢道路後，後面的人行在雨裡，步子特別快。人在雨中，性子也很急，什麼都忘了，只有一個念頭：前進！前進！再前進！人被雨淋得痲痲木木，思想與情感也被雨澆濕了、沖熄了，我們一切存在全被雨水壓碎了，只剩下最後一個東西還沒有熄滅，這就是「前進」。

生命雖然這樣淒厲、黑暗，但站在山頂上，向下一望，山谷底下，竟然偶然出現一片彩虹，那樣美！那樣瑰麗！我真想流淚，但流不出。

這真是一個殘酷的諷刺。大自然把一切能維持我們生存的東西都搶走了，單留下這樣一個微妙的存在：綺豔的彩虹。

我們寧願它不是彩虹，只是一碗穀子，甚至是一棵芭蕉根，一隻野果子。

雨在落。人在死。人在走。

比什麼還可怕的，是飢餓。我們到處找東西吃，但什麼都沒有。我們不能吃樹，不能吃雨。我們先前還幻想，假如這一條條雨是麵條，是粉絲，……。後來，任何幻想全熄了。因為，幻想本身也需要若干卡羅里的熱量——燃料，沒有結果的幻想，毋寧是個大浪費。於是，我們疲倦於幻想，停止幻想了。

人們不斷倒下去。昨天的同伴，今天的死屍。今天的同伴，明天的死屍。每個人不知道自己還能再支持幾天、幾小時、幾分鐘。許多人擔心，連下一秒也度不過。有一個直覺是共通的，如果印度邊境再不快點在森林中出現，我們軍隊會全部毀滅。

這時候，一個人還能活下去，絕不靠肉體，是靠意志。哪怕是比稻草稈更細薄的意志吧，只要有，你抓住它，緊緊捏在手裡，不放鬆，就能活下去。一鬆手，一切全完。此時此刻，肉體早已耗完它最後滴機能了，它把自己地位交給意志。這是一種奇蹟，一個人如果想活，就活，不想，馬上就死。那成千成萬倒下去的戰友，很多人並不是肉體完了，——我們每一個人肉體早就完了——而是意志完了。

在這裡，生命達到絕對唯心論。法國大哲學家笛卡爾的真理，被證實了，「我思，故我在。」—僅僅換了下面一種說法，就是：意願在，生命就在；意願死，生命就死。人不再是人，只是一滴意志，它像蠟燭火光一樣，搖搖閃閃，那麼一點點，只要輕輕一吹，就熄。可是，現在它還沒有熄，在閃閃幌著，於是，我們就往前走。

不自覺的，我們發明一種新的心理學，一種偉大的生命真理，人是靠那麼一點點神秘東西活下去的。在生與死的鮮明界線上，它掌握了生死權，誰抓住它，就生，誰放下它，就死。

當一個人和死面對面對，死毫不可怕，它只是生的一部分，異常自然。

千千萬萬人談過死，千千萬萬本書寫過死，千千萬萬人死過死，他們都把死想得太複雜。假如當時他們能到印緬大森林裡看看，他們會取消一切所想所說所寫的。死並不複雜，死不是黑，不是紅，不是恐怖，不是幽靈，不是神秘，死也不是秘密。死什麼都不是，死只是死，跟石頭只是石頭一樣。倒下，斷氣、完事。在我們這裡，死甚至不存在了。死早與人纏在一起。「死」活在人身上，是人本能的一部分。它變成我們身體的一種日常機能，正像我們每天要大小便一樣。我們當中，每天每時，甚至每刻鐘，有人死去。

我們走著，我們死著。

能站，就從死的巨嘴裡逃出一半；能走，又逃出一半。只要我們還在走，我們就算還在活。那些歡喜憩一憩的人，一坐，就永遠坐下去了。

能不能站，是區別那最後一滴意志火光是否還亮的惟一標誌。

我自己就深刻體會到這一課。

有一匹馬病死了，大家迅速煮了吃。士兵們用馬肉向另外隊裡同伴換來一點鹽，蘸著馬肉吃。馬久飢餓後，馬肉奇香，比全世界所有鮮花芬芳聚起來的香氣還要香，我們發狂的飽餐一頓。

不久，大家就大鬧瀉肚，直瀉了兩天。

我們一面走，一面瀉，肛門已失掉控制力，尿和屎全撒在褲子上。我們走著，上面落的是灰色冷雨，下面流出的，是黃色熱糞。慢慢的，雨水沖洗著地上糞便，每個人腿上、足底、腳上都沾滿糞尿、尿便。

一條峻急的渾濁河水，展現面前，隊伍停在河岸上。

士兵們臨時紮了木筏子，每次只能載三四人，我們這一隊卻有十幾個擁上去。木筏子負擔太重，駛不到河心，就被水流衝翻，筏上面的人，全部淹死。這幕悲劇夠驚心動魄的（雖然我們的心魄早已完全變成石頭）。於是，對岸人想方設法，用繩子拴牢木筏，一面划，一面拉繩，讓人們比較安全的陸續渡到彼岸。可是，白天搶渡者依然很多，許多人仍然被擠跌到河中，活活淹死。儘管人們已被太多的死亡所壓扁、所麻痺，但還是掙扎著與死亡格鬥，爭取逃避它的魔掌。

饕餮了一餐馬肉，我大瀉兩天，全身殘剩的一點精力整個瀉光，人虛脫到極度。我躺在河濱，睡在潮濕泥地上，淋著雨，凝望滾滾黃色急流及擁擠的搶渡者，卻再沒有力氣前進了。連想再走一步，都不可能。我完了。我耗乾了。比疲倦還要壞一百倍：我渾身什麼也沒有了。那個比細菌還渺小的屬於「自我」的最後一點點東西，全都瓦解了。我再沒有活下去的一丁、一點、一芽的核心倚賴了。

我準備就這麼躺下去，永遠躺下去，像路上成百成千同志們曾做過的一樣。這對我是很自然的事。

現在，世界上再沒有什麼比死對我更重要了。我就要捕捉住那真正的永恒幸福了。同伴們鼓勵我渡河，我張著一雙空虛的眼睛，凝望他們。我連搖頭的力氣全沒有。我繼續躺著，這就是唯一回答。

我永遠忘不了這個深夜。世界是這樣黑暗，宇宙是這樣可怕，緬甸大叢林裡的雨水，又是這樣充滿魔鬼性質。我躺在雨水中，雨腳不斷衝擊我的肉體，踐踏我的靈魂。今夜，在巴黎，在維也納，紙醉金迷的舞場內，「西班牙小夜曲」可能正演奏到高潮吧，但對我來說，這一切已是另一個星球上的記憶。

此時此刻，我萬萬千千願望，只變成一個簡單願望：躺著。永遠這樣躺下去。讓人們從我身體上踏過去，讓我們軍隊裡最後活著的同志從我身上踏過去。

我永遠忘不了我的幾個同志，他們先是鼓勵我，後來是斥責我，最後，簡直用棍子打我，一定要我堅持著站起來，和他們一起渡過河。

我連頭也不搖，只空虛的，無望的乾瞪他們。不管棍子怎樣敲打我身上，我也不願爬起來。

我永遠忘不了這幾個兵，他們居然不顧我的固執拒絕，突然俯下身，兩個抬身子，兩個抬腳，像抬擔架一樣，硬把我抬到木伐上。這樣，我竟然也渡過洶湧河水。

本來，這樣黑夜，我躺在黑暗的雨水中，死亡也正是一片黑暗，我從這片黑暗滾到那片黑暗，原不過像在床上翻個身，一切很簡單、很自然。我早不應該再屬於這個世界了。我早應該真正徹底休息了。然而，就在這樣情形下，我夢想不到，居然會有那麼幾條臂膀，又強制的把我從永恒黑暗拉回這個世界。

這是真正的彼岸。

一過河，人也就真正渡過死亡，生命的意志，也隨木筏渡過來，它又開始閃亮了。

我又站起來了。一站，生命意志又山峰樣屹立了。

休息了兩天，我居然又能上路了。

假如不是那幾個兵，那幾條熱情的臂膀，我今天再不會躺在這裡，和你們談這個故事了。

這幾個兵，使我感到：人類的愛，已超過階級，和一切社會體制。

希望當真出現了。有一天，大約是大撤退的兩個月後，這幾乎是一種奇蹟：我們居然聽到飛機聲。

我們本未希望這個。我們僅具有一種機械的本能意志，盡可能前進，——直到這一支意志蠟燭的最後火燄熄滅。

但飛機終於出現了。

你們能想像，我們當時的心情麼？

飛機聲挽救了這支軍隊的全部覆滅，使最後一批快倒下去的人，又最後一次撐著顫巍巍的身子，站起來。假如不是這片充滿命運意味的空中聲音，抵印度時，人們可能幾乎全部死光。

但飛機聲給予每個人的聽覺反應，並不都一樣。

飛機帶來些接濟。我們離印度只有七八天旅程了。但我的好友S的弟弟，卻突然不想走了。他停下來，等醫藥站救濟，結果，卻死在路上。他死的時候，整個帳幕靜悄悄的，只有他一個人。

這時候，我的另外一個好友T，也不想走了。大家打他，逼他走，他不肯。勉強又走了兩天，離印度僅一星期路程了，無論如何，他再不肯走了。

我硬拖他走，他眼睛裡露出孩子式的畏懼。他幾乎是乞憐式的望著我。他滿臉污泥，滿嘴鬍鬚，蓬亂的長頭髮，紛披在頰上，兩頰又尖又瘦，一雙大眼睛非常可怖，你絕不能在地球上找到任何形象來形容它們。

對T來說，每走一步，都是苦刑。即使七天以後，就可看見印度，這也不能帶給他任何刺激或誘惑。

我硬拖他走，他不肯，一不小心，我們從山上滑跌倒了。爬起後，他死活再不肯行進，自甘留在後面。終於，他躺在地上，半截身子埋在泥濘中，不管同志們怎樣喊、怎樣打，他總不肯站起來。彷彿站立是最可怕的刑罰，生命比死亡要恐怖一萬倍。

最後，他靜靜的閉上眼睛，死在泥濘中。

看來似乎是奇怪的，就在快到印度時，T自動死了。這個人本可不死，他卻死了，因為他活夠了，他苦夠了。即使幸福離他只有一步遠，他也沒有興緻去抓、去拿了。不，他再沒有一厘一毫意志去抓了，他再沒有一丁一點活的決心了，既然生命是如此痛苦。

軍樂隊長Y是一個瘸子，一拐一跛的，他居然拐到印度。離終點還有十里時，他餓極了，實在走不動，我給他半碗米，他這才恢復力氣，繼續前進。此後，他常稱我是救命大恩人。真正，一個人只要決心活，有時是可以活下去的。

有七位女同志，是政治部的。路上，每一晚，她們相互抱著痛哭。其中一個，已懷孕六個月，不久就死了。此後，又陸續死了五個。到印度時，只剩下最後一個。她身體極壞，終於在醫院自殺。她找了一柄小刀子，夜裡偷偷割斷自己動脈管，直到血把整個病床染紅了，護士才發現。

快到印度時，大家並沒有什麼特別感覺。一切感覺全死了。我們只有一個最簡單的反應——走快一點！

出發時，我們把幾十張盧比票子捲在一起，貼肉放著，此時，它們只變成一張了。

近印度時，半根香煙，可以向印度兵換五只餅子。他們接過煙，先是吸一口，然後吹熄，放在嘴裡，慢慢細嚼。接到餅子的人，卻一嘴一個餅子，不到一分鐘，就吞吃得乾乾淨淨。

抵印度時，我們什麼感覺也沒有，千萬個感覺只併成一個感覺，可怕的飢餓！

第一餐飯捧出來時，我們每個人都狼吞虎嚥，大吃十幾碗。胃囊已塡得滿滿了，還是說不出的餓，仍想再吃。假如不怕脹破肚皮，我們簡直可以吃四、五十碗飯。

這天晚飯，我們也大吃十幾碗。

直到五六天後，飢火才漸漸降低，腸胃慢慢恢復原狀。抵印度時，沒有一個人不病，不打瘧疾。每個人完全變了形。站在鏡子前，我們完全不認識自己，以為是一條可怖鬼魂，剛從陰曹地府跑出來的。

杜司令平時最考究服裝，這時也是一副狼狽相，彷彿剛從監獄裡釋放的。他衣服大大敞開，襪子拖在腳跟後，滿臉滿身泥濘，頭髮蓬亂如囚犯。

在印緬大森林中，我們共行軍兩個半月，除去頭尾將近卅五天外，將近四十天，我們瀕於最危險的絕境，每天落雨，無比飢餓，每走一步路，要砍一棵大樹。出發時，有兩萬三千多人，到達印度，只剩下兩千多人。

這兩千多人，還能有多少活到現在？又還有多少今後幾年內不見上帝？那只有上帝知道了。

四

這是一個最恐怖的故事。自有地球以來，可能，這是一個真正慘黷的人類悲劇。聽完了，沒有一個人不抖顫，不渾身被那片長期雨水浸透，嘴裡充滿死屍味道。那座綿延不絕的悸怖大森林，每一片可怕的葉子，都在他們四週搖幌。這一切可能麼？它真是這個星球上的事實麼？它究竟涵有多少套哲學：形而上或形而下，從此把生命徹底抒解開來？是誰造成這一切的？終點只限於那座大叢林麼？它不會通到世界每一角落麼？起點難道只是那些巨樹和大雨，不在另外一些樹上與雨裡麼？人們是有眼睛的，有玻璃體，就得看。但現在，人是無法聽下去了，看下去了。靜聽或凝視這樣的現實，本身就是一種犯罪。這也是為什麼：另外有些人（據左獅說），從那座黑暗大森林逃出來後，兩年來，從沒有對別人說過這個故事。有人問起時，他們也只笑笑，或簡單敷衍兩句。直到此刻，能剩下的絕大多數人也完全變了一種性格，最倔強最頑固的，也溫馴了，最活潑的，也愚騃了。

左獅談一會憩一會，足足化了二小時多，才斷斷續續說完這個故事。

他談著這些時，頷下那兩顆黮黑念佛珠，第一次又閃動光輝，不是明亮的光，是黑暗中的光。他嘴邊那片蒸汽，也波動起來，似有一片煙霧籠罩四周。

說完故事，大家勸他好好休息，大家也要休息，不響。這個故事像一副千斤擔子，把每個人的肩膀壓扁了，壓累了。翌日上午，他才痛苦的低低道：

『從這以後，我才感到，任何武力，或類似武力的鬥爭，終究會把人類帶到怎樣一個深淵？奇怪，像這樣比白紙還明白的思想，過去我竟從未發生過。其實，印緬森林悲劇，並不是從我們走進森林時才開始的。當我們仇恨一個人，一件事，一個原則，又千方百計想把我們的仇恨他成具體現實時，這一悲劇就已開始上演了。當我們用愉快的眼睛，凝看一柄寶劍、一把鋼刀時，它就已開始了。當我們毫無意義的，有意要把腳下一隻螞蟻踏死時，它就已開始了。

『炸藥是今天爆炸的，但它的引線，在五十年前某一本書的第一個字上，已經接上了。我們不能完全怨恨那些製造炸藥的手，倒要問問：我們究竟曾經耗費多少時間，多少話語，多少情感，為了鼓勵這些手製造雷汞？水不是在海裡才成為水的，而一座大海又不僅是一些天然雨水臨時瀦集的。不過，僅僅由於海裡風暴大、波浪狂，我們這才把海嘯當做水的最高峰。實際上，對每一隻沉船說來，每一滴山間細流，都要負責。

『單單毀滅我自己，甚至我們全軍兩萬三千多人，那不算什麼，但毀滅人類卻是一種罪行。當我一意識到，自己過去一生的真正涵意時，我不禁渾身顫慄。我立刻反抗：不，這種生活，我絕不能再繼續下去了。這種原則，我也不能再堅持下去了。我必須否定我過去二十年的全部行動。眼前，雖然我已面臨生命的最後階段，我仍願再一次用一隻新的沙濾缸，把自己全部思想清濾一次，作為我最後的懺悔。』

說到這裡，左獅疲倦的喘息了一會，才又繼續慢慢講下去。

『是的，一種理想，一種原則，不管它是怎樣譎豔、豪麗，甚至比所有敦煌壁畫上菩薩頭還爛美，但為了實現它，要付出的代價，可能是全人類或一個民族的毀滅時，無論怎樣，這是一種不能容忍的罪行。過去，我的錯誤在於過高估計未來的豪麗，忽視了現實的悲劇。當這種悲劇是一個、兩個、三個時，它微不足道。即使當它堆積成三十、五十個時，明天的譎豔依然可抵消它們今天的暗影。但當在一幕悲劇演變成印緬大撤退的慘劇時，凡是一個人，只要他還有一點一滴人血，一涓一粒良心，一丁一芽善良願望，他就不能不考慮：政治鬥爭和戰爭本身，將會把人類帶到怎樣一片可怕的絕境。

『你們都知道，我是為什麼設法參加這支部隊的？我原來的企圖是什麼？他們究竟交給我什麼任務？這些，現在我不想多談。其實，即使我不細談，你們也約略可以猜想到。反正，總是為了達到一個深遠的政治目的。按照我們過去手法，凡是要打進去的部隊，終會打得進去的。這種種，我此刻不願再說了。我所要說的是：這一悲劇，從根柢搖撼我的人類良心。我第一次真正明白，在人類之間的絕頂分歧之外，還有比這更重要得多多的絕頂同一性、共通性，和人與人之間的愛。在這幾十天中，我完全忘記我固有的理想、信仰，和那些叫人感到顫慄的原則，我只感到，所有行伍裡的受難者，不管他們說過什麼、信過什麼，以後會做些什麼，現在，他們終究是我的真正兄弟。每小時，每分鐘，我願對他們獻出我最深最紅的鮮血。在我們面前，人與人之間的一切觀念差別，不再存在了，甚至過去的一切仇恨，也不存在了，只存在一個吞噬性的事實，我們面臨一片共同的可怖的大自然，一個野獸式的命運。在這一黑暗命運下，我們必須共同掙扎。比起這個海洋性的現實，其他一切個人問題，階級問題，都渺小不足道了。

『地球是一個整體，宇宙也是一個整體。在這兩種整體前，人類面臨許許多多黑暗的自然壓力，和命運悲劇。應付這些，已夠耗盡人類所有生命力了。還有什麼理由，在人與人，階級與階級之間，再製造或擴大分歧和仇恨呢？說來說去，人類總是兄弟，在兄弟間，儘管發生過各式各樣的殘忍現實，和與最可怖的誤會、隔閡。然而，假如還相信人類最後良心和最低的愛。那麼，我們儘可找尋和解途徑與行動，哪怕這是艱難的、極緩慢的。時間並不是我們絕對選擇最粗暴手段的唯一理由。沒有一個父親，會因為他的兒子不能迅即接受教育，而會拿鋼刀砍斷他的手。也沒有一個哥哥，因為弟弟觀念的長期頑固不化，而拿手鎗打死他。即使人與人當中，曾經生產過權利衝突的極端悲劇與仇恨，但大部份人還是在走穩定而和平的道路。人類文明的發展，和歷史的進步，全由於這份持久的穩定力量和和平因素。否則，人類早已相互毀滅淨盡，今天的地球將重返原始草昧時代了。

『這點道理並不複雜，它的核心色彩，也不是我近二年來才第一次看見的；它的核心聲音，也不是近二年來才撞擊在我耳鼓上的。不過，過去我視而不見，聽而不聞。只有經過這次印緬大森林最沉痛的衝擊，這些色彩才真正出現在我視覺裡，這些聲音才真正敲打我的耳鼓。過去的信仰，十幾年來，雖然極頑固的抓住我，但這幾十天的悲劇，卻更頑固的反擊我多年來那層自縛的繭，終於把它衝破。更大的壓力已經瓦解我過去的那些觀念力量。愛終於代替恨。我從沒有像在印緬森林的幾十天中這樣愛過人類。這些日子裡，一想起我從前的歷史、痕跡，和那些意識觀念，我就發抖，感到慚愧。我真不知道：為什麼過去我竟那樣迷戀於一些極端方式與殘酷手段？』

說到這裡，左獅又開始喘息起來。經大家一再勸說，他才休息了許久。終於，他又掙扎著，結束他的話語：

『我的朋友們，我活在世界上的日子不會多了。我還能有機會和你們作一次這樣長篇談話，對我是個莫大安慰。特別是，我能有機會向老朋友印蒂表示我的歉意，這對我更是解除一層良心負擔。過去多少年，我一直不是我自己，也從沒有一個真正「自我」滲透我，我像一個代用品，為一種代用品式的信念活著，鬥爭著，虛耗了我全部青春和中年。這兩年來，我算摒除了那個代用品，回到真正自己，我是真正的「我」了。可是，對於這個真實的「我」，世界卻沒有多少日子留給他了。你們沒有經歷過印緬森林的撤退場景，你們不知道什麼叫真正人間味，什麼又是真正的自我。那種絕對與宇宙相呼吸的最純潔的自我，只有在恐怖的印緬森林中才能產生。人必須在最可怕的死亡邊緣上掙扎，才能真正感到生命，以及生命中最純粹的愛，這實在是一齣永恒的悲劇。因為，在一生中，並沒有多少人能真正徘徊在這一可怕邊緣上。垂老時，人們也許彳亍於這條邊緣上，可是，和我現在一樣，世界已沒有多少真正生命留給他了。』

聽完左獅告白，大家又一次沉默了。這個告白，和剛才印緬大森林故事一樣可怕，可也同樣可怕的真實。任何真理，總含有又美麗又可怕的雙重成分。

首先打破沉默的是印蒂。他安慰病人道：

『老朋友，你不要向我道歉了。你也不必為此懺悔。今天你這個聲明，許多年前，我早預感到了。凡是誤走進那條黑胡同，喝過黑夜釀的酒液的人，遲早必會和你同樣想的。在這個地球上，我的有生之日，總有一天，會看見這條黑胡同自己宣佈此路不通的，即使它暫時還能取得歷史上過渡性的勝利。不管怎樣，白總是白，黑總是黑，金子總是金子，黃銅總是黃銅。五千年來，人類中沒有一個人能改變這個總真理。』停了停，他苦笑道：『可是，當時我雖這樣想，這些年來，總有一個「？」不斷釘著我。我想：「我的老朋友左獅——我們廣州時代朋友中的最後一個，究竟要沉醉到什麼時候呢？究竟哪一天，他才能真正酒醒呢？……現在，今天上午，這個多霧的上午，我終於聽見他親自說：「我醒來了，我道歉了，我懺悔了。」……哦，老朋友，我恭喜你！」』

他走到床邊，緊緊握住病人的手，眼睛潮濕了。他發現，病人眸瞳內也汪起淚水。

然而，在一陣欣慰後，一片巨大悲哀又占有這個空間。聽者被印緬大森林故事所啟發、感染，每一個人都有一份不同反應。

林鬱首先說出他的不同感應。他整個沉沒在自己回憶中。

『聽完你的故事，你的告白，我能對你說什麼呢？非常抱歉，我的聲音不是我的，我的眼睛不是我的，我的耳朵不是我的，我的心臟不是我的。另外一個存在替我發聲、觀看、傾聽、跳動，作血液循環。我想回答你，對你這一悲劇有所反應，但我做不到，你還能表白你自己內心一切真實，這是你的幸運，我卻沒有這種幸運。我早已不是我自己了。即使我希望還是我自己，我們四週那些高大的牆壁，救火車式的電話鈴聲，麕積如山的帳冊和圖表，也早叫我不是自己了。即使在大門外，從天穹，從地底，從水裡、海裡、也會出顯許多東西，叫我不再是自己。我越活下去，我越不是自己。……這種情形下，我還能對您說些什麼呢？』

他轉身望著大家，低沉的道：

『有時候，打開一本詩，一冊畫，看了許久，終於什麼也沒有看見。我不相信那些顏色、線條、句子。地球上真有這樣的紅和黃麼？世界上真有這樣婀娜的圓形與線條麼？大地真有這樣美麗的句子麼？我不相信。我拚命想鑽進去，讓自己黏附於這些綺麗的線條及震顫的句子，但鑽不進。我懷疑我自己：難道我真變成白癡麼？』

他在病室裡來回慢慢踱了幾步。

『現在，我有點真正了解杜斯妥也夫斯基了，那個數過五年牢獄鐵欄杆的羊癲瘋小說家。他所描寫的，全是人類的預言。他筆下的人物，都是這一世紀最高也最普遍的典型。不是他按著我們生活而描畫，我們簡直是按著他的描畫而生活下去。我們愈來愈變成麥什金、娜斯坦加和各式各樣現代卡拉馬助夫了，而且比過去的麥什金還麥什金，比過去的娜斯坦加還娜斯坦加，比過去的卡拉馬助夫還卡拉馬助夫。也許，演的角色不同，場景不同，但他們的瘋狂性總是一樣。』

楊易聽了，低低嘆息道：『是的，瘋狂！瘋狂！瘋狂！永遠是瘋狂！瘋狂！瘋狂！在瘋狂中，我們能做什麼呢？』他苦痛的道：「我們能做些什麼呢？面對未來的陷阱，我們能做什麼呢？我只有一張嘴，兩隻手，一雙將失去視線的眼睛。你只有兩條腿，兩隻不是你自己的耳朵。我們能用這些不是自己的東西、來換回一整個地球的命運麼？它究竟是向希望旋轉？還是向毀滅旋轉？可能，這只是太陽的事，是其他星球的事，是行星軌道的事，也是它自己的事，可不是你我的事。所有生存在地球上的人，其中不少是充滿自信，忙著改變地球面貌，甚至創造地球面貌，一切「改變」和創造的果子：就是我們四周血的戰爭，連許多沒有自信的心，也被捲進去。當然，這中間有是有非。但是非只是你我他的事。在大自然眼裡，不存在這個。反正，地球現在正是到處一片火光、鮮血、死亡。因此，我常想：每個人都必須把自己看得很渺小，生也渺小、死也渺小，我們像蛆蟲一樣生，也像蛆蟲一樣死。說到究竟，連整個地球的毀滅也是一件很渺小的事。在上帝眼裡，只不過是一陣火花，一片血光，一些碎片，或灰燼罷了。這個偉大圓球體，本從亂火碎片中來，也該向亂火碎片中去。算了吧！且讓我今夜喝乾這杯四川大麯再說。』

黃幻華同意楊易，他憂鬱的道：

『從前是一個一個陷阱。每個陷阱長寬、可以用英尺或米突尺來量。跌落者可以用手用腳爬出來。現在卻是一千個一萬個陷阱，每一個的長、寬和高度，必須用平方里計算，有時甚至要用天文台上的儀器來測量、計算。每個失足者，要坐直昇飛機，才能從裡面逃出來。

『太平洋，印度洋將成為一個又一個大陷阱。每一洲也是一大陷阱。終於，整個地球，變成一個大陷阱，不管你坐在家中也好，走出去也好，大地隨時會開裂，把你吞下去。不，空間本身不斷在爆裂、炸開，要擺脫它對人類的載重。時間也要開裂、炸碎，不再形成生命的年齡。我不知道哪一天、哪一夜，我突然會被大地吃掉。但我知道，這不是我一個人的事，這是整個星球的命運。

『我預感：未來地球大陷阱出現後，它的毀滅性將超過中世紀日耳曼人幾百年中所毀滅的。歷史將把幾百年的毀滅縮短成一月，甚至幾天，這也算是現代人類智慧的一大進步。』

韓慕韓和范惟實，不全同意他們的結論，但他們不願辯解。因為，他們中的左獅，是個病人。韓慕韓道：

『你這個故事，的確是一齣悲劇。但作為一個軍人，我們必須忍受它。我們必須像吃蘋果一樣，舒舒服服嚥下去。就說我在東三省流浪的那些年吧！……』

他又談起他最愛談的那些流浪故事，藉這些敘述，他想沖淡病室內的陰暗氣氛。可是，不知怎的，還未說完一個故事，他突然停住了——他睜大眼睛凝望大家的沉默臉孔。這種奇異的沉默，使他感到顫慄。連他自己也弄不明白，平日最喜滔滔談論的他，這時忽然不想多說什麼了。於是，他慢慢沉默了。他的聽眾們並不詫異他的陡然啞默，彷彿這一切是很自然的事。

是的，這正有點像整個地球將被毀滅前的氣氛，場景——這也正是左獅那個悲劇故事的邏輯上的可能結論。

五

左獅死的那個上午，他預感到：他將要離開這個世界。這天早上，他精神特別旺盛。正因為這個，他知道，他將要死去。

這不只是預感，也是一份本能。每一個生物，當它全部解體前，機體總發生一種特殊反應。首先，是面臨大解體時的那片預兆，一種可能將全部抽空了的感覺。其次，預察到的極大幻滅與空虛中，又突然湧起一陣暫時的奇異充實和充沛，極不尋常的充沛，簡直像健康人一樣，瀰漫著精力。

三個月來，一直服侍他的護士們，今早都詫異他罕有的活潑、愉快、和平。那個胖胖的邱大夫，領著一群住院醫師與實習醫師檢查病房時，也滿意他的精神狀態，雖然傾聽他心臟後，沉思的皺起眉頭。邱大夫的話，今早特別少，他只簡單而和悅的道：

『好好休養。不要急。你會好的。』

他走出去，把王護士長及值班李護士喚過來，他們在門外嘰咕一陣。李護士回來後，再望望左獅時，她秀麗的眼睛添了一種新的神色，對他的照顧，分外細心、慇勤，態度也格外客氣。

左獅不響。但他知道，就在今天，他將死去。

他吩咐李護士：替他打電話給林鬱，請後者轉約印蒂、楊易和韓慕韓等人，要他們中午以前來看他一次。

『請你告訴他，最遲中午，務必來醫院一次。』

接著，他在床上舒服的翻了個身。很舒服，是因為：有一件重要的事，將要結束了。於是，這個經過印緬大叢林屍堆如山的人，重新又一次，開始咀嚼死，那個時候，他是絲毫不能阻嚼的。現在，他能了。——他陷入深深沉思中。

真怪，死這個字一出現，他立即就經歷一次魔術變化。突然，他覺得他變了一個人，一秒鐘前的他，他漸漸不認識了。那是另外一條生命，對於它，此刻，腳所碰的、手所觸的、眼所視的、耳所聽的，忽然與它毫無關係了。彷彿他陡然石化，不能見、不能聽、不能觸了。但石頭還有空間，仍有可樹立之處，他卻連石頭與大地的空間關係——那惟一極單調的相互連鎖，也沒有了。整個大地從他身底消失。不，他是齊根從土地上拔掉，連那意識最深處的最細微的觸鬚也從空間全部抽掉。這一切，有點像從整個肉體上揭去一層皮，曾給予他全套生命美麗與宇宙幻景的那層皮，肌纖維的反應，完全抽空了，或者，石化子、不氣化了。說石化子還不夠，因為，這中間還含有比較明顯和比較粗獷的形式關係。那層極薄的皮——連繫他自己血肉生命的一切，也聯繫他全部肉體外在世界——因而產生一套鏈鎖反應的，猛然被無情撕掉了，剩下的是那最血淋淋也最醜陋的一切。然而，就在這最血淋淋的殘忍軀殼架子上，此時，這是最殘忍的，又還賦予他最後的玩味能力，這也是一種最大的懲罰，讓他最後一次凝望他的一生。

僅僅由於這個極簡單又極神奇的字，輕輕閃幌一下，他就不再覺得：自己和這個世界發生任何關係了。一秒鐘前，他還是這個大地的佔有著，這一會，不是了。一秒鐘前，他的姓名、呼吸、回憶、愛憎、脈跳、血流，還構成一整套的他，現在，這一切，像屠宰者手下牛馬的一層皮，完全從他剝去了。他真正變成一個地球以外的人了。也許，是一個真正冷靜的毫無關係的旁觀者。地球旋動也好，靜止也好，太陽裡有火也好，無火也好，玫瑰花明年再紅也好，櫻草明年再綠也好，永不再紅再綠也好，這一切與他毫無關係了。他與它們之間的鏈鎖反應再沒有了。產生反應的器官還在，但它像一筆銀行資金，暫時——也將永遠凍結了。他此刻的生理器官也就是冬眠時、蛇與蜂的大部器官。

幾秒鐘、幾分鐘，最多幾點鐘後，他就要走出這個世界，像離開一間房子，不管房內還堆積多少東西：盆花、座鐘、書畫、金魚缸、桌椅、几案、筆墨、紙硯，他仍覺得它們是空的，只因為他與它們之間那層聯繫的皮被揭掉了。這是一層給予他自己肉體以生命的皮，也是給予世界以生命的皮，更是給予他和世界之間以連鎖反應的生命之皮，這會兒，它被揭去了，各種生命也將同時停止活動了。不管後來人（或史家）詛咒他怎樣自私也好，反正這與他沒有連鎖關係了。他覺得，整個宇宙此刻似已停止活動，在有些旁觀者看來，這也許很慘，可是，他此時卻沒有這一類挑動情感的官能，他只感覺，這一切很醜陋，也許是很可笑的。就在他五尺以外，或五尺以內，另一個生命或者另外十幾個生命，還在呼吸、觀望、諦聽，但他卻不能和他們同享同一類呼吸、觀望、諦聽了。自然，現時他依舊呼吸最後的呼吸，觀望最後的觀望，但所吸所望的對象，卻不是同一顏色、同一氣味的物體與空氣，因為他就要走了，走得遠遠遠遠的，永遠只有「走去」而沒有「走回來」的走，遠遠遠遠得永不可觸、不可摸、不可計算，可能與哲學家追求的宇宙第一因子一樣，又古又遠。

假如他有藝術家一樣豐裕的時間與情緒，也許，這一刹那和以後許多刹那，在這些最後的呼吸及凝視，他眼前會洶湧起各式各樣靈感幻島，以及島上的花樹果葉，猶如舟子在許多黑夜大風暴後晴晨所見的。但他卻沒有這樣的豐裕景象。這最後的時間是最深刻的時間，照例很短。感覺上只容許它們佔有幾秒鐘，或幾分鐘，最多兩三刻鐘，再長下去，長到幾點鐘，那片內在場景，就又不同了。人從大風雪的戶外走進室內火爐邊，只在最初幾分鐘感到戶外奇寒與室內奇暖，以及二者之間極微妙的連鎖反應，到了幾十分鐘或一小時後，人所有的那套奇異而尖銳的即景神經觸感再沒有了。這個時候，從室內走到戶外也一樣。人走到死，有時正如從室內火爐邊踱到戶外大風雪中，有時又如從大冰雪中步入室內。

也許，這最後幾分鐘已經降臨；也許很快就來，也許幾小時後才來，反正，一切不遠了。

他抬起眼睛，又一次睇望四周：這是一個雅緻的小小單房間，也是醫院對一個出國軍官的破格優待和尊敬，更說明他所屬的那支遠征部隊在山城裡的政治地位。床畔案几上，白色花瓶內，簪插印蒂他們送來的一簇玫瑰花。他們最後一次談話是禮拜幾，他記不清了。這一些，現在毫不重要。重要的，是這裡有花有瓶，有明亮的窗子，美麗的白色鏤空挑紗窗帷，四周是寧靜的白色粉壁。他活了一年，四十幾年，第一次感到玫瑰花是綺豔的、醉人的，不，他第一次呼吸到它們真正存在。他想坐起來，伸出手，去撫摸這些紅色的花朵，但他做不到。他只能靜靜凝視它們。在這個山城難得的晴朗早晨，這一瓣瓣紫紅色顯得多嬌嫩、鮮緻！

在他不算最短的四十幾年生命中，從南到北，他也算走過許多地方，其中不少是風景名勝區。拿北平說，北海的喇嘛白塔，南海的綠色荷葉，中山公園的翠柏，香山的古剎，頤和園的精緻圖卷，當時從未想到仔細欣賞。廣州的珠江遊艤，街上的榕樹和龍眼花，它們彷彿與他視覺不發生任何關係。以後，黃鶴樓的古跡，廬山的瀑布與香爐峰，西湖的粼粼綠水，長虹似的蘇堤白堤，堤上煙柳，蘇州的名園，太湖的帆影，上海的霓虹夜景，南京紫金山的翠峰碧巒，以及濟南的家家垂柳，青島海面的三角白帆，還有其他各地許許多多瑰麗景物，不管它們多麼誘人，也未在他思想意識內激起靈感的浪花，美的波紋、波浪。那許多年的他，腦子直是花崗岩砌成的，是一片「美」的絕緣體。最突出的，有一次，由於完成任務，和杭州的朋友泛舟西湖，談了半天，他思想內充滿火與劍及政治鬥爭，四周瀲灩湖水和田田綠荷葉，連一滴光與色也沒有滲透他眼際、腦際。直到在印緬野人山大叢林中作生死存亡之掙扎時，站在山頂上，偶然看見山底遠處一片彩虹，一生中，他才第一次真正感到大自然的瑰美、生命的綺麗。……

這個早晨，當他生命太陽將永遠沉落之前，他又一次開始咀味到生命的美麗。身畔白花瓶裡這一簇媚人的玫瑰花，離他這樣近，他不能不感到新鮮、陶醉。可這一切已來得太遲了。不管玫瑰花怎樣旖旎、挑逗，他卻沒有多少時間欣賞了。

『這一切是怎麼一回事？我這一生……』他喃喃著。

真的，他就要去了，離開這些玫瑰花和白色窗帷，以及窗外的藍色天空——今早是一個多誘惑人的豔陽天。

他剛才那些奇怪思想，不，今天早晨，他許多思想，究竟對麼？他真能那麼冷靜而自私麼？他不大相信，那不過是剎那幻覺罷了。自然，那另外一個世界對他也是真實的，即使是幻覺，他也得通過它，才能達到真正的生命終點。

『你今天怎樣了？好一點麼？』印蒂走進來，溫和的望著他。『林鬱接到電話，派人通知我，怕你有要緊事，囑咐我先來。他手頭正有幾件緊急要事要辦，得遲會兒才到。』

『是有點事。』床上人低沉的卻極溫柔的道：『我要死了。』

『什麼？』印蒂睜大眼睛，似乎不相信對方的聲音，因為左獅聲音比平日顯得更精力充沛。

『是我，我要死了。而且就在今天死去。』

『醫生這麼說的麼？』

『醫生永遠不會對病人這麼說。但我的本能告訴我：今天是我在這個世界上的最後一天了。』他有點興奮的說。

印蒂聽了，一聲不響，在床邊坐下來，兩隻強烈的大眼睛定定注視病人。

『我要你們來，不是為了立遺囑，我沒有遺囑可立。這些年來，你們知道，我過的是什麼生活。我老家在安徽淪陷區，二十年來，我再沒有見過父母。我只有一個妹妹，她的近況，我一點不知道。我自己沒有結婚，沒有妻小，甚至從來沒有戀愛過，也沒有女友。即使是朋友，現在也只有你們幾個，還是這一次偶然碰見的。至於我原先組織關係，兩年來，我一直沒有主動聯繫過。我厭惡這種關係，我連申明脫離關係也不屑。我不需要這樣做。反正我很倒楣就是了。』

說到這裡，他極度瘦削的骷髏臉上，透出紅光。他的聲音轉為回憶。

『必須向你們補充說明的是，在昆明，我躺在醫院裡時，我那個老關係（當初千方百計幫助我打入這支部隊的），曾派同志來私下慰問我，對我表示親切關懷，願意對我提供一切我所需要的幫助。當時，我要求他約請他上面一個領導人，找個機會，和我正式面談一次。那時，我的病沒有這麼嚴重，還能勉強堅持，離開醫院，乘洋車到一個指定地方，和那位領導會面。後者早就知道我，我也早聽到人提過他，雖然我們從未見過面。

『見面時，我立刻向他坦白宣佈我思想的轉變。我告訴他，經過這次戰爭，特別是印緬大叢林撤退，我的人生觀已發生根本變化。過去二十年來我的信仰，在我生活裡已沒有什麼重要性了。這個世界還有比它更重要的東西：那就是人類的共同性。過去，我一直強調人類的分歧性，現在，才知道過偏了，不符合人類的真正現實，也不吻合歷史的真正現實。人類歷史和文化所以能綿延不絕，主要靠共同性。靠生命的合作，相互依賴，不是靠分歧性，靠生命的鬥爭，相互仇視。仇恨只能毀滅歷史與人類，只有愛才能拯救這兩者。我尊重我那些老夥伴們的理想，但新的現實使我感到，這個理想即使實現，也不能一勞永逸解決人類根本問題。它最多只有三十年五十年生命，不可能有百年千年生命。就這一意義說，基督教——不管它有多大缺點，它所以能存在近二千年，主要靠愛，不靠恨，靠合作，不靠鬥爭，靠人類共同性，不靠分歧性。當然，我不會改宗，信基督教，但我也不能墨守原來老信仰。我覺得，它不能完全適應這個地球的新現實。在這種情形下，我只有向組織坦率申明我的思想變化。這個口頭申明代表一切，我不打算辦退黨手續了。本來，按我那時健康說，我這個申明，對我有百弊無一利，因為，我對這個組織，這個信仰，獻出了我的一生，甚至我的生命，目前，我一身是病，正需要組織上給我各種照顧時，我這個申明，不啻斬斷許多援助我的手，將會造成我養病時的一些困難。這正像一個老園丁，化費許多年，栽培一些果樹，現在，樹木成長了，蘋果成熟了，他卻扔下它們，遠離而去，在一些人看來，是很不聰敏的。然而，超乎一切的，是良心！過去是正義和良心驅使我參加革命的。現在，同樣是正義與良心，迫使我放棄原來信仰。我相信我不會很久活在這個星球上了，讓我良心平平安安退出這個星球吧！這樣，我將覺得比什麼還幸福。

『聽完我的話，那位領導感到驚訝，他提出許多理由，希望我放棄目前想法。最主要理由之一是：他認為我一身是病，身心交瘁，精神太疲倦了，思想也就不正常了。他要求我考慮一個時候，再表示我的態度，但我堅決拒絕。並且，我表示，這是我和組織的最後一次「見面」，今後，我將和它結束一切關係。我願安安靜靜向死神走去，半年也好，一年也好，二年也好，我不布望他們再來干擾我的靈魂寧靜。

『過了一個時候，他們又派人來約我出去會談，我拒絕了，送來的慰問東西，我也沒有收受。以後，再有人來找我時，我保持沉默。這樣，終於不愉快的結束一切。

『轉來重慶治療後，有幾位老朋友來看我，我也只作禮貌的周旋，不談正事。由於我的奇異冷淡，漸漸的，他們也不來了。這樣，倒也好，我所需要的，是一份新的精神狀態，舊的一切，我想永遠告別了。』

才說完這一大段話，他劇烈咳嗽起來，印蒂要他休息一會，給他倒了一杯開水。

他安靜了十幾分鐘，又恢復精力，抬起那張泛紅的三角形的瘦臉，一雙深深凹陷的眼睛，陰暗的瞧著印蒂。

『至於我和原來部隊的關係，一直維持著。靠這種關係，兩年來，我得到適當照顧和醫療。我既無親無友，只有這樣，我才能暫時延續我的生命。我不再多考慮政治問題。我只需要一片寧靜，寧靜的離開這個世界。我的一生，有點像一場噩夢，現在，夢醒了，我卻結束我的生命了。』

他閉上眼，沉思一會，接著，又慢慢睜開眼睛。剛才的大段談話，耗費他很多精神，他顯然感到吃力。他的聲音低下去。

『我要你們來，主要只為了簡簡單單告訴你們這件事：我要死了。……假如今天不告訴你們，明天你們將會發現我將變成一堆骨灰，那是一件憾事。……你們知道，我是希望火葬的。』

聽了他長篇談話，說不出的，印蒂心頭異常難過，但一時也想不出什麼適當話，來安慰這位老友。為了打破空氣的難堪，他只得岔開話題，慢慢的問道：

『你真的沒有什麼別的事麼？』

『我唯一掛念的，是那四個把我抬過河的兵，但我不知道他們在哪裡。也許和我一樣，他們也躺在病院中，也許，他們早已變成骨灰，也許……反正都一樣。唯一的遺憾是，我辜負了他們的希望。他們充滿俠氣的把我抬過河，讓我暫時又獲得生命，原希望我能長期延續，可是——』

『你不要想得太多，也許——』

『在我生命裡，特別是今天早上，再沒有什麼「也許」了。命運也不許可我有「也許」了。剛才，我已把我這一生的生活的另一面，全部說明了。像我這樣的人，即使有再多的「也許」，這對我還有什麼意義呢？』

『你真的沒有什麼話囑咐我們麼？』印蒂誠懇的問。

『話是有的，但不是遺囑，假如宇宙間真有靈魂的話，或許就算是一種靈魂遺囑吧！』他喃喃道：『是的，有幾句話，我想了好多天、好多夜，我在病院內的大部份時間，就消耗在這上面。歸根結柢，人不能沒有信仰，一種信仰死了，另一種又慢慢形成。』

印蒂沉默著，聽他說下去，這時，左獅神色特別顯得興奮，極度蒼白的臉上，滿溢紅光，像健康人一樣。

『我有許多許多話要說，我有許多許多思想要想，只可惜時間不許我說、不許我想。

『我要說的是：一個人活在世界上，應該給予，無條件的給予，只有給予，才能拯救這個世界。是給予，不是獲取，——或大量給予，極少取得，才能使人類獲得光明。即使我們身邊幾乎空無所有，至少，還有我們的生命、時間，這些，我們也應該列入給予的項目中。啊，生命畢竟是美麗的，為了給這個星球添一分純美，給她（他）一朵花吧！假如能給，就給吧！讓她生活裡多一朵美麗吧！再不，給飢餓的孩子一塊餅吧，能給，就給吧！讓他再多延長一天、兩天生命吧！……啊，朋友，請給瀕死者一點希望吧！能給，就給吧！讓他再多一小時、兩小時希望。假如園子裡能開花，就開一朵吧！給世界多添一點香氣，能結果子就結吧，給地球多一片圓、紅、鮮。能做夢，就多做一個夢，給人間多一份幻覺和明天吧！……不要等待更大的圓全。……活在世界上，我們總得給點什麼，希望點什麼。我們總得香一點、紅一點、飽一點。任何一種虔誠的給予，都是美麗的，美麗了被給予者，也美麗了給予者自己，更美麗了這個地球。

『不要記住，你曾給過多少，只要記得，你還有多少沒給過。不要忘記，你曾縮回過的手，要忘記，你所曾捧出的手。不要想起，你那些熱，只要想起，你那些冷。不要珍貴陰曆七月十五或八月十五的月亮，要珍貴七月十一或八月十九的月亮。不要重覆你已抓在手掌裡的一切，要重覆你的腳步，走向那未抓在你手裡的一切。

『今天是我的，明天可能是你的；今天是你的，明天可能是他的。今天是大海的，明天可能是沙漠的。今天是赤道的，明天可能是北極的。今天是果子的，明天可能是蚜蟲的。這個十萬年是人類的，下個十萬年可能是昆蟲的，再下個十萬年可能是石頭的。沒有人能預測明天、明年、明世紀，或未來十萬年。我們不是生活在預測裡，我們是生活在等待裡，我們不是生活等待裡，是生活在擁抱裡，擁抱這一分，這一秒，這一剎那，擁抱我們四周這一塊空間，這一丈見方的斗室。我們必須擁抱投映在我們四周的一切：風、沙、日、月、柴、米、油、鹽。我們更應該擁抱一切人，一切生命，我們必須擁抱整個世界，而且極喜悅的擁抱著。

『讓我再說一遍：能給，就給她一朵……、花吧！……讓她生活裡……、多一朵……美麗……吧！……』

說到這裡，左獅突然氣急起來，他不斷喘息著，一陣痰液要湧上來，就不下去了。

『你太興奮了，安靜一點，休息一會吧！』

印蒂急忙走過去，替病人揉抹胸脯，按摩背部，讓他舒服一點。

可是，漸漸漸漸的，他發現：這位老朋友剛才還精神矍鑠，神采奕奕，現在，突然靜下去了，靜得很離奇，和先前適成一種強烈對照。他三角臉頰上潮紅色，慢慢消褪，又恢復原來灰白色。他的念佛珠似的褐色眼珠不再蠕動，眼皮輕輕闔上了。他的頭顱，不久以前，還在白色枕頭上左右轉側，此刻靜止了，沉入枕內木棉芯子凹陷處，顯得異常沉重。同時，白色棉被下，他整個身形也靜止了，不用翻開被子，就感到它開始僵直了。他是真正真正的永遠安靜了。

他摸摸左獅的臉，已開始冰涼，手放在他鼻翼下，呼吸沒有了。

他迅速走出去。

當李護士和王護士長進來時，病人心臟已停止跳動。

兩分鐘後，邱大夫出現，準備注射強心針。他們發現：脈搏早已停止跳躍。但還是打了一針。

接著，他再度用黑色聽筒傾聽病人心臟。

『不行了，他已經離開這個世界了。』邱大夫搖搖頭，輕輕作出結論。

二十分鐘後，林鬱、楊易、范惟實、韓慕韓、黃幻華等人相繼到來時，他們發現，這個畢生堅強的生命，早已結束。

十二隻眸子裡，全盈溢淚水。

整個病室，只有那瓶玫瑰花的生命，還鮮麗燦爛的開放著，似乎代替死者四周所有沉默的友人發聲——祝福死者遠離這個地球以後，能在永恒安息中，享受玫瑰花似的寧謐的純粹的光輝與美麗。

六

左獅的死，給予印蒂的複雜感覺，似古代斯葩女王走進耶路撒冷時所穿的第四百六十一號上衣，那襲用三百萬四千九百五十八隻蜥蜴頭縫製的綠色魚鱗形奇裝。它是奇異的、震駭的，帶突破同溫層式的極大想像的，卻又無比真實。在他目前生活中，它所給他的震駭的深度，正相同於它的真實的深度。震駭，是由於他的死的氣氛、型式，死的時間空間，以及這一切對他的極複雜的聯合突襲；真實，是由於他最後一次，也最偉大最堅強的一次，證實了他早在十四年前就預見到的真理，比預見者本身要偉大許多倍的時代真理。或者羅馬、或者凱撒！在羅馬與凱撒之間，只容許一個勝利。一個最古老長存的勝利。

死者那個印緬大森林故事，也正像那三百萬四千九百五十八隻蜥蜴被殺死的故事，充滿傳奇色彩，卻又是極真實的悲劇。一切永恒的真實——包括歷史上無數現實，比人類更怪誕更華麗的想像蝴蝶還要怪誕得多、華麗得多。不是想像追蹤真實，而是真實追蹤想像。假如四年或五年前，他聽見這個故事，可能會促使他提早叩教會大門。假如他兩年前重逢左獅，也許會延長他與十字架的擁抱時辰。但現在，只不過刺激他再一次重溫真理的悲劇：越接近真理者，也越容易擔任悲劇演員，擁抱真理越緊者，也擁抱悲劇越緊。經歷過真理萬萬千千次警告，再加上這一次最有力的警告，此時，他靈魂裡泛溢的，絕不是重新盛開的各各他西番連，相反，他心裡決定的，只是一次最大的報復，把這一類真理與悲劇的黑色循環一腳踢開，把歷史的魔鬼輪迴一拳打破。他必須跳出一切最古老的循環與翻版次數太多的魔魅輪迴。大自然常是最惡劣的書商，永遠偷偷翻版一些最通俗的讀物，而人們也就永遠被逼，硬巴巴生吞吞嚼它們。

一切可以騙他，但這種永恒魔鬼輪迴沒有騙他。即使這一輪迴只是騙局，它本身的黑色真實仍沒有騙他。左獅死後，沒有幾天，印蒂又一次發現：這一輪迴陀螺在他最親近的友人中旋轉起來。

『你知道楊易妻子捲逃了麼？』一個禮拜六黃昏，林鬱一走進門，劈頭就這樣問他。這時，他躺在那只舊帆布椅裡，正在端詳那瓶白色巨大花朵：四周花瓣已極度萎黃的香炮花。

『什麼?錢素煙「捲逃」了？』主人眸子離開那朵白花大花，轉射到來客身上。他雙眼怔怔的大睜著。他很想像，「捲逃」這兩個字竟會和那個胖女人連在一起。她是那麼胖，像一頭英國約克郡的豬。她的四隻胖腳，連走路都不相宜，怎麼談得上「逃」，更何況「捲」？他更難想像，這兩個小報上可怕字眼，竟會與楊易發生糾葛。他一想起楊易那兩隻像白色蠹魚咬碎的書頁一樣破爛的襯衫袖子，就極難相信，這兩字終於會在他身上發生任何效力。這一切不可能，正像給蠹魚注射維他命B，不可能。

『禮拜四逃走的。』客人在話語裡抹掉一個字，大約他已感到印蒂思想中那條蠹魚在蠕動。『前一天，老楊到南溫泉訪友，喝了個大醉。禮拜四晚間過我處，又喝了個大醉。我發現他情緒很糟，談話中，他第一次用那許多帶火藥味的字形容結婚。他蹣跚著回家，立刻發現這一切。』

她留了一封信，說和他結婚後，才發覺自己受了騙，被他的學歷履歷地位和外表騙了，也被自己的幻想騙了，這以後，一天天對他失望。到重慶後，更是集失望之大成。他，一個男人，一肚子學問，卻安於做長期失業者，吃父親救濟米。再與他同居下去，她非發瘋不可。她決定離開他。今後各奔前程，各不相擾。最後，她申明：除自己衣物外，她不帶走他任何東西，因為他四壁如洗，窮得連一件像樣的襯衣也沒有，要帶也無物可帶。林鬱嘆了口氣：『事實上，老楊也沒有什麼東西可讓她帶去。除了一付麻將牌、一把酒壺、幾隻酒杯外，他幾乎沒有什麼家檔了。四堵牆比陶潛的牆壁還乾淨。不過，她還是把家中最後一點寶貝：兩隻法國貨紋皮箱帶走了。那是他在海防得意時買的。』

昨天下午，楊易找林鬱談這件事，說有人勸他報警察局，但他考慮後，決定暫時沉默。他依然不失一個哲學家的風度。他承認，他妻子信上責備他的話，並不全錯。

『他臉色蒼白，神氣卻很冷靜。我覺得他似乎太冷靜了。這不是好兆。對這一類悲劇的任何過度哲學冷靜，寧是一種反常。』

『我們馬上去看他。』他站起來，拿起那頂寬邊黑呢帽，他的眼睛又一次輕掠過那朵黃萎的白色香炮花。

楊易像一隻餓了十幾天的瘦貓，頹喪的蜷縮在一隻破舊沙發裡。他的臉孔，本來就蒼白，現在更蒼白，像剛斷了氣的死人，又暫時復甦一樣。他已經七八天未剃鬍鬚了，它們是一叢野蒿，毛茸茸的，黑壓壓的，圍住他那兩片缺少血色的嘴唇，這就使他臉相更顯得兵荒馬亂。不過他臉上像被洗劫過，他屋子裡也像。這兩間古舊地下室，深深沉入大地腹部的，這時一片荒涼。油津津的，髒得黝黑的白色沙發套子，格吱格吱作老鼠叫的破舊椅子，亂倒在桌子的空藥瓶子，蓋子滾到地板上的茶壺，裡面積有三四天陳茶葉的茶杯，床上亂捲成一個法國麵包捲的被子，骯髒的褥單，污漬斑斑點點，像才出土的從棺材裡取出的霉黑裹屍殮布。室內到處散放著舊報紙，東一張，西一張。由天花板上掛下的電燈，灰灰煙煙，一片昏糊，許久未擦拭了，直似廚房裡的油煙電燈泡一樣。早上一大盆洗臉肥皂水，原封不動，放在桌上。一雙破皮鞋占據了屋子中央陣地，一隻鞋底朝天。幾本舊書，睡在靠床地板上，彷彿是夫婦爭吵時被扔下來的。這一切，加上一座霧城的幽黯黃昏，人們初來時，會把這裡當做一個剛發生謀殺案的舞台佈景。比舞台更舞台的，是主人那雙陰沉得發霉的眼睛，它們似乎二十年沒有見過太陽了。

目睹這幅畫面，印蒂才相信，此屋是真正失去女主人了，不管她是約克郡飼養出來的，還是重慶農場飼養出來的。男主人的姿態，使他回憶起當年林鬱出走S市以後的妮亞形相、神情，雖然他比後者沉著得多。

『我早就預感到這一切。』主人頹唐的道：『目前的生活方式，我早預感到，一個風暴將要出現。』夢魅似地喃喃：『也許，不僅這個風暴，還有更大更可怕的暴等待我。……船不服從舵，就要服從礁。』

『是單獨出走？還是被人引誘的。』印蒂問林鬱。

『據我們分析，她大約和那個話劇演員一道走了。他們回淪陷區去了，目的地是S市。據老楊說，過去在談話裡，不只一次，她說要到S市探望姑媽。經了解後，那個演員原籍S市。現在，她不可能回北平，那裡是她老家，她不能拋頭露面。』林鬱回憶著。『現在我明白了。老楊回故鄉那一陣子，她和演員一道在南溫泉玩，實際上就已發生不正常關係了。』

『她一直吵著要回北平，我沒有答應。……不管怎樣，我是中國人，我必須留在這裡。我不能回北平做偽官、當漢奸，即使失業、餓死，也要死在這裡。』

主人蒼白臉上泛出點酡紅。這幾句話，使印蒂很感動。他發現，這個徹底幻滅的哲學家，內心深處，還燃燒著最後一芒神聖火焰。他目前的悲劇，不能全由他個人負責。他正想著，又聽見主人的聲音：

『世界有多大，痛苦就有多大。海有多深，痛苦就有多深。人身上細胞有多少，痛苦就有多少。……當前，我們已不能用老式數學方式衡量痛苦了。必須發明一種新型數理學，才能算得清楚。』

主人突然站起來，揮揮手：『算了，算了。不提這個了。……我感謝你們好意。……可是，過去的過去了。……碗已經破了，何必老摸破片，摸了又有什麼用？……來，來，我們喝酒。』他走向廚房。『老婆沒有了，酒瓶還有。……老婆不陪我了，酒瓶還陪我！……哈哈哈哈。』

七

關於錢素煙的出走，友人們各有不同看法。

『就個人友誼說，我當然同情老楊處境，不過，往遠處，我並不為這件事感到惋惜。』慢慢的思索字句，韓慕韓哲學式的道：『瓶子是裝酒的，你一定要裝衣服，當然辦不到。樟木箱子是裝衣服的，你一定要裝酒，當然也辦不到。你一定要硬裝，瓶子會迸破，箱子會爛掉。楊易是一隻瓶子，只能裝酒，錢素煙是一隻樟子箱子，只能裝衣服。這兩樣東西，根本不應該攪在一起。因為，她一直希望丈夫完成樟木箱的任務，而丈夫卻殷盼她完成瓶子的使命。』他摸了摸額上腦門那塊光禿處。『也許，你早就明白：我為什麼倒向老楊慶賀他的妻子出走了。……自然，老楊必須忍受四周環境對這件事的反應。這是很痛苦的。』

說到這裡，他用韓國話喊了兩聲，一個中年女人登時從隔壁走出來，印蒂一眼認出，是他的妻子金翠波。

他用韓語吩咐她幾句，印蒂馬上理會，韓準備留他吃晚飯，要她去沽酒，並到館子裡叫幾色菜。

當他們用韓語談話時，印蒂又一次睜大他那雙強烈的大眼睛，仔細端詳女的，一點不錯，千真萬確，他對她的印象、仍和幾年前第一次一樣：這是他所見過的最醜的女人。現在她已三十幾歲了，一雙蛤蟆眼，戴一副老式眼鏡，發青的高高顴骨，似乎浮腫。她凹塌的鼻子，像被誰打過一拳，永遠坍扁了，有點像羅丹那尊著名雕像：崩鼻的人。她凸起的雷公嘴裡、有一排金牙，黃燜燜的。頭上是一大蓬燙過的頭髮，像捲毛獅子狗。她身材簡直像男子一般魁壯，卻又有點駝背。

不錯，她的形相仍像幾年前一樣，叫韓慕韓每一個朋友感到震驚，可以說，見一次，震驚一次。見十次，驚訝十次。幾年前，她生命中的青春火燄，還可以稍稍沖淡她的奇醜；目前，一入中年，再加上無數塵世風霜，她的醜陋分外凸出了。

韓慕韓聽見金翠波的下樓梯聲，對印蒂笑道：『我知道，你現在和我幾年前一樣，一定要說：我的妻子是世界上第一名醜女人。』

印蒂正想分辯，主人卻笑著道：『你不必解釋，我們是老朋友了。不只你，在何一個有眼睛的人——包括我自己在內，都會大聲說：這是地球上最醜的女人。』停了停，那雙鞭屍的眼睛陷入沉思中。『你一定會奇怪，像我這樣一個情感豐富的流浪者，為什麼會娶這樣一個女人？而且和她共同生活這樣久？你知道，二十年來，我有過不少羅曼史，我的胸膛，也貼過不少美麗少女的頭，我的雙臂，也曾擁抱過一些華艷的肉體和青春，為什麼，我終於選她做我最後的伴侶？而且，在法律上（不是在情感上），永遠忠實於我們的婚姻？』

『是的，幾年前在S市見第一面時，我就有點奇怪，不過，當時，你給我們解釋過了。你告訴我那個促成你們相識的故事。』

『是的，我曾把我們結合經過告訴你與鏡青。』他沉思道：『不過，那只是一方面，有關我們結合的一方面。……你知道，我從不相信命運，但我現在卻相信了。婚姻百分之九十是命。這也就是說，絕大部份靠機會。你不能走遍地球八十圈，遍選十億人，為了找尋你的妻子，你只能像畫眉鳥，喝那放在你籠子小盃內的一點水。假如你不這樣，像我這樣的人，卻去登徵婚廣告，人們就會把我當笑話了。』

接著，韓慕韓約略說明他的感想。

『一個革命者，本不宜過家庭生活。二十年前，我就發誓，把全部生命獻給祖國獨立事業，準備不結婚。但偶然的戀愛和肉體歡樂卻是另一回事。可是，總不結婚，做光棍也是個麻煩。據我知道，在山東時，中國部隊裡有一個中級軍官，他三十幾歲了，仍是獨身者。同事們全有妻室，見他三十六七歲未結婚，都把他當怪物。也有人認為他生殖器一定有毛病，到處宣揚，害得他不得不在寢室裡召集十幾個同僚，當眾脫下褲子給他們細看，讓他們觀察，驗收，他那話兒是不是健全如常人？這才闢清謠言。這以後，任何一個筵會，都有人替他做媒。壓力是這樣大，他不得不改變獨身計劃，否則，說不定什麼時候，他又要第二次第三次脫褲子當眾「闢謠」。一個人為了平平安安生活，不得不馬馬虎虎，好歹也算結個婚。』

他點起一支煙，一面吸，一面苦笑道：『我和金翠波結婚，一部分原因，在S市時你就已知道了，主要是由於道義感。』他噴著煙霧，大聲道：『另外的原因，則由於我漸漸相信婚姻的命運哲學。我認為，如果不娶她，娶另一個相貌較漂亮的妻子，也未必幸福。你知道，在生活方式上，我是十九世紀浪漫主義的信徒。我這種生活觀念，我現在這個妻子不會感到痛苦，如果換一個美麗點的，她就感到痛苦了。……老楊是個哲學家，但他既不了解命運，也不了解現實，更不能像我一樣，能絕對控制自己妻子。他使她痛苦。終於她溜走了。』

主人換了一支新煙，繼續慢慢道——聲音內充滿感喟：『不錯，正義感是好的，道義的熱情也是好的，但它們變成現實時，有時卻是一杯苦酒。不過，我比楊易幸運些。我這杯苦酒，並沒有釀成生活外形的悲劇，雖然內涵是痛苦的。楊易那杯苦酒，用辯證法的語言說，是將內涵的質的潛變，演化成生活外形的量的突變，終於家破人亡。』他沉思著。『婚後幾年，我才發現，她是一個個性古怪脾氣暴躁的女人，神經質得很。可能，因為從小受過一些刺激，和我結婚後，更經歷了許多驚濤駭浪，她這才有些變態了。抗戰期中，她的神經質發展得很厲害。我是一個軍人，必須打仗，隨時得準備交出生命，她卻怕極了，怕我隨時會死。這幾年，不斷受戰爭的精神折磨，她一個三十三四歲的女人，看上去卻像四十歲人。人一老，也更醜了。到重慶後，我把她放在土橋韓僑眷屬宿舍，不帶她出來，怕她會發作歇斯底里。當然，韓國同志會原諒她，但中國朋友不一定能諒解她。前些時，我送她入醫院，是因為她腸胃生病，大夫說，這種機能性腸胃病，與她嚴重的神經衰弱與神經病有關。……朋友們有時常責備我，為什麼不把妻子帶出來，總把她在鄉下關禁閉，我實在不得已。……不過，這一次，看樣子，我不得不把她帶到西安去了。』

『怎麼，你要到西安去？』

『嗯！就在最近動身，等一等，我會和你談這件事。』

韓慕韓深棕色的臉上，又一次流瀉出非洲熱帶人的熱情。他有點激動的站起來，急促的來回在室內走著。他那鐵柱子式的兩腿，依舊充沛著精力。他的巨蓬般的肺部，依舊像過去一樣昂挺。他眼瞠裡那雙帶點血絲的圓球，興奮的瞭望窗外遙遠處。他走著，走著，停下來，一手插腰，一手舞動著，大聲道：『你不到醫院，就不知道世界上有那麼多人害病，而且害的是各式各樣古怪的病。你不到警察局，就不知道這個世界有多麼多謀殺、強姦、通姦、捲逃、偷盜、綁架。當你走在都郵街或打銅街時，柏油馬路是那麼平坦、整潔，太陽光是那麼明亮，天空是那麼蔚藍，人們又那樣健康，你能想像得到：會有那麼多病人住醫院麼？會發生那麼多謀殺與盜竊、強姦和誘姦麼？』他吸了一口煙。『我發現左獅，楊易發現太太失蹤，你發現我太太有這樣一張奇醜的的臉，這對我們來說，都是不可想像的事，但又是青天白日下應有的事。』

韓繼續在室內來回踱著。『我再告訴你一件不可想像的事吧！我們韓國志願軍在西安的第一大隊隊長金炳輝，上星期被隊員謀殺了。昨天我們接到電報。對我個人說，這件大事，比上面那些事嚴重得多了，……。奔走好幾年，最近，志願軍總司令部總算有希望成立了，正想好好做點工作，可就發生這樣一件倒楣事。血還沒灑在日本鬼子身上，就先流在自己戰友身上。』

『這個謀殺案是不是有什麼背景呢？』印蒂關懷的問。他說不出的驚愕，過去，他曾聽韓說過，抗戰開始後，金炳輝所組織的韓國青年戰地工作隊，在前方做過不少工作，他是一個極有理想的熱血青年。正因為他們貢獻大，這一次才首先把他們改編成韓國志願軍第一大隊，作為基本隊伍。

『我們正在研究，未得到具體才料前，不好下結論。』他停下步子，憤恨的道：『敵人騙我們並不可恨，最可怕的是朋友也騙我們。猶大騙我們並不可怕，最可怕的，是耶穌也騙我們。這是什麼世界？這又是什麼革命？』語調非常沉痛。『印蒂，不瞞你說，想想現實，有時，我幾乎絕望得要發瘋。你才獲得一分愉快，馬上就有一百分痛苦壓倒你。你才前進一寸，馬上就又要倒退十步。魔鬼一刻也不放鬆你！想起這些年的流亡、奔走、戰鬥，乞丐式的看盡各式各樣面孔，我真不想活。好容易費盡幾噸心血，志願軍總算成立了，西安的鎗聲卻響了。自己最心腹的戰友的子彈，貫穿自己的心臟！天啊！這是什麼世界！』

本週內，他就動身赴西安，不只要調查這件事，也要料理善後。韓國臨時政府已委派他兼任第一大隊隊長。他們認為，除了他，沒有更合適的人能收拾那裡局面。

他握緊兩隻拳頭，睜大那雙伍子胥鞭屍味的充血眼睛道：『你知道，我這一生活著，只有一個目的，希望我是第一具倒在鴨綠江彼岸的屍首，再不，讓我戰死在江這邊，把我的死屍剁碎了、搗爛了，搓成肉丸子，一顆顆用彈弓射到江那邊，讓我的肉體終於躺在我的祖國土地上。』他的拳頭頹然鬆散了。『可是，目前我還不得不掙扎在絕望中，希望多一分，絕望也多一分，黑色的絕望從沒有離開過金色的希望。十幾年來，我是從荊棘滾到荊棘，從陷坑翻到陷坑。從我女人的寢室到這個臨時政府，從窗外這座山城到兩千里外的西安，無處不是荊棘、陷坑。人就得扮演受傷的野獸，永遠與充滿毒箭的陷阱打交道，唉！』

談到這裡，韓慕韓的妻子再度出現，她帶來酒與幾盤炒菜，放在一個長方形木製大托盤裡。她一直低下頭，彷彿不敢看她丈夫一眼。

八

對於錢素煙的出奔，黃幻華的看法，與這位韓國革命者不同。

『我認為，這件事，老楊要負很大責任。他成天泡在巴黎、柏林和維也納的回憶和幻想裡，黑格爾與哈特曼的哲學裡，他忘記了，這是山城重慶，到處是岩石，是坑坑窪窪。這裡有最新式的汽車，也有最原始的滑竿、轎子，這裡有最現代化的嘉陵賓館，也有竹籬笆剪剪貼貼綑綁起來的房子，一陣大風，一披屋頂會像一頂和尚帽子，從江南岸吹到江北岸。每次偶然睡在南岸友人那種竹樓上，我就擔心，自己會不會夜裡坐飛機，連人帶整個一座樓隨大風飛到浮圖關上。……』

黃幻華睜著那雙帶孩子氣的眼睛，瞅視來訪的印蒂。他那矮小身材，充滿陰氣的圓圓黑臉孔，配著暗淡狹窄的「井觀齋」，倒也調和。此刻，他停下那支翻譯希臘神話的筆，效法金聖嘆之類的評點派，替楊易這齣悲劇眉批夾註。

『老楊曾經告訴我這樣一個故事。一個留法多年的華僑，已在巴黎娶了法國妻子，十幾年沒有回國。有一年，他返故鄉青田，住不到十天，就走了。朋友們問他為什麼？他說：一看見我家裡的原配妻子，就生氣。她站也站不正，坐也坐不對，走也走不好，連遞一支香煙，端一杯茶，托一隻茶盤，都笨手笨腳，彷彿是一頭從未安裝過腦袋的動物，叫人討厭極了。

這時，我就想起我的巴黎妻子。她的風度、姿勢、儀態，她的聲音，一顰一笑，一舉一動，那真是有神有韻，有旋有律，一曲「陽春白雪」，我家鄉這個「結髮」，卻絕對是一闋「下里巴人」。我再住不下去，決定馬上儘快走。我原準備住兩個月的。老楊說，他現在的婚姻狀況，正是如此。他常常苦痛的回憶他在歐洲的女朋友。那時，他本有機會娶一個奧國小姐或法國小姐的。我聽了這段故事，當時就回答他：「分別了十幾年，你以為這個華僑的本鄉妻子、依舊愛他麼?或者，她仍能忍受他的那種生活習慣麼？」』

黃幻華的圓臉上，顯出一片諷刺的笑。『我把六年前你偶然告訴我的一個妓女的心腹話轉告他：「S埠歷屆最出風頭、最美麗的花國總統，她們真正的心上人，不是達官貴人、王孫公子，而是茶房、汽車夫、烏龜、龜爪子。她們厭惡那些最高貴的，甘心愛那些最下賤的。因為，只有在這些人的情感中，她們的心靈才真正起共鳴。……」我希望你把這段經驗當做永遠的警告。』他帶孩子氣的眼睛，變得嚴肅起來。『他沒有接受這個警告。結果，他所輕視的女人，卻首先回報他以更大的蔑視。……他的那些黑格爾、喀爾喀迦，絲毫沒有幫助他挽回什麼。也不可能幫助他拯救家庭幸福。』

談到這裡，蒼白瘦弱的高芰走進來，後面跟著男孩黃玻羅，這位「井觀齋」女主人在找一件針線活計。她靜靜打開一個抽屜，找出一條灰色舊長褲，和一塊灰色舊布，又悄悄的帶著孩子，低頭走出去了。她彷彿永遠沒有聲音，沒有動作，是一朵比深山蘭花更蘭味的小白花。

主人黧色圓臉上，洋溢一片溫柔，他用憐惜的目光，伴送她瘦弱的背影。『我的妻子，學歷還不如錢素煙，她中學並沒有畢業，但我並沒有從她身上看出「這也不是，那也不是」。我並不因為她不懂納蕤思神話而感到不幸福。我也不因為她缺少關於叔本華的知識而感遺憾。在這個缺少陽光的「井觀齋」，我從她身上卻享受了不少真實的陽光、溫暖。』

『錢素煙不能和高芝比。高芝不會扮演那個殘忍的古代女人，叫你陪演亞格曼農王』印蒂不得不替楊易辯解幾句。

主人正想回答，一陣砲彈式的爆炸聲，又從後門響起來。這一次，客人不需要主人扮演清代樸學家，替它們考證訓詁了。他和主人一樣，很熟悉這一類爆炸的性質和規模。他知道：那個蘇北丈母娘，又為雞鴨們的糾紛向鄰舍老太婆宣戰了。

黃幻華皺皺眉頭。

『這是我現在生活裡唯一的苦惱火山。它一爆發，我一切幾乎全被炸光。當我正沉浸在賽克斯與亞克安妮的故事裡時，後門口加農炮彈爆炸了。這個戰場，和歐亞洲兩大戰場一樣可怖。』停了停，嘆息起來：『有什麼辦法呢？……我們永遠不甘心的卻又合情合理的忍受一切我們所不能忍受的。只因為我們愛甲，必須和甲共同生活，而乙又是甲的必然共同生活者，我們就不得不為合情合理的愛甲，而不甘心的忍受可怕的乙。每一粒金子總和塵沙混成一片。每一朵山茶花都與泥土纏在一起。也許我們運氣好，可以使塵沙從金子分開，我們卻永不能叫山茶花不帶泥土。插在瓶子裡的花，總是最短命的。』主人在深思中，慢慢道：『世界上最可怕最麻煩的，不是毒蛇猛獸，而是灰塵。你看不見它，它卻無時不在找你。雨有形，雪有形，霜有形，灰塵常常幾乎無形的落。不經意中，你滿地滿桌滿茶几滿書架儘是灰塵。不管你抹過幾百幾千次，它們仍是頑強的佔有你室內空間。不管你掃多少次，地板上仍是灰塵。……我的老丈母娘的糾紛，正是這些灰塵。不管你化多少心血，希望相安無事，她總有那麼多的糾紛，無窮無盡的糾葛，為雞，為鴨，為貓狗，為老鼠，為孩子，為高芰，為我，為鄰居，甚至為風霜雨露。一陣風把她晾竿上的手絹吹落了，她要吵鬧一通（以為是鄰舍孩子碰掉了）。雨把她竹竿上褲子打濕了，她也要嚕嗦一陣。露水把她曬在外面的鞋子沾濕了，她也絮聒一番（她不怪自己晚上忘記收回來，卻想到別人不照顧她）。她對她的嘴巴的態度，簡直是資本家對付機器的態度，每天假如不是二十四小時開動馬達，絕不稱心如願。然而，我……』他搖搖頭。『印蒂，我真想不到我活到有一天，竟會常常化一筆很大精力，來專門與一個比石頭還頑固的老太婆打交道，那幾乎等於打石子戰。好在我是沒有什麼雄心的人了。要不，我真要天天演發怒的火雞，非發瘋不可。』

正要說下去，後門口戰區，已擴大到外面穿堂，炮彈聲幾乎就對準「井觀齋」轟了。印蒂聽見高芰勸解的聲音。但壓倒一切的，卻是那片尖銳而發嗄的蘇北口音，完全在學金少山唱「黑頭」。

『憑什麼你的雞要偷吃我家的雞糠呀?我的糠是我化錢買的,水是我拎了拌的,雞不通人性,難道人也不通人性?你怎麼不好好管住你的雞呀?看看!這後院子裡,穿堂裡,到處是雞屎,你家從來沒摸過掃帚柄。人走上去,滿鞋底都是屎。臭死了!我六十六歲老婆子,還替你們天天掃雞屎,喪德啊!再說,大前天看見雞跳到我家桌上啄飯吃,你一聲不響,是什麼居心呀!人家養母雞為生蛋,你們偏偏養公雞,閹也不閹,天天起三更就叫魂,吵得人覺也不能睡。叫你們早上把雞遲點放出來,不要跑到人家房門口大叫,偏一早就放,什麼雞要「早睡早起透透新鮮空氣呀」!什麼「雞要這樣才身體好呀」!哼,你家要公雞身體好,透空氣,就不想想人家早上被吵得六神不安,七佛出世,人家身體怎麼會好呀!你怎不把公雞送到療養院,讓牠好好休養,去透空氣、電療、曬日光浴,那才真是十全十美,㑚他媽媽的!療養院裡的空氣頂好。真是刮刮叫!』

聽到這裡,黃幻華實在聽不下去了,他又想笑,又笑不出。他皺皺眉尖,站起來,走出房門。但不久,印蒂馬上聽出:那個江北金少山的「黑頭」,唱得更響了,另外,一個四川老太婆的爆炸響音,也和她成正比例,忽高忽低,共同合演一闋「黑頭二重唱」,愈唱愈起勁。

不久,這「二重唱」又變成「三重唱」。那是說,為了制止這場院子裡的「咯拉咯」火山爆發，井觀齋主人不得扮演金少山，勒令他的老岳母「下旗歸國」了。

九

楊易的悲劇，對莊隱猶如救火車的一片「噹噹噹」銅鈴聲，使他又一次醒覺，發現自己腳下空間是一片峭壁懸崖邊。若再走下一步，就是吃人的千尺深淵。他開始感到，這次在山城重逢司徒玉螭，以及她的誘惑性的形相，對他正是這樣一座黑暗深淵，它不只可能給他芳香與肉味，也可能叫他粉骨碎身，至少是靈魂粉骨碎身。

不管最新式的斯蒂別克汽車奔馳得怎樣快，一切世事，似仍受那個最古老的字所安排，「命」！他想不到，在這裡多霧城市裡，會重遇司徒玉螭，更不想到，她再度變成卓文君，特別最最叫他做夢也想不到的是：這個三十二歲的女人，到現在還沒有忘記他。

這回押運一卡車私貨，重臨山城，他本以為也和上次一樣，僅僅能與幾舊友再聚一次。想不到，六、七年前那根偶然飄過他視覺的紅絲，會再次閃顯在他面前。她竟然再次新寡，承繼了大商人後夫的可觀財產，和孩子們在一起，過著闊太太生活。

假如他被喻綠影吸引，是由於西北沙漠的突出炎熱，和因炎熱而起的一種奇渴，那種幾乎比沙漠本身還要粗獷的奇渴，那麼，司徒玉螭對他的磁場作用，則由於山城太濃厚的大霧，以及比霧還迷濛的回憶。他沒有忘記，六、七年前，當他準備拈鬮選擇配偶時，這個嶺南女人差點變成他的妻子。在瀰瀰迷霧中，人與人，特別是男人與女人的關係，變得特別複雜、糾纏。他蒞臨這裡後，才相信一位「老重慶」的友人的話：『在這個城市裡，本地女人中，很少有真正處女。』

如果一個少女還為迷霧所苦，不得不向外衝，那麼，一個死過兩個丈夫的女人想往外衝，就更天經地義，更容易被人同情了。「同情」是一個偉大音樂家，能彈出最崇高的聲音，也能演奏最可怕的曲子。老於江湖的莊隱，深深明瞭這個。他一直努力抑制自己。自從，在一次宴會上偶然邂逅她後，他就一篙到底，直覺的預測到一些風浪。同時，他也想起喻綠影的影子、曾帶給管曉菡的噩夢。這個世界沒有權利專讓善良的人做噩夢，他沒有權利做噩夢工廠的經理。不管司徒一次又一次的向他伸出雪白的手，他只是冷靜的禮貌的握著，保持紳士的適當距離。他知道，只要把這隻白玉的手多握一秒鐘，他就得付出比白玉更大的代價。他接受她的款待，慇懃，以至煙、酒、茶點，豐餐，但除了這些，他不能接受更多的了。他一再警告自己，只要他稍稍心軟一次，再多走一步，一個巨大陷阱就在等待他。

楊易的家庭悲劇，又一次刺激他，使他不得不站在這一深淵面前，對它作一次長久凝望。

這次再來重慶，由於種種瓜葛，也由於他宿命的軟弱，在她那間雅緻客廳內，他曾與她共消磨幾個下午和黃昏，但他儘可能不與她同留在夜裡。一瞥見夜色，像鼹鼠發現毒蛇，他就悄悄遁去。

『你明白麼？我們的友誼，只能到此為止。再往前走一步，就是深淵。』在一次近黃昏的落日光中，他們並坐在一隻長長綠色沙發上。他矚視她梳成宮扇形的濃濃黑髮，她強烈化粧過的豔臉，低低的說，聲音只他們兩聽見。

『我並沒有要求你跳深淵呀！』她媚惑的望著他。她那雙充滿風情的烏黑眸子，閃射一片幾乎是地獄氣味的火燄。『我自己是三個孩子的母親，我完全明白有兩個孩子的父親的心情。……我只要求你的友誼，對一個孤伶女人的永恒友誼。此外，我別無他求。』停了一下，她機智的笑起來。『自然，假如七年前你拈鬮的結果，拈到的是我，不是管小姐，那是另一回事了。』她熱烈的望著他，有點誘惑的向他微微撒嬌：『對麼，你說？』

『不，那次婚姻，最終並不是拈鬮決定的。那不過是偶然的戲言。』

『戲言也好，真意也好，反正，我有機會能知道這件事，我就有權利承擔它激起的浪花，不管它將使我淹沒在湖裡、江裡或海裡，對不對？』

『這個女人真是可怕。只要一有機會，她就舉起鐵箸，撥弄火盆裡的餘薪，彷彿只有這樣，她才能顯示和她在一起的生命意義。』他想。

正是這樣，幾乎從她所有話裡，莊隱全能在過去灰燼中感到強烈餘火，而且，她總歡喜不時拿火箸悄悄撥弄。每當她撥一時，她一再感到她熱烘烘的紅唇——它們是特意為他塗得猩猩紅紅的。他更感到她燒灼的黑眼睛流火四射。年華並沒有遮蓋它們內層的熔岩，南國女人所特有的那種熔岩。她的初入中年的婦人氣息的胴體，雖然微微鬆弛，仍很結實緊湊。她保養得極好。她富裕的生活，使她能從容不斷灌溉栽培她肉體的花樹。要想抵抗這些猩紅、流火、花樹，一個人是需要堅強決心的。

在女人面前，他常常缺少這份堅強。在他看來，它寧是一種殘忍。不過，他的某種恐懼，卻促成他產生這份決心。他恐懼管曉菡會變成紀紅尼第二。再往壞一點想，他又想起路珊的悲慘故事，他曾聽見黃幻華談過它。再說，他既已毫不回頭，離開喻綠影，斬斷那最後一寸藕斷絲連，為什麼又重新陷入司徒玉螭的八卦蛛絲？……他想起和那條綠色影子的最後一次會面，後者滿臉淚水，滿身抽搐、顫動，這些並沒有叫他改變原來決定，因為它們反使他聯想起另一張更痛苦的臉，更抽搐的身子。從歷史與現實角度看，後一張臉孔更有理由說服他維持原來決定。

『請原諒我吧！幸福總是水上萍錢，必須接受命運風颸的聲音。我們總算幸福過了，應該滿足了。……』他安慰懷裡那條顫動女體。

『……』

回憶這一切時，莊隱不禁想，難道幾個月或一年後，就要我重演這痛苦的一幕麼！……還是從開始、根本就不吹啟幕哨子好。

他又想起來重慶前的紀紅尼的聲音和形相。

紀紅尼現在有點精神失常了，像一頭被獵人追捕得太緊的小鹿。

大半年來，黃幻華一直留渝不歸，信件也少。她一個人，孤伶伶的，呆在冷清清大屋子裡，簡直不知怎樣生活下去才好。去年冬天，她孤獨的在醫院生下一個女孩子。出院一個月後，她就有點精神失常，似乎受了重大刺激。她太年輕，新生的嬰兒仍不能填補她內心的空虛。這次，知道莊隱將赴渝，她特別趕到他家裡，歇斯底里式的嚎哭著：

『我求求你！求你和他好好談一次。我不是壞女人，他為什麼把我孤苦伶仃的扔在一邊，叫我守活寡。為什麼他老不回來？又不讓我到重慶？我犯了什麼罪？我是他妻子，不是他仇人，為什麼我不能和他在一起生活呀？他為什麼扔下我呀！他既愛過獨身生活，為什麼當初和我結婚？那麼大冷天，我孤鬼一樣，在醫院裡獨自生孩子，一個貼心親人都沒有。虧得鄭先生好，要荔紋姐姐來照料我，否則，真是毫無辦法，那太慘了！想想看，這是我們第一個孩子！孩子沒有罪，她為什麼不能和爸爸在一起？我的父母早已死了，可是我丈夫並沒有死，他為什麼要我繼續做孤兒？我從小就是孤兒，是姨媽把我領大的。她們都在河南淪陷區。我為了參加抗戰，才隨一個救亡演劇隊來西安。除了隊裡一些舊同事，我在這裡沒有一個親人。結婚以後，他反對我工作，要我做家庭婦女，部隊裡的舊同事，也和我漸漸疏遠了。現在，他扔下我，要我做孤兒不算，還要他的第一個孩子做孤兒。除了每月寄點生活費來，附一封短信，此外再看不見他的信。短信內也沒有一句親熱的話，好像公文信。我求求你。求你求求他，我再受不住了。我是人，我不是一塊石頭。就是石頭，也受不了這一切啊！唉！我是這樣無依無靠，成月成日，孤鬼游魂一樣。除了四面牆壁，再看不見別的東西。這是什麼日子啊！我真要發瘋了！我畢竟才二十幾歲，不是個老太婆！』

此外，她還托他帶一封信給范惟實，信上是一片絕望的呼籲。

范惟實看完信，聽了莊隱敘述，決定不久和後者同回西北。他馬上函告紀紅尼這一決定。

『唉！到底是女人。』他嘆息著，挪了挪鼻樑上的無邊眼鏡的夾白金腿子。『為什麼男人能過孤獨生活，女人不能呢？』

『你並不孤獨，你有一大堆朋友，包括幾個女朋友。紅尼倒真是沙漠裡的女尼。除了仰觀堅硬天花板，俯視堅硬地板外，什麼也看不見。』

『你有時也離開管小姐出遠門呀！』范又一次挪了挪夾白金的眼鏡架子。

『我們結婚七年了，你們還不到一年，我來重慶是跑單幫，做生意，為吃一口飯，你──』

『我在這裡是蒐集資料，做學術研究。我那個機關同意我來的。』范搶著道。

『你在西安，也可以做研究工作，不一定非住在重慶不可。這是她感到不安的主要原因。她弄不清楚，你在這裡，究竟搞些什麼？』停了停，用右手掠了掠他那溜光的頭髮。『你忘記了，婚後，你很不聰明的、曾向她透露過一些過去的吉卜賽私生活。正是你這類生活，才叫她現在感到恐怖。你錯把一個正派北方姑娘當做S市那些浪漫蒂克的女人了。』

他勸告范：一個有妻子的人，想再版七年前在S埠的巴比倫生活，哪怕是極有限度的，也不能持續很久，除非他宣布與家庭決裂。

『楊易的悲劇、叫我想起做人的危險。幾年來，楊易總算憩在家裡，沒有得罪任何人，卻得罪了自己妻子。儘管我們厭惡這個社會，我們仍得活在它的建築機構內。拿我這點買賣說，也要靠一些社會關係的混凝土結合起來，否則，華達貿易行招牌就掛不出，我的買賣也做不成。假如我的家庭也上演楊易的悲劇，那麼，至少，至少，這些混凝土的一部份，就會拒絕支持我。然而，假如人們像佘良弼一樣，永遠偷偷摸摸，專借別人妻子肚皮，為人類傳宗接代（或者，像某些女人專借別人妻子的丈夫的生殖器生兒子），那是另一回事。社會重視的，是那一層禮貌的帷幕，並不重視幕後所演的一切。社會寧願你偷偷摸摸姦淫，卻不同意你公開和一個有夫之婦在街頭散步。你如果連這層帷幕都揭掉，那就是公開對社會宣戰。因為，每個人在幕後都有一套黑把戲，你公開揭掉任一層帷幕，就不啻直接威脅所有幕後的黑色生命，黑色把戲。』長嘆一口氣，他清秀臉上的額部皺紋，分外凸出來，他短小玲瓏的身子，似乎更短了一點。『算了，老朋友，還是安份點好。我們只該老老實實，喝十萬年前上帝早已派定給我們的那碗水。』

范惟實應和著老友的嘆息，他白色眼鏡後面的小眼睛，溢滿憂鬱，他一向慣愛嘻嘻哈哈的白淨面孔，第一次這樣陰沉。他黯然道：

『你們以為我真歡喜這個山城麼？』他搖搖頭。『在這裡，一切是反常的。冬季該是寒冷的，這裡卻悶熱。沒有冰，沒有雪，幾乎也沒有太陽。永遠是那灰濛濛濕漉漉的霧。霧像夏天孩子們竹竿上捕蟬的黏餌，黏在每一片頭髮上，每一隻耳朵上，每一副臉頰上，每一條肉體上。每個人變成霧的一部分。我們看的是霧，聽的是霧，說的不是話，也是霧。有時霧消失了，卻颳起狂風，會把一整個竹泥屋頂颳走，於是人們赤裸裸睡在大風裡，借用一個晉朝狂人的話，真正「以天宇為屋頂」了。

『沒有一樣是安定的。一陣大風既然能把你的山間竹舍吹得無影無蹤，只剩下一個赤條條的你，那麼，除了你的眼睛、鼻子、耳朵與肉體，一切都不能在大風中保險。就連你的肉體，有時也會不屬於你。歐陽孚就是一個例子，像大風颳屋子一樣，他也無緣無故，被颳走了。

『在水上，同樣不安定。兩股大江，永遠在格鬥、肉搏。漲水時節，短短幾十丈江面，木船要走一個多鐘頭。常常的，一隻小木船在一陣泡漩水中轉陀螺，轉著轉著，沉到江底。江裡還馳騁一股擺尾水，能把一隻輪船擺翻到江底。兩江交接處，又洶湧出一片「夾堰水」，一些小木船有時被夾成碎片。船上，人並不把這一切歸咎於大自然的暴力，卻責備船夫不虔誠，船上不供奉水老鼠。更可怕的是，一些船翻了，搭客落到水裡，另一些船，卻爭著撈漂浮在江面上的箱籠行李，眼看落水者活活淹死。最惡劣的是，偶然還有船夫用大竹篙子打沉一兩顆浮在江面上的人頭，他怕他們遇救，會索回自己箱籠什物。……這一切，和我在武漢碼頭上所看到的一模一樣。

『在這個可怕山城裡，陸地上也有各式各樣的「泡漩水」、「擺尾水」，「夾堰水」。你像一條船，隨時會沉沒。城是小的，卻像小孩子要吃和大人一樣多的飯，硬把胃囊撐大，變成「胃擴張」。這個小城硬塞了一百多萬人，它也患「胃擴張」症。為了治胃病，一些天然的或人工的「泡漩水」和「夾堰水」，正好起醫療作用，好叫胃囊變得更自然些。

『我並不喜歡這個城市，這個陰陽怪氣的城市。在我看來，這裡所有的人都是半陰半陽的。……當然，現在正進行抗戰。為了這個神聖名詞，我們得忍受我們所不願忍受的。』

范惟實燃了一支煙，又遞給莊隱一支。『我們永遠生活在我們不喜歡的事物中。我們永遠追求我們不歡喜的東西。我結婚，我來山城，都是如此。』深深吸了幾口煙。『現在，我才想起天遐說過的幾句話，那些話很深刻。』提高聲音，下結論似地道：『話語從你嘴裡出來。鳥聲從他耳裡進去。二氧化碳從你鼻孔裡呼出。藍天白雲從他眼睛裡進入。咖啡從喉管裡流入。糞便從肛門裡排出。蒼蠅找月亮花。夏蟬找榆柳。紅熱的果子找大地。太陽找空間。……並不是非從嘴裡出話，非從耳裡進鳥聲不可。也不是果子非找大地，太陽非找空間不可。但話語既不能從肛門內出來，糞便也不能從鼻孔裡排出，熟透了的果子不能墜入天空，太陽也不能輻射在非空間中。這樣，我們只好暫時用嘴出話，用耳朵進鳥聲，用鼻子噴二氧化碳，用眼睛透視藍天白雲。同樣，我們暫時給孩子尿布唱讚美詩，替黃臉婆畫唯美派的畫，我們得住沒有花的屋子，走沒有水的流沙，曬沒有蔭蓋的太陽。我結婚，我來山城，我現在又重回西北，今後，也許又追找我所不歡喜的其他物，這一切，都由於這一種暫時無可奈何。因為，我是范惟實，范惟實終於必須在這個世界上做點什麼，這才能稱做范惟實。』

隨著老友的聲音，莊隱臉孔也愈益陰沉了，他喃喃道：『二氧化碳也好，鳥聲果子也好，藍天白雲也好，糞便尿布也好，一切的終點，只有一個：死亡與腐爛。左獅追求崇高的生命，結局仍是死，而且死得比一般人痛苦。楊易不想追求什麼，結局還是家破人亡。此刻，在這個國家，千千萬萬人也在家破人亡，在痛苦掙扎。在你的應該平靜的家裡，在我的應該平靜的家裡，在許多應該平靜的家裡，由於人們不安現狀，依舊不斷平地起風波。這場戰爭，離希望和勝利那麼近了，卻又飄起新的陰暗雲彩。天知道，這個地球將變成什麼！一片灰燼？一片廢墟？而緊接這一場殘殺後果，是不是又一場新的相互殘殺？……我們是渺小的，我們只該暫時牢守著十萬年前上帝派給我們喝的那碗水。……啊！歸去吧！歸去吧！讓我們依舊沉入西北的寂寞流沙中吧！』

十

一個深夜，十點鐘左右、林鬱約印蒂夜談。十六、七年前，在廣州，七八年前，在杭州、在S埠，他們常常夜談。於最深最深的夜，整個世界似沉入海底，他們倆像是海底永恒和平裡的唯一生命，他們的聲音，是宇宙間僅有的音籟。這時，他們感到極迷人的靈魂激盪，極詩情的想像的飛翔、與鞦韆般的起伏旋迴。即使是談地球上最大的痛苦，它也像鞦韆架上的波浪舞蕩，美麗而又毫不帶任何傷害意味。

林鬱剛從醫院回來，一整天，他陪陳雨，後者正待產。她肉體上的騷動、疼痛與感受也傳染給他。彷佛遭遇一場魔術，他不僅在形式上陪她，他腹內似乎也確實有那麼一個胎兒，在不斷折騰他。當她不斷呻吟時，他差點也發出痛楚的聲音。現在，即使回到空寂的小客廳，他的心情也不安極了。只有和老友印蒂沉沒在夜話中，他才能略略穩定精神的騷亂。

他從書架上取下一瓶原封舶來品威士忌，它那不整齊的多面形大瓶子，顯得很時髦。這是一個同事從外國帶來送他的。才一打開瓶塞，一股奇香，就立刻撲鼻，喝到嘴裡，倒沒有那麼香了。他們一面喝酒，一面吸芳香的駱駝牌煙，佐以大盤的廣東香腸，與雲南宣威火腿。起先，他們邊喝邊談，談了一陣子，主人領客人到附近一條幽深弄堂中，那兒有一副餛飩擔子。據林說，它的鮮肉、蝦皮餛飩，是這一帶出名的夜點，一些享受夜生活的人，都受它的引誘。紅紅的火光，熱熱的蒸汽，青色的瀰漫柴煙，滾沸的水聲，餛飩的香味，有韻律的素樸的梆子聲，以及這個攤販的花白鬍鬚，弓形身態，這一切，都是深夜裡頗有力的蠱惑。

他們一面吃美味餛飩，一面繼續談天。吃完了，嘴裡帶著餛飩餘香，又回到住處，繼續喝酒、談話。這時已快十一點了。

這一陣吃喝與談話，似乎漸漸緩和了主人一整天的緊張及煩惱。他臉上陰暗的色彩，稍稍沖淡了。現在，他的談話，已帶點回憶風格了。

『女人真是世界上最痛苦的動物，從我妻子這一次生產，我深深感到這一點，她在病床上已經翻滾了一天一夜，吼叫了二十四小時，但孩子仍沒有出來。看她那種痛苦樣子，她差點想一拳頭把整個世界打碎，我幾乎比她還要痛苦。我不知道怎樣才好。有生以來，第一次，我是如此感到自己是個低能兒。』他凹陷的幽邃眼睛帶沉思意味。『上帝給予我們歡樂，卻又給予我們痛苦，這痛苦卻又讓女人單獨承擔，我實在向她抱歉。』

『沒有歡樂，沒有痛苦，怎麼有新的生命呢？』印蒂說：『在最高歡樂中，我們給予種子，在最高痛苦中，種子又結成果實，掙扎著離開母體。』

『你知道，今夜我為什麼找你來夜談？』

印蒂默默望著他的臉孔，用沉默表示自己的回答。

『說來也許有點自私。』主人黝黑臉色上，顯出一片神秘。『你知道麼？六年來，這幾乎是我第一次，又回到真正孤獨裡，回到「我」自己。』他噴了一口煙。『以前和妮亞在一起，因為她忙於庸俗事務與應酬，我常常能保持孤獨的時間，和絕對讓個體佔有的空間。陳雨卻不同。我是她整個世界。六年來，她很少允許我單獨一個留在家裡，特別是在這樣的深夜。』他喝了一口酒。『當她正在痛苦中掙扎時，我卻作這樣冷靜的分析，這是自私的。但「男女宇宙」的真實畫面，正是如此。從今夜起，至少還有七八個夜晚，我得孤獨。』

『你害怕這種孤獨麼？』

『不，我和你一樣，很喜歡孤獨。目前過家庭生活，我是在盡義務，並不是滿足自己的特殊嗜好。我天生是一個流浪者，吉卜賽人，寧願獨自流浪。陰錯陽差，由於許多糾葛，竟使我過起正式家庭生活，這是我少年時想不到的。』喝了口酒。『今夜，第一次發現自己又孤獨後，我簡直不知道怎樣才好。彷彿一隻鳥，多年囚禁後，第一次又偶然長飛到籠外了。我對籠外的一切，那最寬廣的神天空，似乎已有點陌生了。……我找你來陪我，就為了應付這份過度自由的茫然感。』

『我倒寧願你安安靜靜蹲在舊籠子裡。』印蒂冷靜的說：『自由是一個很美麗的名詞，但真正的自由，卻不一定是很舒服的事，更不是一件容易事。要別人給他負責慣了的人，和給別人負責慣了的人，一旦真正要替自己負責，那倒是一件艱難的事。當然，你曾經是一隻雲雀，一隻兀鷹，但既然被命運長久陳列在動物園裡，大鐵籠中，翅膀的飛翔力也就大受影響，甚至損害。生命，要改變本來自然習慣，並不是一件輕而易舉的事，儘管你有驚人的洞透力，比任何人都明白這點。』

『也許是這樣。』主人沉思道。『也許不是這樣。』噴吐出一大片藍煙。『飛翔是鳥的本能。任何一隻鳥，只要讓它飛，總可以飛翔的。關鍵不在這個。』

『關鍵在哪裡呢？』

『關鍵是籠外有真正的天空麼？守候在籠外的，是藍天、白雲、玫瑰花和鬱金香呢？還是巨大的烏雲、風暴、死亡，與茫茫黑夜？』臉孔顯出點苦痛。『左獅的飛翔經驗，是最好的回答。他是最堅決的飛翔者，沿著「理想」那條航線，從廣州飛到印緬大森林，他最後的天空，終於仍是「懺悔」。這並不是什麼新的天空，這是最陳舊的天空。你是另一型態的更堅強的飛翔者，你最後的天空又是什麼呢？現在，你不仍縮在斗室裡，為我那個出版社大舞筆桿，編纂什麼「希特勒私生活」，為了換幾斗平價米？楊易的妻子是出走了。老韓的革命隊伍裡，糾紛重重。黃幻華則不得不與一個蘇北老太婆糾纏不清，他的天空只剩下雞鴨貓狗。莊隱和惟實又剩下些什麼呢！除了女人的脂粉與眼淚？』深深吸了口煙。『看看這一圈人，我對籠外的興趣，一天比一天淡了。假如千辛萬苦，拚死拚活搶來的，仍不過是死亡與腐爛，倒不如安安靜靜在籠子裡坐等腐爛好。』

正談著，一陣叫門聲忽然響起來。

是宿舍裡工友老陳的聲音。『林秘書！外面有一位老先生要會你。』

林鬱感到詫異。『在這樣深夜，有誰會來找我？』

他驚訝的喃喃著，卻隨工友下樓了。

一刻鐘後，當他再度出現時，黝黑臉孔一片蒼白，幽邃的眼睛裡帶了點恐怖。還沒有等印蒂開口，他就大聲道：

『楊易發瘋了，他父親接到他婚變的信，剛從鄉下來不幾天，今晚，他就突然瘋了。……他父親要我馬上去一趟，幫忙想法送他到醫院。正好你在這裡，我們一道去吧。』

印蒂聽了，問也不再問，登時拿起那頂寬邊黑呢帽。

在路上，未踏上人力車之前，白髮蒼蒼的楊耿光老先生，又補充了一些事實真象。他從鄉間來棗子嵐埡後，就發現兒子有點神經失常。起先，他以為遭受刺激太深，過幾天，會慢慢好轉的。想不到今晚睡覺後，楊易忽然從床上跳下來，亂蹦亂鬧、亂喊、亂說，完全瘋了。

抵達楊家，林和印發覺：楊易的情形，比他們所想像的，稍稍要緩和些。一個鄰居正在陪他。他已經不再亂蹦亂跳了，反而直瞪瞪的，呆望著他們，嘴邊不斷吐白沫，不時仍在胡言亂語。

兩星期不見，印蒂幾乎不認識這位老友了。他那花旦型的蒼白臉孔，白得像就要火葬的死人，雙頰有點浮腫、鐵青。他的嘴唇，一片灰白色，近似黑煤燒盡後的白色灰燼。他的頭髮是一叢亂稻草，直直的豎著。最可怕的、是他的雙眼，它們並不是人眼睛，而是一種奇異的半透明半不透明的玻璃球，這兩隻圓球，木然不動，像已僵化了幾百年；有時，它們發光，卻不是肉體的光，而是石頭或礦物的光，光亮得叫人恐怖；它們陰慘慘的盯視來客，其實又不是真正凝視，他似在看他們，卻又沒有真看見他們。他在瞪視無物，——那最空虛的空虛。

他們聽見他沙嗄的尖銳聲音，幾乎是魔鬼乾嚎，嚎音裡，不時雜著獰人的笑聲。

『啊，馬德里！馬德里！我的馬德里！我的西班牙姑娘，給我唱一支歌呀，……啊！外面六弦琴響了！維也納姑娘，唱呀！……啊！維也納，柏林，巴黎，莫尼黑！黑啤酒，白啤酒，紅啤酒，黃啤酒……哈哈哈哈！哈哈哈哈哈……宇宙絕對，實體就是理念。……啊，無，也是有。……物自體，馬赫主義！哈德曼，維也納的魔笛，……地獄沙龍……哈哈哈哈！哈哈哈哈！……錢素煙是我的外祖母！我的祖母……啊！我要吃苦頭！……我要喝紅海，我要喝德國啤酒！……啊！酒！酒！酒！酒！……花間一壺酒！……滾！滾！滾！……什麼形而上學！滾！滾！滾！什麼先驗邏輯！共相！……什麼柏拉圖！滾！滾！滾！世界！世界！給我滾！……宇宙，給我滾！……你們都給我滾！……我要到嘉陵江摸魚去！……我要釣魚去！給我魚桿呀！……百無禁忌！……我要去釣魚！……哈哈哈哈哈……哈哈哈哈！』

印蒂把楊耿光拖到門外，悄悄道：『我看，他這是一時神經錯亂，還不算真瘋，如果完全瘋了，他說話還要亂。……我看他話語裡還有點邏輯系統。……』安慰老人。『你不要急，我們先送他到醫院，掛急診號。也許，注射一針鎮靜樂，再服一點安眠藥，讓他好好睡覺，明天可能會好些。』沉吟一下。『他今晚沒有喝酒吧？』

『沒有。我來了以後，這幾天，一直禁止他喝酒，怕他出事。想不到——』老人淚水已經溢出眼眶了。

『不要急！不要急！』

『我要去釣魚！……哈哈哈哈！到兩路口釣魚去。街上魚多得很！哈哈哈哈！……我是姜太公！』

印蒂走過去，笑著道：『老楊，我們釣魚去，我們到兩路口釣魚去！』他從天井內找了一根晾衣服的小竹竿。『哪，這是釣魚竿，我們一同釣魚去！』

楊易眼膛內的玻璃球，似乎稍稍有點轉動了。他大聲道：

『釣魚去，……我要喝慕尼黑啤酒！我要釣魚！……啊！我的慕尼黑！……』

『好的，我們去喝慕尼黑啤酒！……我們去釣魚！……去！去！就去！』

他和林鬱兩個，像攙扶一個算命瞎子，攙扶他走出去。他一路走，一路直叫著釣魚，喝啤酒。老人流著眼淚，跟在後面。

這時，正是山城午夜十二點半。附近不知哪裡，從一副餛飩擔子上，又敲出那素樸的沉重的有韻味有節奏的梆子聲，它似乎是這片深夜的唯一發言人，代表四周茫茫黑夜，演奏那最原始也最寂寞的沉痛聲音。

印蒂跨一匹大白馬，從塗山腳直奔南天門（註一）。他必須騎一匹原始生命的巨大軀體，他必須從最低處衝到最高處，由人間低地飛到那象徵性的天堂最高處，這才能稍稍平靜他心底那股洶湧暗流。

十一

暗潮瀦集很久了。自他最後一次走出教堂大門，第一次踏入這片山城後，它就在堆聚，醞釀，激盪。現在，它突然漲滿，高高上昇，險峻的奔騰著，把它從現實最低地直衝到最高處大氣流中。不管這個宇宙目前怎樣混亂，至少，讓他獨自又一次，再騰入赤道無風帶，或者極地東風帶，也算是一份無上安慰，甚至陶醉。啊！仁慈的上帝！讓他再一次擺脫人間的地溫變化，溫度曲線，和那些化學溼度，露點溼度，毛髮溼度吧！他渴望飛！飛！飛！亙古不息的飛！飛到兜率天，恒星天，水晶天，飛往「幸福的玫瑰」（註二）！

然而，他沒有翅膀。他的手臂不是翅膀。他的頭髮不是鳥翼。他的眉毛不是鵬羽。他的兩腳不是巨翮。他只能騎這匹大白馬，讓四隻鐵蹄暫變成緩慢的羽翼，暫扮演神話上的大白馬，把他馱到南天門。

這是一條幽僻山路，乘馬者平日極少經過。它的千層石級，多本為妙智禪寺修築，便利那些香客朝山。現在，另有一條直通黃桷椏的上山大道，比這條嶮巇山徑容易走多了，而由黃桷椏來妙智禪寺，也很方便，這樣，此路便冷落了。印蒂策馬上昇，一路未見他人，自覺像一個古代朝貢者，有點像孤獨的由青海玉樹一直朝拜到西藏拉薩。

那大白馬不是爬山，是騰雲駕霧。要把他載到諸神所在地——宇宙最高的永恒宮殿。這宏偉的石蹬道，最後長段幾百級，是最險直最陡峭的一節。巨大空間杳無人跡，連鳥翅也難得看見一片。兩旁古木蓊鬱，一望碧綠，石級上，青苔重疊，野草叢生。他一級級往上躋登，假如馬蹄下的岩石代表時間本體，那麼他就彷彿一個現代人一級級攀登古意穠郁的唐代，或漢代。在舊時代，一個人常能永遠佔有一個山峰，甚至，一整個宇宙。

抵達山頂，好一會，瘦瘦的本地馬伕才氣咻咻出現。他付清馬資，把馬交還牠的主人，目送他瘦小的背影消失在通黃桷椏的一條山道上。

他又一次站在山峰頂際。不遠的後山上，叢林掩映處，是宏壯的妙智禪寺。靠左山脊上，屹立一座望亭，去年，他們曾在那裡聚會野餐過。

獷麗的滾滾長江，再度袒裸在眼底。那是一片偉大的黃銅色肉體，日夜流動的肉體，野蠻的肉體。就在它壯豔的擁抱中，在那樹葉子形空間，他的生命又有三百葉隨它的萬千煙霧消失了。在這片巨大樹葉上（註三），一百多萬顆心臟正跳動著，而四萬萬五千萬聲脈搏正應和它的震顫。這是整個亞洲大陸光明血液循環的核心。無日無夜，它的左心房、右心室正輸送出萬萬千千滴血液。可是，他似乎並不感覺自己也屬於這偉大的循環系統。或者，他曾屬於它，現在卻被割開了。同樣，他也不屬於遠在西北的另一個小型循環系統。可能，他屬於另一個新的循環系，它此刻還沒有正式誕生，或許，它如果運氣好，將由他這一類人催促誕生。

他目前的悲劇，正由於他不屬於亞洲大陸任一核心血液循環系統。他不能從它們取得任何血液營養。他只能艱苦的替自己創造新的血液、新的營養。

他身前身後，盡是起伏山巒。左側峰嶂是一匹奔馬，右邊峻嶺是一條神龍，它們奔湧出一大片巨綠，飽滿的鴨綠，脹裂的碧綠。從這派龐大綠海中，他看出生命脹裂的苦痛。一株株黃桷樹，像非洲女人，粗獷的赤裸出一切：它們的呼吸、氣息、思想、光色和明暗，希望與痛楚。另一些老槲樹、古槐樹，也伸出絕望的手臂，表現一片壓抑的姿勢，假如牠們有聲音，一定像地獄煉火一樣可怕。至少，他此刻視覺、嗅覺、聽覺裡，它們是如此。那麼枯老的杈椏、枝條，簡直是沉痛的符號，悲劇的標誌。幾隻偶然掠過的山雀，睜大瘋人的眼睛，窺望他，他似乎聽見牠們的聲音。那不是鳥聲，是含血的嘆息。這正是暮春，峰頂鳥雀都在詛咒著，山巒卻瀰漫一片沉默的悲哀。一切光影、彩色、香味，也浸透末日感。南天門並沒有諸神，也沒有「幸福者的玫瑰」，它只是一種矗立高空的絕望的象徵。

他矚視大江、山城，萬千縷青煙的繚繞——他沉思起來。

已經走得無法再走了，他仍得走。已經靜得無法再靜了，他仍得靜。已經沉得無法再沉了，他仍得沉。已經想得無法再想了，他仍得想。已經飛得無法再飛了，他仍得飛。

也許，他太個人了，就讓他「個人」吧！也許，他太宇宙了，就讓他「宇宙」吧！他並不是故意這樣的。有什麼在他血液裡煎滾、洶湧、騰驤、澎湃，叫他變成海，無邊無際，無涯無涘，有時滿潮，有時退潮，有時海嘯，有時夢幻，有時帆檣如林，有時連一片白鷗翅膀都沒有。他是他的。他必須是他，不是你，不是我，他不是蝴蝶、甲蟲，更不是蛇蝎、獅虎、霧花風月。二十年來，他就是這樣子，他必須完成他的樣子——印蒂型。地球上一切火山必須熔化在印蒂型裡。不管烽火怎樣紅，炮火怎樣熱，通過印蒂型，它們才能在他靈魂裡永遠熄滅。否則，它們將永恒燃燒，甚至人類苦痛也要永恒燃燒，在他血液中。他不只要拯救自己精神大森林裡目前這片大火，他還得嚴肅探索、嘗試、學習，拯救今後千萬年無窮無盡的重複大火，成為千千萬萬拯救者之一個。

幾千年來，人類太沉浸於火光了。歷史上，火災太多了，也越燒越大，越燒越久了。假如永遠這樣重複下去，地球將被整個燒毀，幾兆生命將變成一片灰燼。假如他還是「人」，是地球上的一個生命，他必須試著找尋那最深最沉的，那最永恒最堅固的銅牆鐵壁，好不再流血的撲滅一切未來地球大火災——那場綿延了幾千年的大火災。以火止火，總不是辦法。

然而，他能走的，已經走盡了。現在，這裡是空寂的南天門，四周是絕望的山嶺，頭上是暗淡的天空，腳下是茫茫大江。江的臂彎裡，是一座霧城，裊繞著萬千青煙，像一隻香爐。這一切沒有什麼可給予他的。他也沒有什麼要求於它們的。

萬萬千千人在流血、掙扎，他卻寂寞的坐在南天門大岩石上。

他為什麼像古羅馬貴族，坐在「世界」這座鬥獸場的高高看台上，看人類相互格鬥。人們在非洲打，在西西里打，在伏爾加河邊打，在黃河邊打，他為什麼高高坐在南天門頂，看山、看水、看雲看霧？人們在波蘭原野裡滴血，在緬甸叢林中滴血，他為什麼這樣冷靜的躋登一座寂寞山峰，追求一團空無？藍色地中海已變成猩紅血海，宏美的雅典古神廟圓柱畔，已躺滿屍首，他為什麼從無邊無際高空水晶天裡探尋那永恒的實在？在波蘭威斯康辛集中營內，人的肉體不斷化為空氣，裊成一片焦臭的青煙，他現在為什麼還呆呆坐著，看山城裡一縷縷青色炊煙冉冉上昇？他是血？是肉？是體積？是思想？是石頭？是灰燼？是幽靈？還是影子？

也許，正因為羅馬第伯河變色了，他才追求一條永恒純潔的河道。正因為雅典神廟充滿腥臭了，他才渴望樹立新的伊奧尼克圓柱。正因為利比亞沙漠在出血，阿拉伯海在滴血，他才探索不滴血的純粹空間。正因為地球已變成一座千古不變的鬥獸場，他才渴望未來人類興建不再發酵野獸氣味的新廣場。現在，他並不是看台上的觀眾，他是萬千歷史種子之一粒，舊生命中千萬新嫩芽之一莖。他必須使埋在地底下的一切觀念，極緩慢的冒出地面。未來的生命枝條，必須伸展入一片不再由血編織的新時間。他的果實必須掛在另一頁歷史的枝頭。地球必須開始一個毫不帶血的新紀元。這個四千年不斷流血的星球，是太老太重覆了。

常常的，一個露瀰瀰的聲音，魚樣的似在他耳邊響，再忍一會吧！那怕再忍一星期、一天、一小時，你多少年來所找尋的，可能就會像一隻鳳凰，自動飛展出現。你為什麼一定要如此焦渴？如此不安呢？千萬人不睡得很美，你為什麼總在夜裡睜大眼睛，從午夜睜到黎明？你有什麼理由，要比別人多挑一百斤苦痛擔子，好像這個世界永遠是淒父慘子、孤兒寡婦？只要你多忍耐一點、多安份一點，這個宇宙不永遠花花朵朵？鮮鮮彩彩？大地不永遠玫瑰極了？女人的眼睛，不永遠眼睛你的眼睛？她們薔薇花的嘴，不隨時會嘴你的嘴？啊！太陽是放射情慾的，星星是噴散情慾的，你為什麼不追隨情慾，像帆船追隨海風海浪？啊！偉人們從早撒謊到晚，由春天撒謊到秋天，小人物的你，為什麼不能從清晨五點撒謊到午夜十二點？由秋天撒謊到冬天？啊！石頭是哲學家的肉體，石頭是他們的血液，為什麼石頭不是你的肉體和血液？啊！地球既是朝野暮獸，一花一朵，一草一石，無不帶獸味，集野獸之大成，你為什麼不讓自己靈魂也集野獸之大成？啊！忍耐一點吧！哪怕再忍一星期、一天、一小時，你將捕獲你永恒的鳳凰。你必須靜靜坐在明窗淨几邊，或者投入戰爭烽火中，社會現實泥沼最深處，來等待你的鳳凰。這美麗的理想鳥，永遠是只能等待，不能捕捉的。

這個神秘聲音是蠱惑的，他雙手掩住耳朵，不敢再聽下去。他寧願自己靈魂深處流出另外的聲音。

我既找了二十三年，就該繼續找下去。我的青春已消失在找尋上，中春和老春（假如有的話），也該投擲在沙漠印跡裡。白天，我必須比別人流更多的眼淚；黑夜，我必須比人醒更多的醒，睜更多次更大的眼睛。我必須淋血滴肉的找，找。代替找那些熟透的肉體，我必須找另一些熟透了的東西，那些比秋季果子更紅更圓更香的果實。代替找現實榮譽，人世財富，戰場上的勳章，我必須找那司芬克斯式的謎底，歷史心靈的最後和平。我絕不能參加歷史的翻版工作，我絕不能跟著別人製造無窮的「重複」。我絕不能集野獸之大成。我要試探集玫瑰之大成，集太陽之大成。不管世界怎樣幻變，忽黃、忽黑、忽灰、忽褐、忽藍，我必須刻意捕捉那最潔白的，最最恒久的色素。啊！我必須找到那樣一與時間與空間，在那片時空裡，光從窗外來，光從海上來，光從天上來，光從一切萬物來，全宇宙一片光明，我自己就是光明。我就是一切光明發射基地之一。

啊，主，你既不能給我以光、以圓，我只有再一次回到自己和我的兄弟中，我從我和他們中間尋找光的泉源。啊！主，你曾參加創造這個宇宙，你卻不能叫這個「我」變成幸福現象，化成一片寧靜——只有幸福才能叫我寧靜。啊，主！人類生命有多少，痛苦就有多少。你卻不能改變這一切，說一聲：人類生命有多少，幸福就有多少。夏季，太陽光下面，泥土可以成熟，堅實，我們的幸福卻沒有真正成熟過，我們的青春也沒有真正堅實過。它們總是隨每一次風向日變而黃萎，隨每一個氣壓梯度而碎裂。即使在最獷熱的溽暑，我們的心靈也永遠遭遇各式各樣的冰冷，輻射冷卻、接觸冷卻、混合冷卻、動力冷卻。常常的，從我們嘴裡發出的聲音，每一分鐘都面臨傳聲反常。而我們的生活，無時無刻，不是舉行一次地獄加冕禮。

啊，地球是可怕的，充滿形形式式獰惡的氣壓氣旋，楔形高壓，鞍形低壓，V形氣旋，熱帶氣旋，渦動逆溫，下降逆溫。整個大氣的重量是一切最可怖的重壓。我們恒久活在大陸雷雨與海洋雷雨中。海不斷破裂，大陸無休止爆炸，人們渴望把地殼炸破，讓地腹漸已熄滅的溶岩火，再度燃燒，衝出，叫地球再變成一團原始火光，最後燒成一片永恒黑暗。

啊，我們每一個人在凝望我們的原始祖先，他們的命運是史前大冰期和野獸叢苑。在我們與他們之前，一切時間距離似乎早沒有了。我們就是他們。他們就是我們。他們在古代所扮演的一切，將在我們身上複演一遍。

也許，一座凱旋門就在眼前，它將結束一切痛苦。也許，這場戰爭會結束一切戰爭。在我們有生的日子，將不再有一滴血從動脈管破裂處滾出來。可是，我抖顫，我恐懼，這座凱旋門是不是一場更大失敗的開始？這一場流血，是不是一場更大的流血的序幕？是什麼一種預感叫我深感：這個大陸上，將有更多的動脈管被割破？更多的胸膛變成子彈洞窟？更多的頭顱變成碎片？

黑色的凶鳥陰險的翱翔，它唱著更多的喪歌，和黑色預言。啊！明天！——這不是太陽昇起的明天，這將是太陽永恒沉落的明天。

我必須赤足奔走。我必須孤獨找尋。我必須讓我的靈魂安靜，叫我的血流寧謐。必須是那樣一個宇宙：蜂放蜜前，不再放刺，熱帶海洋氣團不再形成熱雷雨，海不再開裂，大陸不再爆炸，黑暗不再一桶桶傾潑出來，燒窯不再有痛苦的泥土，時間不再崩潰，太陽不再噴灑毒汁。一切煤塊的憤怒，將永遠熄滅。花永遠紅。果子永遠熟。我的心永遠心萬千人的心。萬千人的靈魂，將永遠靈魂我的靈魂。

超於這一切的，是一個熟透了的未來人生真理。

啊，主！萬能的主！如果這個宇宙真有一個萬的主，我願再一次匍匐在你腳下，在你面前起誓，我必須找到這一切。而高於一切的是：我必須探索到人生真理。

不管它在哪裡，我一定追求它，像太陽追逐大地、月亮跟大海。

是的，這是最後的道路，也是唯一的道路。

印蒂從岩石上站起來，隔著一片綠色竹林，向妙智禪寺望去。他不是瞄望一座梵宇，是隔一片大海，凝視彼岸：大海那邊的一個夢，一個新的美夢。

不由自主，慢慢慢慢的，他轉身往前踱去，向那座雄偉的廟宇走去。

註一：「南天門」是神話傳說中的天堂入門處。

註二：「幸福者的玫瑰」，是但丁「神曲」所描寫的天堂最高一層，僅次於上帝所居處。

註三：重慶地形如樹葉，在長江嘉陵江之間，古人賦詩，有「僂江片葉浮圖開」之句，「浮圖」指「浮圖關」，從兩路口進去，可直達。

第十一章

一

唄默。一炷香又一炷香。一縷煙霧又一縷煙霧。藍色的煙篆，靜靜的渦卷的煙篆。比雲彩更輕更輕的煙篆。他們的禪默，正是這一篆又一篆青煙，在氤氳，裊繞、昇騰、旋轉，如無聲雲彩，如幽寂蘭花馥芳。他們結跏趺坐，雙腿盤疊蟠曲如紫籐根株，兩手放在膝前，兩臂作圓形如大佛輪，雙眼深閉，是兩扇永遠敲不開的秘密門，重重扃鎖。

這是一些肉體的臉，和你臉我臉一樣，屬於人類的臉。有的圓如月環，有的方如畫框，有的矩形如窗，有的橢圓如橄欖，有的是聖誕紅的葉子，有的是哈密瓜，有的是紫葡萄，有的是山核桃，有的是羊腳爪，有的是山楂片。在這一百七十幾副不同臉上，有一個相同神秘色素：噤默——比海更深的嘆默，比山更高的梵默，隨梵默而披拂的那派禪味，是他們複雜形體上的唯一共同旋律，也是他們靈魂標題音樂的同一標題。

這片北冰洋式的大海默中，他們肉體，似比青色煙篆更輕更輕，他們的生命形相，彷彿比思想更縹緲更縹緲。他們有思想麼？他們有意識型態麼？他們的心臟輸送血液麼？他們的肺葉在擴張與收縮麼？假如有，假如在，他們為什麼比海底永恒寧默更沉默？這簡直是一座座趺坐的石雕，不，是粒粒露珠連串起來的透明輕盈的浮雕：露珠雕。不，是雨雕、煙雕、星光雕，假如煙霧雨露星光也是一種雕塑材料。

他們究竟幹什麼？想什麼？要什麼？

他們把自己囚禁於一片深深關閉的空間，這座禪堂的門，永遠扃閤。在這片死寂空間，唯一的生命是靜默，獨一的聲音，是那一篆又一篆青煙，僅有的光明，是那炷線香的一星金紅。他們正與青煙交語？是什麼促使他們這樣？是哪一片潮水，哪一朵朝霞，哪一脈山嵐，哪一輪月光，哪一陣清風，哪一叢樹影，突然授意他們，把自己禁閉在這裡？瘞藏於無邊無限的淵默中？他們在找什麼？找一種最翳潛的薰香？最沉色沉彩的煙蘊？最窖埋的金石聲？還是找一種最神秘的高空結構？一個比喚雨鳩更滿溢詩情的窔奧存在？還是找宇宙的永恒涵數——它比月亮更白，比太陽更紅，比非洲麝香更芬芳，他們究竟在找什麼？

這三百多隻眼睛是望？是不望？望自己肉體，還是望永恒時間？眼簾內是一片黑暗？一片光明？這一百幾十顆心，是在心你的心？心我的心？心萬有宇宙的心？還是心無何有之心？他們的靈魂，是靈自己的靈？還是靈菩提樹的靈？他們的肉體，是光海水的光？還是光天堂的光？他們的血，是血自己心臟唧筒的血？還是血沙漠太陽的血？他們的夜是在夜？他們的日是在日？朝霞在霞？月亮在亮？這是怎樣的一些手臂？胴體？眉毛？赤裸裸圓溜溜的頭？這是怎樣的一些聽覺？觸覺？嗅覺？視覺？這又是怎樣的花花葉葉？色色彩彩？雲雲霧霧？山山水水？

他們是在用眼睛以外的另一種視覺，透視那幻昇的兜率天？他們另有一套視神經、水晶體、虹膜、網膜、鞏膜，穿過碧霄以上的碧霄，直達西天瑤池，或但丁的「幸福的玫瑰」？他們是在用思想叩擊天堂最後一重門，像夏夜無數彩色蛾子叩擊燈火？他們是在用肉體抱吻那最純粹的空間？他們是用交感神經、體溫調節中樞、體內氧化作用、內分泌，用蕈狀乳突、巴西尼氏小體、松果體與甲狀腺，用一切肉體空間和感覺來突擊那原始真空間？他們是用嗅毛、支柱細胞、味蕾觸小體、瞼板腺、透明液、鼓膜、腦脊髓、肺泡、血液循環，來衝擊那幾萬萬萬年以前？他們是在空中找那無色無臭不活動的氣體原質——靈魂的氬？還是尋那特殊的氧，能燃燒一切過去、現在與未來的？還是探索那極稀有的氦——神秘的飄浮於宇宙高空的？他們真正透視到麼？洞穿了麼？突擊著麼？找尋到麼？衝過去了嗎？

唄默。永恒唄默。芳香的玄默。煙霧的蟬默。青色的禪默。藍色的蟬默。渦卷的玄默。雲彩的謐默。秘密的梵默。那永恒的答語是永恒梵默。一片偉大的靜默，從禪堂中央那座佛龕中瀰漫開來，自金色的毘盧佛的光輝裡流溢出來，形成一片寧寂的海洋。海洋的源頭，是三千年前大雪山下的一棵菩提樹。它不是植物，是一種液體，一種聖潔泉水，流過帕米爾高原，流過塔克拉馬干大沙漠，流過玉門關，經無數流沙河流、山岳、平原，現在，把一部分支流儲匯於這座華西大佛寺的大禪堂內，又包圍著這一百七十幾條生命——灰色的趺坐僧人。

這一百七十幾個參禪灰衣僧中，靠東一張禪床上，雁著一個洋溢青春氣息的中年人。他有一副傲岸而端整的鼻樑，一副嚴肅的嘴，一片淡咖啡色的臉頰，一個魁梧結實的身軀，肩膀寬闊，胸膛飽滿。他像其他僧人一樣，結跏趺坐，雙腿盤疊，蟠曲如古籐根株，兩手放在膝上，雙目深閉，像兩座千古深淵，但即使他一千年不睜開眼睛，人們一眼就辨認出，他是印蒂。

他是那樣深深的靜穆，一種極透明的梵靜，簡直像一座月光雕像的化身，假如月光也是一種雕料的話。

二

印蒂皈依寶光寺，已三個多月了。他毅然踏入這座華西最大古剎，在他朋友心目中，是個意外，對他自己，卻完全是意料中事。

這以前，他曾在重慶南岸妙智禪寺剃度為僧。

一隻果子，擁風、抱雨，密吻太陽、月光，飽餐露珠、星光、大氣、朝霞，某一個黃，昏終於不得不熟爛、墜落。他遁入空間，皈依妙智禪寺，也正是一隻果子的熟透了的墜落。既然落，就不管落下去的空間是泥土，還是草叢，是流水，還是岩石。當方丈圓明用香頭在他腦門上燒灼第一顆戒疤時，他所感到的，不是痛苦，而是果子落地時的自然。

這根香頭未燒前，他曾考慮過許多白天和黑夜。他深深明白，一當這支香頭燃燒後，不，只要他一跨過那條劃分檻外檻內的高高門檻後，不管他以後經歷怎樣變化，也不管這種變化對檻內空間會起怎樣巨大影響，有一件事可以肯定的是：他將永遠喪失過去的「他」。更重要的是：他是在作一場極可怕的新冒險。可能、他將獲得人生真理；可能、獲得真理後，他會從根否定那些建築真理的基礎磚石，實際上，也就是完全毀滅真理。更可能、他將睜著一雙殘酷的眼睛，冷冰冰的凝望他曾極珍貴的一切事物。這種事在許多書冊上，在好些例子上，他聽過，也見到：一個有血有肉的熱烘烘的人，如何變成一塊巖石，用最高的蔑視，來看待生命中最美麗的東西。經過這樣天翻地覆巨變，一個人將徹底不再認識自己，所有過去千絲萬縷，將化為灰燼。這場冒險，比潛入海底摸取珍珠者更充滿危機。你終於得到珍珠，但大海卻吞沒你，或者，至少、鱆魚會咬斷你的四肢。也許，你又回到海面，但不再有人認識你，以及你的珍珠。

印蒂完全預感這條門檻內的嚴重事物，它不只能變相毀滅他的肉體或靈魂，更可怕的是，它將完全毀滅他的出發點。那樣他一生辛苦追求，在旁觀者看來，可能會變成一齣離奇的喜劇，一個笑料。雖然它對他自己卻另有一種華嚴，一種最智慧的浣滌。

再則，這一次皈依，和過去若干次不同，他並非毫無保留的交出自己一切。嚴格說來，他寧祇獻出百分之九十的虔誠，而不是百分之百。一半由於理性，一半的一半由於感慨，一半的另一半，則由於想保留一點點他心深處那朵長期不透明的雲彩。他深刻明白，歸根結柢，他目前所踏入的，是一座古老的精神建築，一千多年來，它基本上沒有太大變化，儘管歷史本身在演進，在說明：現代人的視覺與呼吸，對於這類建築的光線感受和空氣感受，已表現更大更深的敏感。要他完全像一千多年前古人一樣，百分之百接受它，除非他自己也徹底變成古人。不過，目前，這百分之十的暗雲，並不妨礙另外百分之九十的明亮。他相信，經過時間的微妙變化，以及他獨特的感覺調節機能，百分之十也能化成一片透明。再說，偶然幾天陰雨，並不妨礙一夏季雲彩的明亮。也許這正是人生真理本身的一種試煉，必須不時接受那最折磨最痛苦的，然後，它才把處女貞操完全交給你。

一切比他所想的、容易的多。一切又比他所想的，困難得多。前者是起點情形，後者是中途及終點狀況。多少年來，他見過不少寺廟，也讀過一些經卷，自以為對佛教有相當了解。其實，那只是皮毛的皮毛。此刻，他入妙智禪寺，剃度兩個月後，他才開始明白，活了這麼多年，他對佛教似乎毫無所知。

方丈圓明法師替他接法後，搖晃著瘦削腦袋，微笑道：

『我看，你的法名不必另起了，只要稍稍改一下就行。把「印蒂」的「帝」字改為「諦」，這樣就很好了。你就叫印諦吧！』

方丈年約四十開外，出家已二十年，曾在寶光寺住過七年，後來，轉此寺任知客，七年前，妙覺法師圓寂，把衣缽傳給他。四川各大廟宇，與長江下游寺院一樣，有一個牢不可破的傳統。一切大小禪寺，方丈必須曾經禪修於下列幾座大寺，就是：「上有文殊、寶光，下有金山、天寧、昊明、天童、西天目」。這正像美國大小軍官，必須出身於西點。這七座古剎，多的有一千年歷史，少的也有幾百年，稱得上國內禪宗權威。至於一般人熟知的靈隱禪寺等等，名氣雖大，在佛教中，地位其實並不高，只能算是小廟。這妙智禪寺，屬於小廟中的小廟，只有三十幾個僧人，但在傳授衣缽這件大事上，仍然墨守禪門傳統。圓明年紀並不大，學問也只有高中程度，對佛教經典，造詣膚淺，只因為他在寶光住過七年，加上善於交際、手腕靈活，與一些施主檀樾地方官紳慇勤聯絡，因而，在三十六歲時，就當上本寺方丈。每座廟有每座廟的群眾背景，這就是大施主、大檀樾，和地方上某些歡喜跑跑寺廟消遣的官紳。假如沒有這批群眾與靠山撐持，單靠上一屆老方丈推荐，還不一定能算數。

印蒂入寺一月後，才弄明白，妙智禪寺只能算「應酬門庭」，像杭州靈隱一樣，專門應酬地方頭面人物和一般遊客，替一些施主檀樾做做佛事。這種點綴風景區的寺廟，根本談不上用功、修行。只有上面列舉的那七大禪寺，才名副其實，尊為「生死門庭」，是真正用功參禪的叢林。

環境能改變一座廟的性質，也能改變一個人的性格。也許，圓明法師曾經用功修練過，但在目前的印蒂眼裡，與其稱他是法師，不如說他是外交家——外交和尚。後者對達官貴人、富商大賈的非份阿諛的神態，說不出的使他反感。

特別叫他失望的是，這個廟宇，其實比一般人家更嘈雜熱鬧。佛事很多，放燄口、五方燄口、血湖、普佛、大供、供天、大夜課、唸大悲懺、藥師懺、淨土懺、梁皇懺、金剛經、藥師經、地藏經，等等。堂幔輝煌，照亭華麗，綢彩耀目，繡花燈燦爛，燈火梵香，吹吹打打，熱鬧得像唱戲。最叫他不能忍受的是：有些巨商替信佛的老母做壽，在廟裡請客，一請就是十桌二十桌素席，喝酒猜拳，大喊大叫，簡直把廟裡清淨土變成一個大酒飯館。飯後則七八桌麻將，禪房於是化為賭場。也有些大官在城內玩膩了，到這裡住幾天，招呼三朋四友，湊一桌麻將，或者打沙蟹，鬧得一佛出世，二佛昇天。

這並不是「出家」，倒是更深的「在家」，而且簡直像住在戲院裡、飯館內、旅館中、賭場裡。

他承認，這是一片特殊地理環境的產物。僅僅在七八年前，這個大城市還被軍閥魔掌主宰，連每個小排長，都有一兩個姨太太。妙智禪寺處在這種地獄邊緣，當然也沾上地獄氣息。現在，雖說抗戰了，新的政治力量移植進來，但舊的色彩仍留存大量沉澱物，不是一時能澄清得了的。也許，比起許多年前，它還算經過一番大大革新呢！

方丈圓明把他收做徒弟，許他剃度出家，也有他自己打算。他把印蒂當作一個充滿好奇心的文人，一個天真的居士。替這樣一位學者「接法」，等於替自己替廟宇做宣傳，無形中為自己增加一些社會資本。更何況印蒂皈依後，自己除了私蓄外，每月仍有一些版稅收入（那是他一年來辛苦筆耕的收穫），他不只不要廟裡負擔絲毫費用，有時，倒不斷捐給廟裡一些錢。這樣，圓明便對他另眼看待了。除了早晚兩堂功課，別的時間，印蒂可以自由支配。他可以讀經，可以參禪，可以出去走動，也可以做別的。不過，實際上，印蒂並不能全部支配自己時間，方丈把他當作一個宣傳品，常常要他陪客、交際，應酬一般施主、檀樾、富商、大賈。假如遇到幾個能吟詩作文的大官光臨了，更專門指定印蒂出去接待。圓明直把他看做本寺一粒明珠，不斷炫耀。漸漸的，他覺得自己不是來潛修勝業，倒變成一隻極度招搖的孔雀了。

一齣最莊嚴的宗教劇，竟演成一場最低級的滑稽戲。一切完全出於意料之外。印蒂幾乎被弄得不知所措，哭笑不得。兩個多月過去了，他不僅一點沒有使自己更深沉的靜下來，反而比未出家前更忙更亂了。

一個偶然發現，助長他的決定。

那是一個仲夏下午，難得佛事很少，遊人與香客也少，他偷閒想披閱大慧普覺禪師語錄。

方丈圓明那裡有一部藏經，是哈同花園版本，他打算去借。這個版本，雖然編排有點紊亂，標點有些錯誤，文字也刪節，甚至印錯一些字，但在目前，仍不失為一套完整的藏經。他向通方丈室的甬道走去。無意中，他發現甬道中的一扇木門，平常據說是釘死了的，這時卻活動起來。仔細看，門上有司必靈鎖眼，他試了一串自己的鑰匙，其中一把居然把它開開了。這哪是釘死了的門？門內又是一條長長甬道，彎彎曲曲，盡頭處是一座小佛殿，供一尊觀音菩薩。他入寺數月，從未發現這麼一個地方，也沒有聽方丈他們提過它。他考慮一下，是否應該繼續往前走？但好奇心卻引誘他向前走去。靠這佛殿東邊，另有一座月門，他推開了，是一個小小天井，佈置了一些假山石與盆景，靠裡面仍有一扇月門。輕輕推開門，門內出現一片精緻的小小花園。園的後門深閉。這時，他心裡再次發生疑竇，不知道應不應該再往前進。但他終於鼓起勇氣，推開門。他立刻看見一排三間、極美麗的幽室，室外是一座小小庭園，幽室正中一間，是一個小小佛殿，供奉著多子觀音。從幽室的西間，卻透出一些談笑聲。房門緊緊關閉。白色絲絨窗帘靜靜垂下來，從外面幾乎一點看不見裡面景象。

現在，他第一次相信外面一些傳說，一個大寺廟裡，常有一些秘密的精緻房間，在那裡，發生一些充滿浪漫意味的故事。

他的心「卜通卜通」跳著。悄悄的，他從門縫向室內張了張，他不禁駭了一跳。他看見知客弘定和維如玄智，正陪著兩個中年女人喝酒取笑。她們衣著瑰豔，裝束入時，顯然是兩位闊太太。他沒有看清楚桌上的菜肴是葷是素，一股怒火竟從心底燔熾燃燒起來，可他一聲不響，馬上又退出來。

這知客弘定和維如玄智，年紀都約三十幾歲，相貌清秀，平常舉止全有點輕佻，印蒂一向看不順眼。

退出來時，才踅過觀音佛殿，回到甬道上，迎面碰見執事靜雲，後者圓睜山羊大眼睛，怔怔瞅著他，神色說不出的驚訝。印蒂理也不理，逕自撞開那扇本以為被釘死的木門，走出去了。

當天做完晚飯功課後，方丈圓明突然出現在印蒂禪房內。他白白胖胖的圓臉上，充滿愧色。入寺剃度以來，印蒂第一次聽見別人稱他「先生」。

『印先生，我們這裡廟小，不能成就善知識，可也不能埋沒大器根。你天資非凡，委實是真想用功修行，了卻生死，我介紹你到華西寶光去，那裡，你一定能如願以償。』

方丈圓明　那雙深沉鷹眼，不斷盯在印蒂臉上。他略略介紹寶光禪寺情形，接著道：『排號時，他們問你，是誰要你來的?你千萬不要說是我，那樣，他們就不收了，你應該說：「我自願來的。」切記切記。』

印蒂聽了，有好一會，答不出話，他只用那雙深邃而強烈的大眼睛，反望那雙鷹眼，彷佛在諦視一雙離奇的物體。

後來，印蒂才明白：圓明原來計劃，想經過一番長期而周密的拉攏，引誘印蒂和他沆瀣一氣，好為這座寺廟打開一個更大的局面。但印蒂過早發現那座被釘死的木門，逼使方丈不得不採取壯士斷腕的決定。

三

印蒂踏入寶光寺，接觸到華西禪寺的權威空間，平生第一次，他才算真正窺見東方佛教堂奧。

妙智禪寺的庸俗、低級，遠出於他意料，但寶光禪寺的莊嚴、肅穆，直像軍隊一樣嚴峻，更遠出於他意料。

寶光寺僧人的生活，和一般人常見的廟宇生活，完全不同。這裡的修行參禪者，可以說是一種靜的機器。雖然他們也有動作，那只像一隻摩凡多手錶齒輪的轉動，最輕微的轂旋，為了維持錶的生命。他們一百七十個參禪僧人，正是一百幾十隻手錶或掛鐘，一舉一動，一行一止，都極度規律、準確。可以說，他們比錶更錶，比鐘更鐘。因為，他們的主要動作——「跑香」，只是生命的裝飾，最多也不過是活動活動血脈，並不是真正生命本體。他們的生命本體是「坐香」——趺坐——是靜。

深夜，兩點半，飄颺鉛灰色僧衣的「夜巡」，就敲起香板，托——托——托——三聲，於是，火頭師飯頭師起來燒開水。片刻後，又敲第四板，所有僧人便起床。一年三百六十日，日日如此，一生幾十年，年年如此。

印蒂屬於參禪僧，起身稍遲，約在五點左右。他們爬下禪床時，天色仍漆黑一片。他們齊聚室外，借天空最後星光或殘月，開始盥洗。一隻大木盆內，注滿清水，每人拿手巾蘸水，洗把臉，接著就「嚼楊枝」。盆中浸滿楊柳枝，他們剪取一小節，以牙齒細嚼，嚼碎了，像牙刷，便用來刷牙，飲盆中水漱口，刷後仍掉，下次取用時，再剪一節。這是印度傳來的僧俗。楊枝是印度式的僧人牙刷，又叫「齒木」。平日，於規定時間內，由維如諦雲領導，他們集體折楊柳條，剪下枝子，剝去葉子，浸入清水內，以備應用。這種楊枝，既乾淨，又清香無比，也有人聯想到觀世音手裡所執的楊枝，一種聖潔的象徵。

五時半，點燈吃早粥。粥吃，天剛亮。他們麕集禪堂內，脫去僧鞋，由執事率領，開始第一次「行香」，沿大殿毗盧佛座，兜個圈子。兜完，約一炷香，他們便開始「坐香」，趺坐禪床上，不許動，不許開口，雙手放在腿上，毋須合掌。坐約一小時弱，開禁，放小便。便後，又「跑香」。跑三寸香，再「坐香」。十點，先敲梆子，後擊香板，再開禁，吃飯。飯訖，又嚼楊枝，漱口，小便。便後，再脫去僧鞋、襪子，又是「跑香」，接著又「坐香」。

下午一點一刻，再開放。僧眾不許隨便動，不許開口，只可趺坐飲茶。茶畢，維如敲雲板，大家才能同時放下腳，去小便。便後，又趺坐。這時，方丈、座元、首座、西堂、後堂，堂主等五、六人，便來「開示」，略講歷代禪宗祖師用功潛修情形。講訖，再「坐香」。坐完一支香，再開禁，再「跑香」。跑畢，又坐。兩點左右，吃點心。吃完，休息半小時，這時，「上午殿」與「晌午殿」便算先後結束，開始上「晚殿」。四點半，僧眾小睡。五點三刻，又起香。這支香最長，直到七點鐘「放餐」。趺坐吃晚飯。這一頓是乾飯。飯後，再起香，坐香，直到九點，這一天節目，才算告終。大家同睡在幾張巨大炕床上。這些大床，仍在禪堂內，只略用布幔隔開。

夏天是「夏禪」，天太熱，不宜多坐，因此行香多，功課多，坐香少，一天要做五次功課。平常，每天早晚，只有兩堂功課，早課唸楞嚴咒，晚課唸彌陀經。

「冬禪」是指「七七」！從農曆十月半以後開始，一共七七四十九天。這一段時間，每晚十一點睡，次早（其實是半夜）兩點起，最緊張，也最苦。「七七」期內，不做任何功課，專門坐香，了生死，參悟玄機。這四十九天中，禪堂僧眾都不脫鞋襪，衣服也穿得很隨便。

印蒂覺得，寺內規律太嚴酷，飲食卻又太豐美，對修行者說，這似乎是個矛盾。寺裡規矩是，參憚僧人飯菜比一般僧人考究。麻油簡直當水用，菜裡幾乎汪洋一片。這些油，是維如額外募來的，不歸廟裡。飯是最精美的白粳，菜是最時鮮的蔬菜，像剛上市的鮮貨、最貴的香菰等等。每人雖只一碟菜，卻色香味俱佳。不僅印蒂生平未嚐過這樣精緻的素餐，據一些饕餮者說，連大都市最上等的素菜館，像上海功德林等等，都難烹調得這樣藝術、可口。

「七七」期間，餐食特別豐富，支支香有得吃，一天吃八九頓。因為，這一期內，參禪者最辛苦，必須調理得好，身體才撐得住。每一炷香點完，即吃，像西洋參、白木耳、炒米花、杏仁湯、油煎美味臭豆腐，已成家常便飯，有時雖是一碗麻油拌飯，碗裡也盡是油，幾乎是油泡飯，印蒂簡直不能下箸。有時，晚餐是一隻大饅頭，重十二兩，裡面的餡兒，香噴噴的，真是一個偉大的十錦雜貨店，名貴的料理，樣樣齊全。

當印蒂端起那碗西洋參湯時，有一剎那，他忘記是修行，似乎在享清福。但一放下碗，他立刻又感到那份禁嚴戒律，比獵人網罟更嚴密的戒律。

這禪堂並不是佛地，只是座囚牢。他們並不是追求真理者，是囚徒。自囚也罷，被囚也罷，畫地為牢也罷，真正囚獄也罷，一句話，這兒比牢獄還嚴厲。舉個例子，這裡一百七十幾個僧人，有些人進來三四年，朝夕同起同坐，同食同睡，同行同止，但彼此除了各人名字外，什麼也不知道。誰也沒問過誰何省人？何地生？家裡幹什麼的？父母還在麼？等等。從早到夜，從黑到明，無論吃飯、飲茶，或盥洗，絕對不許講話，坐香行香時更不許，違則受斥。為了維持紀律，連大小便，都有人監視。就此點說，印蒂覺得，這裡比天主教的修士修女生活還要嚴刻多了。

不只不許隨便講話，也不許隨便行動，一切都是集體化。拿洗衣說，維如一聲令下，僧眾才能動手洗衣。又一聲令下，吩咐晾衣，才許晾衣。再一聲令下，吩咐收衣，這才准收衣。

未發命令前，誰也不許擅自動手。

維如諦雲大聲問道：

『各人衣服對不對？』

『對！』眾僧齊聲說。

『有沒有錯？』

『沒有。』

『各人收衣！』這兩個字特別響亮，像放鞭炮。

「行香」時，這種紀律化，分外顯著，完全可以和軍隊操練畫等號。走時，各僧步伐快、慢、進、止、姿勢、形態，純然一律，整齊極了，不是久經訓練，絕不能如此。

不止大行動一致，小行動也一致。拿「嚼楊枝」說，每人所剪楊枝，長短完全一樣，沒有一個人突出。

不只大小行動如此，思想也如此。假如方丈說肥皂是地上長出來的，各僧就得響應：『是的，肥皂是地上長出來的。』如果西堂說玫瑰花的顏色是綠的，他們就全部同意：『是的，玫瑰的顏色是綠的。』如若你否定或辯駁，立刻受申斥。

方丈要你鞋子倒穿，你就不能正穿。他叫你行，你就行；要你止，你得止。囑你坐，你就必須坐；吩咐你站，你就應該站。你絕對不能違拗分毫。在這裡，無論喝茶、吃飯、大便、小便、睡覺、盥洗，完全服從紀律。誰如違抗，輕則申斥，重則用香板打，最嚴重的，則逐出寺門，永不許供養。

話說回來，這裡的紀律，倒有一個特點：它是普遍的、平等的，一視同仁。至高如方丈，也同樣受紀律約束。他絕不可以吃私菜，他必須與眾僧一道吃飯。他自己的衣服，必須自己洗，而且絕不能單獨自由洗滌，必須隨同僧眾一致行動，服從當時執事發號施令。他有事外出，不能做功課，也必須向當天執事請假。他若犯規，後者可以當面申斥。

氣氛如此嚴厲，跡近恐怖。戒律不再為智慧或生活本身服務，而是為戒律而戒律，已形成一種戒律迷。主持者及執事們對戒律的崇拜，像原始蠻人崇拜圖騰。一入此門，只有他說話，沒有你說話，你變成集體機器中的一個小螺絲釘、小齒輪，一切得隨操作者決定。在這裡，印蒂才開始明白，流行於佛教內的一個傳統。據說，長江下游，一些僧人想入鎮江金山寺出家，未進寺門，遠遠一見金山上的森嚴寶塔，他們就渾身發抖，像患瘧疾。另一些同情佛教的居士或學者，也認為金山寺是中國佛教中最大的封建保壘，非常野蠻，不只用體罰，而且罰得極苛、極重。這寶光寺，離金山寺雖數千里，一在長江尾閭，一越過陪都，但作風基調其實相近，都源自禪宗大叢林的共同傳統。

真象如此，難怪今年七月半掛單僧人近三百個，不到半年，倒走了三分之二。現在禪堂只剩一百七十餘人。按往例，兩年後，最後留下的，不過二三十人。百分之九十僧眾，會被這裡嚴酷戒律嚇跑了。

照各大禪寺習慣，每年只有正月半、七月半兩天，准許僧人自由進出。印蒂是七月半來掛單的。掛號處擠著三百左右僧眾。先來先掛，後來後掛。還沒有輪到掛號的僧人，必須結跏趺坐，挨次佇待。沒有受過這一訓練的僧人，兩腿盤疊，不到一炷香，就感覺酸痛。一支香後，疼痛無比，又不准擅動。殿後者須等前面一百幾十人掛號完畢，才能起來，有的則待一百幾十人或幾十人，等到二百號左右時，已經三、四小時，兩腿始如刀割，終則酸痛麻木，全身也痛得發抖。有些僧人，實在熬不過，不待掛單，逕自悄悄溜掉。其餘的，即使勉強撐持到底，輪到掛號時，兩腿已失去知覺，猶如中風，有好一會站不起來。

這裡有一個傳說：外地小廟僧人，不管你平日怎樣慓悍，只要一支香，就拿下你的威風。

印蒂事先已有幾個月的鍛鍊，趺坐六七小時，還可應付。加之他的號碼又在前面，竟從容過了關。輪到他掛號時，那身材魁梧的執事，上下打量他一番，突然厲聲問道：

『你是來幹什麼的？』

『我來皈依貴寺。』

『是師傅要你來的？還是你自己要來的？』

『是我自己要來的。』

那執事又圓睜巨眼，上下凝視他一下，突然再度厲聲雷喝道：

『你知道本寺的規矩麼？』

『知道。』

許多掛單僧人，都被執事的金剛姿態壓倒，幾乎不敢抬頭。印蒂肚裡卻暗暗好笑。他想：『佛門是慈悲場所，為何如此兇煞惡神似地？這不是新官上任的下馬棒麼？說得客氣點，也是老師上第一堂課時對學生的下馬威。』

來掛單的，有三百十人。掛完了，實數只二百八十三人，二十幾人「溜單」了。入禪堂不到十天，只剩二百三十四人，走了近五十。現在，——三個月後，又走了五十幾個。這是清規：每年只許在正月半和七月半正式自由進出，不在此期，要出去的，只可私自悄悄溜掉，連隨身衣物什件，也不能帶，扔下來算事。

初進門，第一餐飯最精美，但眾僧目睹這一片森嚴氣象，想想未來，一個個都愁眉苦臉，心思重重，哪有心思欣賞飯菜滋味？

果然，很快的，一個雄糾糾的執事出現了。他發現一個青年僧人，指甲近半寸長，厲聲大喝道：

『你是「先生」麼？留這樣長的指甲，幹什麼？』

當即命令剪掉。別的留長指甲的僧人，也一一自動剪了。

『你的姿勢完全不對！——』

執事猛一施勁，忽然把一個趺坐僧人右腿一扳，從下面翻上來，緊緊盤疊在左腿上。那被扳腿的中年僧人，痛得差點大喊起來。他掛單時占了點便宜，是頭幾號，不需結跏趺坐久等。現在，他算開始吃苦頭了。他忍痛盤疊兩腿趺坐，像受刑上夾棍。頭一晚，他痛得直哼，睡不著。他名字叫義玄。夜裡，印蒂躺在他旁邊，聽見他呻吟，低低叫痛，忍不住輕聲安慰他道：

『你忍耐點吧！你現在沒有習慣，過幾天，慢慢會好的。』他想，過去，這個僧人，大約在妙智禪寺那一類「應酬門庭」舒服慣了，從未在結跏靜坐上下過苦功，此刻，是真正「吃生活」了。

『哼！見鬼！我才不「忍耐」呢！這哪裡是我佛大慈大悲的作風，簡直是惡霸！』他低低憤憤說。

『你要怎麼樣？』印蒂聽了他的話，大吃一驚。

『我要「怎樣？」……此處不留人，自有留人處。……我不幹了！』義玄一面哼痛，一面輕輕說，怕被維如諦雲聽見。

六天後，他悄悄溜走了。

『你這是什麼合掌？』

義玄溜掉的第二天，執事檢查禪堂，大喝一聲，猛然用力扳一個青年僧人的手掌，只一會，那雙手便緊緊膠在一起，合掌作十了。但拿掌者卻覺兩臂酸痛極了，他幾乎連眼淚也「合掌」得要流下來。

但執事的金剛作風像軍隊教官教練新兵，糾正後者「立正」、「稍息」和「開步走」的種種姿勢。

晚上，印蒂與僧眾同睡在一隻炕式大床上，他暗暗想：『看這裡氣氛，無怪人們要把金光和寶光的禪堂稱作「委屈堂」了。』他翻了個身。『不過，這也有一種好處，至少，它表現了佛教偉大的嚴肅性，說明佛門絕不如一般人們所設想，可以隨便進來的。』

四

凡靈魂所能攀緣的，他大都攀緣了。凡生命所應該追求的，他多半追求了。為了這種追求，他不只一次放棄生命本身。為了更深的試探洞透地球的形而上的秘密，他現在幾乎脫離地球。他不斷扔掉人類所珍貴的事物，甚至那最神聖最正義的。他瘋狂的想變鳥、變雲、變陽光、變星星，想飛翔，飛翔到幾萬萬萬年以前，穿透那最永恒的時間。他明知道，他的肉體永不可能離開地球，他永遠是萬有引力的奴隸。正像椰子樹和芒果樹是萬有引力的奴隸。椰子與芒果既必須活在椰子樹和芒果樹上，他也必須活在地球上。可是，他又堅信：人類儘有一種東西，寄生於肉體而又超越肉體的東西，它能帶他飛出地球。目前，迷惑他的，不是那五光十色的萬有，而是那永恒寂寞的萬無。那最無最無的空間邊境，究竟是什麼呢？如果心靈是海，最深最深的海底，究竟是什麼？假如它是地球，最內在的地腹核心，又是什麼？如果它是星雲，最後的邊際又是什麼？邊際以外又是什麼？靈魂空間以外的空間，又是什麼？靈魂時間以外的時間，又是什麼？只有通過這樣的海底、地腹、邊際，他才算攀登精神的西天極樂蓮華世界，那最高最高的三十三天或兜率天，甚至那「非想非非想之天」。可能，那只是一座永恒透明的水晶牆，牆上面有最美麗的詩句。可能，那是一座真正的珠穆朗瑪峰，促使你自覺站在人類靈魂所能存在的最高峰巔

他預感，凡能摸觸到人類靈魂最後邊緣的，也必能摸觸到這一時代的最高信仰的重要邊緣。只有在精神的極峰頂，人性真理才獲得永恒和諧。

他同時代的朋友們，沒有人比他走得更深、更遠、更抽象、更巍峨。但也沒有一個人比他更孤獨。在現代東方探險隊中，他幾乎是第一個神秘探險者，雖然這份神秘只是一份真正的古典正義。現在，他踏著人類祖先最古老的腳跡，穿的卻是一雙最新式的現代探險鞋。

在寶光禪寺的禪堂裡，他仍然是孤獨的。這兒沒有人擁有他如此純粹而廣大的視野，來探索人生謎底。他的上昇石級，他的腳跡，是最純粹最孤獨的。他的同伴們，包括那淵博的方丈妙一法師在內，沒有一個在攀爬他這樣又新鮮又透明的石級。他們的暮景，不是時代大

海洋，而是那古老的神話。他們是彳亍於一條狹窄幽徑，爬著最古老的爬，渴望著最陳舊的渴望。

他原不是帶著絕對希望來的。他來，或多或少，可能懷著某些秘密的疑雲。可能，他感到這，可能，暫時沒有感到這。但無論如何，虛虛實實，它都暗暗藏在他內心最深處，等待機會，衝出來，佔有他全部天空。自然，這不是五百年或一千年前，他不是最初的幸運者，來叩一座古寺的門。寶光禪寺本身，也不是時代的幸運者，有接納一切追求者的優先特權。雖則如此，它偉大的飛簷翅膀，莊嚴而開闊的橫迤的長長石階，山門前高大而沉默的松柏與香樟樹，它的華麗的五彩綢質幢旛，輝煌的杏色絳帳，金碧煒煒的蓮座，瑰豔的「歡門」，灑金的巨大蟠龍燭，大香爐內日夜裊繞起的青色香煙波浪，那充滿旃檀香觀音香的大殿，特別是，那兩丈多高的壯美的金色如來佛像，這一切，對於追求永生的東方靈魂們，仍顯示一種龐大誘惑，無比魅力。它幾乎是佛教真理香客的必到空間。

是的，深深抓住印蒂的，不只是它空靈的教義，也是它特有的那份強烈氣氛，濃醉的芬芳，那股比世間一切花朵還花朵的香味，這種馥香，人只要呼吸過一次，就很難擺脫它的魔力。

他最沉醉的、是廟內晚殿。

薄暮時分，金紅燭火更亮了，旃檀香、子午香、毗盧香，也更濃郁了。到處都是青色的繚繞，煙篆的蟠舞，忽昇忽降的浮動香氣。僧人們開始晚懺，念誦彌陀經。一大群灰色袈裟者，像一大群排了隊的灰色蝴蝶，整齊的飛翔於大殿上，撲舞在朱紅楹柱間。穿紅色袈裟的方丈，則是一隻紅蝴蝶。深沉的鐘聲，滿溢古老記憶的鐘聲，以幽永的震顫迴旋於蓮台四周，反響在佛像與佛像間。常常的，它們彷彿盪鞦韆，從大殿內蕩樣到大殿外，又漾入四周樹叢中。皮鼓聲像宇宙海底的聲音，咚咚咚咚，一聲聲從海底敲入人心底。木鎚子在緊繃繃牛皮上的旋轉音，不斷激蕩、衝馳，一聲敲出一個深淵，一聲十個深淵，又悠靜又深湛的深淵。鐘聲不斷響，響得緩慢，這一聲遠隔那一聲，像一個夜行人隔一座林叢響應另一個夜行人。鼓聲卻是斷續的響，響一次，又急促的連續數聲，似幾聲急促的腳步，突然震響於空空樓梯上。鼓鈴聲是一隻隻飛鳥，輕盈的翔在藥師旛與幢旛中。木魚聲是苦澀的，樸素的，如一杯綠茶，洋溢雋永的禪意。磬聲是午夜神秘的高山幽泉，超越的琤琤琮琮響，雲彩樣縹緲，電光樣閃耀。鐃鈸聲是一些金屬的巨大花朵，當花瓣墜落在金屬大地上時，便發出一串串奇異聲音。無論鐘聲、鼓聲、鼓鈴聲、木魚聲、磬聲、鐃鈸聲，都是寂寞的、催眠的，是芳香的寂寞，睜大眼睛的睡眠。在這種又芬芳又寂寞的梵唄音樂中，僧人的誦經聲，不徐不疾，抑揚頓挫，聲聲顯示超脫，句句吐放蓮花，它們不是由人們聲帶中發出，而像蓮花一樣，一朵朵，從池水面開放出來。正是這片旃檀香似的梵唄聲，加上誦經聲，汩汩流在大殿楹柱間，如最陳舊最精美的葡萄酒，給人以微醺、薄醉、沉迷。

一剎那間，猛一抬頭，你瞥見巨大的我佛如來金色雕像，他目光深沉，渾身靜穆，那片仁慈，那派嘆默，那股透明的美，叫你不由不匍匐下去，跪在他——永生面前。

『不管怎樣，這尊寧靜而明智的美麗雕像，比起十字架上血淋淋的那一位，總近情得多，合理得多了。』印蒂想。『我們願意選擇優美的蓮花呢？還是挑選那恐怖的十字架？』

五

秋天一個下午，方丈妙一法師「開示」，他主講六祖慧能修行歷史。他詳細敘述：五祖弘忍如何把頓法和衣缽傳給六祖，以及後者在韶州大梵寺佈法情形。

這方丈是成都人，十二歲出家。為了培養他，家裡又把他送到省立師範讀書，畢業後，再入文殊禪寺，後來又轉寶光禪寺。他在本寺已三十幾年。他身材高大，面色白淨，渾身上下，流瀉一派清鮮氣息，像秋季青草上一片朝露。雖然已六十開外，他舉止依然瀟灑、飄逸，走路特別快，像一朵飛翔的雲彩。不過，他的精神狀態，並不像他的肉體那樣輕鬆。他那雙黑森森的眼睛，永遠射出兩道嚴厲的光輝，彷彿兩口深不可測的充滿威力的古潭，潭邊有任一滴聲響、動作，它們馬上便敏銳反應。在印蒂看來，他是神聖戒律的化身，嚴峻得猶如一條鞭子。

聆聽「開示」後，吃罷點心，休息時間，印蒂請求維如諦雲給他一個和方丈面談的機會，因為，他對今天方丈所講妙法，還有點質疑，按禪堂規矩，對經典教義，如有疑問，准許到方丈室或座元室或首座室，去詢問，討論。

印蒂穿得整整齊齊，出現在方丈室，他按照禪寺禮儀，規矩，先向方丈「頂禮」，跪下來，叩三個頭，然後跪著，從懷內取出一張紙條遞給方丈。

方丈接過紙條時，印蒂虔誠的道：

『今天承法師開示，講授六祖禪偈。受六祖接衣缽時那首偈啟示，我這裡也有一偈，請方丈慈悲悲，開導弟子。』

妙一法師舉起那雙黑森森眼睛，上下打量他一下，隨即看他那首偈。它是：

既無菩提亦無樣　也無明鏡也無台

無始焉得云「原來」　哪有「何處」若塵埃

方丈看了，只是點頭，並不開口。

有好一會，他抬頭瞟視印蒂，後者不禁吃了一驚：他那雙黑森森眼睛裡，嚴厲漸漸沒有了，只是一雙慈祥的瞳眸。他從未看見妙一法師的眼色這樣柔和過、輕鬆過。他聽見一派溫和的聲音：

『起來。』

印蒂站起來。

『你幾時來本寺的。』

『今年七月十五。』

『也難為你。入學不到三個月，進業能得如此，足見你夙有慧根。』接著，他沉靜的道：

『佛教本重破而少立。六祖那首偈，當時和神秀那首偈相比，算是真正參悟禪機了。但今天看來，仍有所立。第三句「原來無一物」，在時間上尚有所立。第四句「何處惹塵埃」，在空間上尚有所立。你這一偈，可算有破無立，第三句破時間，第四破空間，破得很徹底，算百尺竿頭，更進一步。不過，佛法如百寶燈，又如千光萬火，各顯輝煌。不管怎樣，六祖那一偈，在當時算是一盞明燈，照耀大千世界了。』

說到這裡，方丈在靠窗那張書案上，伸紙濡筆，寫了幾行字。

『看了你的偈，我這裡也有一偈。』

印蒂湊過身子，向案上看去，只見如下四行：

莫管菩提莫管樹　莫問明鏡莫問台

時時菩提時時樹　處處明鏡處處台

印蒂看了，一時還不能全會意，正在尋思，他又聽見方丈道：

『我們現在寫偈，正像要武藝的，一個年長的老師傅作深膝蹲，他攤開兩掌，另一個年輕的則在師傅兩手上「拿頂」，蜻蜓倒豎。年輕的雖算好本事，但一半仍沾師傅的光，他在下面托著呢！我們就比年輕的藝人，六祖卻像老師傅，我們縱有本事，仍大大沾了六祖寶光，他在下面托住我們呢！我這首偈，所要點出的，就是這個。你一時不明白，可以拿了去看，慢慢去想。』

方丈聲音宏亮起來，他的一雙黝黑眼睛，更溫柔了。

『從前，馬祖道一禪師有一個徒梯，叫鄧隱峰。某日，鄧向他告辭。他問：

『「你到哪裡去？」』

『「我去找石頭希遷禪師。」』

『「石頭路滑得很哩。」』

『「我隨身帶了木竿。」』

『鄧到了石頭希遷那裡，石頭不開口，卻繞禪床走了一匝，又把錫杖敲了一聲。

『鄧問：「你這是什麼意思？」』

『石頭答：「蒼天！蒼天！」』

『鄧不開口，回來告訴馬祖，馬祖道：「你再去問他，等他回答，你就噓兩聲。」』

『鄧再去，仍像剛才那樣問他一遍。石頭不說話，卻噓了兩聲。

『鄧默然。他回來告訴馬祖。後者道：「我早就說過了，石頭路滑得很哩！」』

說到這裡，方丈微笑道：『你剛才把那首偈遞給我，我也可以繞室一周，或者噓一聲，或兩聲。不過，我這樣做，仍是年輕藝人在老師傅手掌裡拿大頂，沾馬祖和石頭希遷禪師的寶光。我答你這首偈，又沾六祖的法光，你明白麼？』

印蒂默默不語，似有所悟。在沉思中，他聽見方丈的聲音。

『禪宗也正是剛才馬祖所說的石頭路，滑得很，不管你帶什麼木竿，也不行。不過，不怕路滑，只怕你上不了路，一上路，再怎樣滑，總會跌跌顛顛，走到路底頭：即最高峰巔。假如你上不了路，即使在柏油大馬路上兜圈子，一輩子雖平平穩穩，一個跤也不摔，但你兜來兜去，仍是重慶或成都，卻不是峨嵋峰頂：五色寶光發祥處。禪宗本是心心相印，不重文字言語，我今天對你講了這許多，算又在石頭路上滑了一跤。可是，這一跤是為你栽的，不是為我自己栽的。佛法本屬慈航普渡，為了普渡，就不怕風浪或守跤。』深深的凝睇著印蒂。

『以後，你有什麼疑問、質難，儘可來找我談。』

他又略略問了印蒂過去身世。

印蒂一一回答畢，告辭出來。翌晨，在大殿上做早課時，他又看見方丈那雙黑森森的嚴厲眼睛，昨天下午的一片溫柔，竟消失盡淨。

可是，他仍感到一個事實，就是：從此，有意無意間，妙一法師似乎特別注意他。方丈臉上、嘴頭、舉止、行動，並不明顯出這些，但印蒂卻神秘的感到他內心反應。不只是方丈，就是座元了空，堂主法靜，首座鏡澄，西堂靈曇等人，也有同樣情形，而且比方丈稍顯露點。大概方丈把他的過去經歷和那首偈對他們談過了。假如不是這樣，這一百七十幾個僧人中，印蒂將如石沉大海，像蟲子一樣渺小，他們絕不會對他多投一個眼色，多揚一次眉頭。也正因為如此，維如諦雲已受過暗示，這以後，印蒂想見方丈，或和首座、座元、西堂寺人談論禪機，很是方便，幾乎隨時可如願以償。自然，自首座、西堂、堂主、座元這些老僧，有責任輔導參禪僧人，平時儘可傳授後進。只是僧眾多為嚴厲清規所懾，不敢隨便發抒自己思想，日久天長，便默坐多於言辯了。

方丈和首座是曹洞宗，座元與西堂屬臨濟宗。這裡禪堂規矩，只重禪理玄機，不問宗派。參禪僧人自己大有選擇宗派的自由。曹洞宗主張知見穩實，臨濟宗則著重機鋒峻烈。前者是婉轉曲折，柳暗花明。後者是直截了當，快刀斬麻。前者是慈母，後者是嚴父。印蒂自己則不偏一宗。他認為各有優點，對鈍根須用曹洞方式，對慧根應採臨濟風格。當婉轉時，須婉轉，當棒喝時，應棒喝。實際上，這裡幾位老法師，雖宗仰不同，表現在實際上，仍有溶混之處。他們在持戒主定與紀律上，都很嚴峻，但在參悟開示時，卻溫婉緩轉。這一切，是為了適應環境。僧眾多鈍根，少慧根，如用臨濟開慧方式，會吃力不討好；另一方面，在持戒主定與規律上，如過於溫婉寬和，將勞而無功。

了空、鏡澄、雲曇，先後都在其他大寺修行過三十多年或二十多年，佛學很有根柢，詩詞也能來得。印蒂與他們談論過幾次，覺得他們惟一的缺點是：對佛教佛理知道得太多。佛理猶如大森林，入林太深，反易迷路，進得去，出不來。他們先是修法相宗，後來才轉禪宗，但受前者影響太深，一時不易擺脫，這樣，便禪宗其表，法相為裡了。他們缺少妙一方丈那份明徹的智慧。

到現在止，印蒂對方丈妙一也仍猜不透。有時，覺得他很深刻，有時，卻又認為他瑣碎平正。他弄不清楚，後者是有意對他如此，還是無意中如此表現。總之，他發現方丈心靈有矛盾處。

不只心靈，生活上，方丈也有矛盾處。他本身行動的矛盾，正表現出寶光寺的矛盾。如拿禪宗傳統說，這裡一切，似乎已遠遠離開正統軌道。與其說它是禪宗、禪寺，不如說它是律宗、律寺。這座大寺的主持人，絕大部分精力、都消耗於嚴肅戒律，不是用於開示智慧和禪機、禪玄。它戒多於定，定又多於慧。有二十幾個老僧，在禪堂已參禪二十幾年，印蒂卻覺得他們絲毫沒有透入禪宗三昧境，更不用說徹底參悟真如涅槃妙境了。說他們是參禪僧，不如說他們是最嚴肅的持戒僧。除了極度戒律化，他們沒有抓住一分禪慧。按印蒂想像，不只本寺如此，南北一些大禪寺，可能也如此。這就是為什麼：宋明盛極一時的禪宗，曾經給予中國文化——特別是哲學，那樣偉大深刻影響，今天卻一蹶不振。在幾百個參禪者中，難得看見幾個真正善知識，至於真能悟道弘法者，幾乎百不得一。

和方丈、座元、首座、西堂等法師接談後，印蒂總不能感到滿足。

既要擺脫形相，這裡為什麼又匯聚這麼多形相？既要卸卻色彩，這裡為什麼又集中這麼多色彩？既要解脫聲音，這裡為什麼又倚賴這麼多聲音？既要祛除香味，這裡為什麼又有那麼多芳香？既要超越生命與死亡，這裡為什麼又執著那麼多生命及死亡？——那樣耽溺於精美的飲食？和繁縟的超度死者的佛事儀式？既要參悟萬有，擁抱天地，這裡為什麼又如此缺乏天空和大地？

一句話，這裡並不啟示人類從肉體昇華，由靈魂解脫，卻反而給肉體與靈魂以更多更大的束縛。那無數種戒律，就是數不盡的繩索，不只緊緊把肉體捆住，也把靈魂綁死。

歷代佛門祖師所表現的充滿智慧的作風，那種極獨特的機鋒，極深刻的開示方式，極詩意的生活格調，以及自由答辯的提倡，深沉觀照的培植，特別是，人與宇宙天地山川草木打成一片，這一切，在這裡，幾幾乎一絲一毫也沒有。

六

很久以來，印蒂覺得維如諦雲對他懷有一種隱藏的敵意。為什麼發生這個？在這樣純粹的空間，為什麼還發生這個？他不知道。他只敏銳感到：在這個身材短小山羊面孔的中年僧人和他之間，有一些不調和的色素與音響存在。也許，因為他在禪室內有點突出；也許，他近來比較活躍，不時與方丈、座元、首座等老僧談禪論玄，窮究佛理；也許，在一些生活瑣節和戒律執行上，一個維如本與一個參禪僧人可能產生某些摩擦。不管是因為什麼，也不管是從什麼時候開始，既然或多或少存在這些不調和的跡象，它們必然影響他的心情，以及他要追求的靈魂最高謐靜。

冬天一個下午，印蒂自方丈妙一房內請求「開示」回來，由禪堂附近一間會客室經過，他聽見維如諦雲與一個陌生人的談話聲音。這場談話有一種異常的調子，他的腳步不得不暫時停下來。

『最近，司令部接到上面指示，說有一批奸細匪諜冒充和尚，混到大後方，要我們嚴查一下。昨天我和方丈談過此事，可他是個書呆子，只曉得念經拜佛，一點不通世局，一口咬定，說這個廟裡一點問題沒有。我看，和他談，談不出什麼結果，便來找你。你是我表弟，從小出家，對這個情形，非常熟習。你要幫助我細細偵查一番，我好向上面有個交代。這華西一帶大寺，除了文殊，就數你們寶光了。這可不能馬馬虎虎混過去的。』

『二哥，我們廟裡一向倒是清清淨淨的，一般閑雜人，不容易混進來。再說，功課很嚴，大家忙極了，輕易也走不出廟門。』

『話不能這麼說。日本人和其他方面派來的奸細，不比尋常人，他們機伶得很，會打埋伏，潛伏一個時期，才出來活動。』

『唔！……』諦雲沉吟著。

『你仔細想想看，這廟裡有什麼可疑人沒有?單你們禪堂裡，就有一百六、七十個僧人，這裡面，你能保證個個都毫無問題?』

『哦，禪堂，這個——』諦雲突然特別放低聲音，低得幾乎聽不清。『可疑的人倒是有一個，不過，我也不能確定他究竟是不是——。這是不好亂說的。』

『這個人是誰?』客人聲音也放低了。

『他是新來的，叫——』聲音更低了，幾乎聽不見。

但不管聲音怎樣低，印蒂卻立刻極敏銳的聽出：維如的話語裡極可能出現與自己有關的字彙。

『哦，這個姓印的多大年紀?他入寺多久了?』客人聲音雖極低，但比諦雲要高一些。

『他大約四十左右，來了一年了。』

下面話聲又低下去了，門外又聽不清了。印蒂從門縫向內張了張，只見一個穿黃色馬褲呢制服的軍人，肩章上的徽幟，標明他是個少校，大約是民團××司令部的。這個人有一張粗獷的棗紅臉，濃眉、圓眼，一股凶神惡煞的氣息。

『好吧!你這就對他好好注意一下，有什麼事，可以找我。有什麼情況，隨時報告我!』

維如諦雲點點頭。

『還有一件事，要和你商量。我們副司令的少爺，前些時不慎，手槍走火，誤打死一個混蛋小子——這傢伙偏偏就在他附近解小便。本來，這也不算什麼。我們副司令在地方十幾年，哪個不尊重他？少爺年輕，一時失手，誤傷了人，不是有意的，也算不了什麼。這件事，好歹向地方敷衍過去了。可是，老太太聽到了，心裡不安得很。她老人家是吃齋信佛的，說無辜傷人，是罪過的。她老人家一定要副司令做一場佛事，禳災、祈福。副司令是個孝子，當下答應了。也算對死者家屬一點彌補。我想和你商量一下，新年起，就在你們這裡辦一場佛事，不要太舖張，過得去就行。』聲音低下去，但門外人仍可聽得見。『這裡面好歹有點好處。你自己出家了，你父母可沒出家，你也該孝敬孝敬兩位老人。我呢，不瞞你說，光靠幾個薪水，是不夠開銷的，你有數麼？』

『有數有數。二哥，這事包在我身上。回頭，我就和知客商量。就從陽曆正月初一辦起，好麼？』

『好！好！……老弟，一切你好自為之。你現在已是個維如了。憑你資歷，當個知客不是難事。再熬一下，說不定你就可以當方丈了。』微微諷刺的笑著。『你們妙一方丈，學問人品是好的，可就死一點，地方上一點兜不轉，他千秋之後，只要我們副司令肯捧你，給你硬撐腰，還怕你當不了方丈麼？這個廟，將來換了你，以寶光在華西一帶的盛名，那場面和進項還用說？』

下面，兩人談話又低下去了。

印蒂不待兩人談話結束，慢慢走開，一面走，一面沉思，回到禪堂。

不用說，這個下午與夜晚，他整個心靈並沒有被任何禪機或妙法沾染分毫，他所想的是另外一些事。

七

冬天來了，一陣陣寒風襲入，開始吹散那一篆篆芬芳的青煙，從古銅宣德香爐內裊溢出來的。起先，不過是那麼一星寒意，一芽冷氣，漸漸的，它卻凍結一切。

印蒂心靈中，現在也面臨一陣奇異寒風，它似乎命定要凍結四周馥香。最初，它只偶然飄入，像古屋牆角偶掛兩條蜘蛛絲，絲在悄悄抖動。漸漸的，這二條絲，竟結成一個巨大蛛網，纏縛住一切飛過的昆蟲——他翱翔的意象。

『我究竟在做什麼呢？』

這個空間究竟能帶給他什麼呢？——他腦海裡不時幌動那張棗紅臉。

「七七」期間，那麼緊張的用功、禪座、苦思、參悟生死，一炷香又一炷香，左一頓右一頓美餐、點心，這一切又能帶給他什麼呢？——陰影不斷沉澱，又不斷消失。陽光不斷退潮，又不斷漲潮。他整個靈魂究竟又發生什麼變化？當他正在深深沉思時，一碗麻油拌飯送上來了。當他正游心窈冥時，一隻十二兩重的美味饅頭捧出來了。當他感覺正變成一尾魚，游泳於深海底時，一碗日木耳獻上來了。再不，是軍隊式的機械操練。一個口令下去，你「稍息」，又一個口令下來，你「立正」，再一個口令下來，你「開步走」，又一個口令下來，你「立定」，接著「向左轉」、「向右看齊」、「報數」。機械的動作，機械的吃，機械的大小便，機械的禪默。

從方丈室捕捉到一線光明，漸漸的，也暗淡下去了。儘管妙一法師器重他，對他彬彬有禮，另加青睞；儘管這位老僧隱射一種閃耀的智慧，但閃到後來，耀到究竟，他仍感到他們之間的分歧。不管怎樣，妙一總是妙一，印蒂總是印蒂。一個修行幾十年的老僧，不可能對地球現實有什麼了悟，他腦子裡的地球智識，仍是滿清末年的。同樣，作為一個二十世紀現代人，也不可能叫他印蒂完全抹煞自己對地球現實的了解。這一切正如禪機一樣，同是一種人生真理。因此，這裡面便出現一個問題：每一時代的禪宗，是不是各有它的新創造？新途徑？新發展？而終點只有一個。比如說，從六祖慧能以後，參禪作風，就和從達摩到神秀的古禪作風大不相同。二十世紀現代，是不是也該有它的新禪宗風格？創造性的風格？

當他提出這樣問題時，妙一法師卻徹底否定。後者走的仍是宋元明清老路。

印蒂發覺方丈絕不能接受他對問題的提法後，就絕口不再談這類事。但他內心深處，不免對後者失望。

由於這份失望，再加上諦雲那雙不時射向他的偵察性的圓溜溜眼睛，窗外吹入他心靈的那陣寒風，就更叫他感到冷颼颼寒冽冽了，而且，越來越冰冷了。這片阿爾卑斯山冰河式的絕對冷寂空間，當它最初魅力漸漸消失後，他開始感到一種束縛。空間本身原就對他有束縛。一個充滿戒律的空間更是一根粗獷纜繩，幾乎使他遍體動彈不得。他已在這兒四百數十天了，他的靈魂出現任何變化麼？越到後來，他愈覺得他的靈感泉源在受阻遏。那些過份機械的嚴肅和瑣碎，是許多隻鋸子，他的生命不再是一個整體，卻被鋸成十幾段，每一段交給一個機械節目。所有人不把悟道重心放在「開示」與參悟上，卻寄托在瑣碎戒律上。組織與戒律，雖然能砍去行動上的一些蕪草、蔓藤；卻也砍去生命整體與元機。達摩大師十年面壁所得，是自由的果實，不是奴隸的果子。歷代一些偉大禪宗祖師，也極少走現在這樣的路。

香煙的幻魅，梵唄的幻魅，那比雲彩更輕更輕的幻魅，是需要的。但過多的香煙繚繞及芳香，反而擾亂正常的視覺和嗅覺。

「常，樂，我，淨。」這是一種偉大境界。在這兒，過度嚴肅的紀律，卻使人們心裡幾乎產生一種恐怖氣氛，再沒有一點「樂」。個性的「我」，全淹沒於人海中，宇宙型的「我」，又被人海隔絕。也沒有智慧的「常」與「淨」，只剩下一個形式的「淨」。

他需要傾聽特殊天籟，宇宙最秘密的聲音。他必須在最大空間中，洞燭生命本體。可是，這兒卻擁有太多的「有」。人不能期望一支軍隊，一個訓練班，一所法律學校，能奉獻他一片充滿啟示與靈機的宇宙生活。

最美的月夜，他想出去看看月亮，不可能。最晴朗的白天，他想看看樹影中的陽光碎片，那些片片像金錢豹斑紋似的形相，不可能。風、光、花、樹、雨、露、星、水，他一樣也不能捕捉。凡天地間永恒的，他全無接觸。他所能遭遇的，只是這朝夕相對的一百七十幾副面孔。你看我，我看你，你看他，他看我。彼此面面相覷。每一張又都是極平凡的臉，從上面看不出絲毫宇宙顏色、果子。特別叫他難堪的是，這一百七十幾張嘴巴的吃喝聲，完全破壞他的世外感、桃源感。同時，這許多靜穆的肉體雕像，也妨礙他的視覺。他們的早晚誦經聲，則破壞他的聽覺。他的全部感官，原應該沉沒在宇宙最深處——純粹佛性最深處，現在，卻一天比一天更粗糙、單調、膚淺了。

自然，這一百七十幾張臉孔中，最叫他不能漠視的，是維如諦雲那張山羊臉。每一看見它，他就聯想起十五年前賈強山與項若虛的臉。

真理只能給人自由，更多更廣泛的自由。它絕不會逼人做奴隸。奴隸的真理絕不是真理。正像鳥籠的柵欄也絕不能帶給鳥以任何真理。只有天空才能給牠。同樣，養魚缸也不能給魚以真理，只有江河湖海才能給牠。他的命運必須做籠中畫眉鳥？缸裡的魚麼？二十二年前，為了反抗上課鈴、下課鈴、校鐘、起身號，他毅然從學校出走，難道追求了一生後，終於又要重新做一個中學生麼？他離開教會的重要理由之一，也正由於它的極度專橫與盲目權威，難道他將再投奔一種新的專橫與權威麼？他究竟是找真理呢？還是僅僅為了做一個嚴肅的軍人？他能忍受全世界最嚴厲的戒律，卻不能容忍逼智慧纏小腳，強迫天然肉體穿緊身馬甲。

想到這一切，他內心是慘痛的。這又一次說明：他的命運，是一個永遠的叛徒。他最後的法官，仍是他自己的心靈。

這是十二月底一個下午，這一年最後一個下午。他睜開眼，瞄望四周，一百七十幾個僧人趺坐著，一片無邊無極的緘默，一篆又一篆的青煙從香煙裡繚繞出來。

他想起那個四川軍閥，明天起，就要在這裡大做佛事了。按照他過去多年經歷，他有點恐懼：在這幾天內，他個人會不會又一次遭遇一場大森林火災，像幾年前那個夏夜在教堂中遭遇的？難說得很。這一切，實在叫人非常窒息。更何況近八天來，維如諦雲不時向他投射粗暴而疑慮的眼色？……他個人歷史給他的最大教訓是：儘可能不重演那些曾重演過的。

另一方面，結合他在這裡一年多的生活經驗，他也必須作出一個決定了。

『是的，除了真理的最高聲音——那怕它還是極微弱的聲音，我不能再服從其他聲音。這是我的命運。這也是我整個生命歷程的特色。』

他閉上眼，漸漸漸漸的，兩粒淚珠從他眼角溢出來。

八

『你明天一定要走麼？』妙一法師慈藹的望著印蒂，溫和的問道。入寺以來，後者第一次發現方丈眼睛是這樣突出的和藹。

『我已經決定了。』

『你為什麼非走不可呢？』

『我要借臨濟禪師一句話：「只圖踏破草鞋。」』

『你知道：還有一雙踏不破的草鞋麼？』

『現在我腳上只有一雙踏得破的草鞋，沒有那雙踏不破的草鞋。』

『你踏破這一雙，還要穿那一雙。』

『那是以後的事。一雙腳只能穿一雙草鞋。』

『一雙腳只能穿一種草鞋，可不行。』

『但我現在只有穿一種鞋子的腳。』

方丈凝思一會，沉靜的道：

『你一定要踏破它們，也不一定非走出本寺不可。』

『本寺走路機會太少，我必須走較遠的路。』

『踏破不踏破，不在路遠路近。你也可以踏不踏之踏。隨時踏破，隨地踏破。』

『我現在的腳，只能踏其所踏，假如我能踏不踏之踏，去年七月十五，我也不會踏入本寺了。』

方丈沉默不語。印蒂加了一句：

『我所找的，不是關在籠子裡的鳥。』

『籠子本不能關鳥，更不能關無上妙法。』

『可是，這裡樑柱太多，飛簷太多，屋脊太低，又有這麼多斗拱、斜坊、榱題、和桁木，……。』

『你儘可拆掉它們。』

『但這裡不許動一草一木。』

『哦。』妙一沉吟一下，用很感動人的低沉聲音，低低道：『這樣說，我們緣分是盡了。我本想和你結無上法緣，對你存一片期待。……也罷，你且去踏跛草鞋吧！……佛緣如波如浪，如閃如電，來時自來，去時自去，不可強求。』

方丈走到書案邊，寫了一偈，贈送他。

太極樊籠本無鳥

電光波浪去復來

佛心願接千里客
是是非非破僧鞋

看了這首偈，有好一會，印蒂不開口。漸漸的，兩滴眼淚從他眼角滾下來。他怔怔了好一會，終於，他跪下來，恭恭敬敬，向方丈叩了三個頭。接著，他站起來，舉起那雙穿著灰布僧鞋的腳，向門外踏出去。

午夜，印蒂做了一件打破廟裡戒規的事，他沒有睡，在大雄寶殿上獨自徘徊。

他斜倚一根硃紅圓柱，深深向四周睇望。如果說這裡有生命，他四周卻似乎沒有生命，假如說沒有生命，到處卻又瀰漫比生命更偉大的生命。他陪伴神，神也陪伴他。佛像特有的那份禪靜，這時，像海水一樣泛濫出來，淹沒一切，也淹沒他。如若他身上不只有一個靈魂，那麼，他的許多靈多，現在都甦醒了。它們全睜開眼睛，要深深凝視這個世界。它們全張開耳朵，要諦聽這個宇宙。它們統統展開鼻孔，要拚命聞嗅這個大地。他究竟是什麼？一個人？一條阿米巴？一片荷葉？一滴露汁？一個夢？一條閃光？這個大地能給予他什麼？他能帶給它什麼？在這樣的午夜，有些人為什麼睡得那樣歡？另一些人為什麼又長夜不寐？超於一切的是：這樣的午夜，幾千里外，是不是應該有千千萬萬人必須死去？

沒有一隻蟲子回答他。回答他的只是大殿上一根根硃紅楹柱，那些無聲的羅漢們，那些千手觀音的千手們。它們唯一答語是：夜！一種黑色答語。是大殿外月光：一種白色答語。

是偶然掠過的鳥翅：一種飛翔的言語。一千多年來，這些金色佛像前，人們燃燒了那麼多燭光、香油、線香、子午香、觀音香、毗盧香、旃檀香。紅色的光，藍色的煙篆，芳馥的香氣，永遠繚繞著彩色的畫雕。幾乎地球上最光的、最亮的、最香的、最色的，都奉獻給這些偉大雕像了。究竟，生命又從這些神像身上取得些什麼？它們又帶給世界什麼？是什麼支持這些燃燒、亮光，與薰香？

然而，這樣的古寺午夜，究竟也有一些叫人沉迷的色素。他獨自一個，徘徊於大殿楹柱間，彳亍在紅色的燭火，長明燈火和芳菲的煙篆之間。在金色的蠟燭光輝中，那一尊尊金色雕像，透露出一種生命的華麗。於最深黑夜，它們分外閃亮著。隨著這片光閃，古寺的真正靈魂彷彿也甦醒了。

半輪明月，影影綽綽穿過窗櫺、楝柱，照射著大殿。今夜的月光，似一瓣白色燈光，又寂寞又美麗的亮著。

明天，不，四小時後，他就要走了。他將離開這片住過一年多的釋迦空間，他將離開這些象徵人類偉大靈魂的雕像。他將又一次離開神──那崇高卻又永遠摸觸不到的生命。他將仍把自己交還自己，不再給任何活人或死人、石像或雕像。然而，他對這些佛像，仍有一種迷戀。它們的金色身體是這麼瑰麗、璀璨！它們似乎不是超脫地球者，而是地球最核心的生命。不管怎樣，比起血淋淋十字架，他寧擇這尊一丈多高的雕像，它是那樣恬靜、明朗、愉快、智慧、柔和。為什麼一定要把那最血淋淋的當做生命唯一象徵呢？這片明朗恬靜不更深刻麼？

可是，四小時內，他就要離開這尊偉大的明靜佛尊了。它能給予他生活啟示，卻不能給予他開啟宇宙謎底的鑰匙。

『是的，四小時後，我又要走了，永遠的走了。』他的心裡暗暗想。

印蒂斜倚紅柱，凝思著，似恍然入夢。

不知何時起，他從夢中驚醒了，他聽見第一聲香板。

九

四天後，印蒂回到重慶。一個晚上，他和林鬱作下面談話。

『你究竟在找什麼呢？』林鬱問。

『我不知道。』沉思了一下。『假如我知道，我就不需要找了。』

『你對你所要找的，至少至少，總有一個最模糊的概念，否則，你怎麼知道：你必須非找它不可呢？』

『那不是任何概念，甚至也不是最模糊的概念輪廓。我不好說出它，一說，就不對頭了。是有那麼一個「它」的，但這卻是一個X或Y或Z，一個代數上的未知符號。在未得到真正答案前，我不能說明它的量或質，一切預言式的說明，都是一種乖謬，或者，至少是一種不真實的幻念。……我內心裡，總有那麼一朵矇矓的東西，一走出心，才到嘴上，一切就不對頭了。』

『你意思說：它永遠只是未成形的實在，一成形，不對了。』

『不是永遠，而是：在未摸清它的方、圓、稜形或三角以前，不該讓它成形。它應該只是一片矇矓，像夢境的邊緣，那麼毛茸茸的——因為，夢的本身，中央地帶，仍有清晰觀念。』

『二十幾年來，你一直不知道你在找什麼？』

『從前，我知道我在找什麼，至少，我自信我知道我在找什麼。但找了十幾年後，我才開始有點發覺，我那份自信是個錯覺。因為，自信我知道所找的是什麼，這就先把那個求證的X或Y定了型，畫了個死圈子，這樣，越找越離題了。從邏輯上說，可能，我所找的，正在那個「型」或「圈子」以外。我們無法把自己毫不知道的陌生體定型，又預畫出它的臉譜。因此，這兩年來，漸漸的，我認為我並不知道我是在找什麼。這樣，我輕鬆多了。也許，從前二十年，我是在某一種思想和信仰領域內找尋、兜圈子，這幾年來，我又轉向另一個精神領域，二者有所區別，因此，我現在這個「找」字，和過去有點不同了。』

『一個人絲毫不知道他在找什麼，卻又拚命去找，這不太神秘麼？至少，這不是一件怪事麼？孩子失落陀螺，他去找。老祖母丟了一塊花布，她去找。假如他（她）們不知道自己在找什麼，他（她）們怎麼能去找呢？又怎樣找呢？』

『他（她）們是找遺失了的東西。我所找的，卻並不是所失落的。「它」從來就不屬於我，我也從未見過「它」，即使在夢中。』

『至少，歷史上曾有人見過它，夢到過它吧！』

『那只是極少數人。但他們所見到或知道的，或者只夠自己享受，或者，也讓眾生享用，但這二者與我毫無關係。因為，它們絲毫不能減輕我的負擔。』

『這總是一件怪事。』

『假如我們把從未見過的一種腳跡——一種我們從來沒有能力看見過的生命腳跡，當做怪異，這只能說明我們的愚妄和淺薄。腳跡本身其實毫不奇怪，很合人情，關鍵只在從未出現於我們的視覺而已。』

『那麼，你是說，你有一種「找」的原始慾望，後者如高空雲霧氣體，不該形成觀念的雨滴或露珠？』

『每一條生命，每分每秒都受任一種慾望支持，但他們從不明白，慾望本身究竟是什麼東西？什麼顏色？形狀？香味？即使一些最低級最強烈的慾望，像飢餓，它似乎給我們最鮮明的印象，其實也只是一份反應：腸胃對我們的一種壓力。但反應究竟是什麼？是機械反應麼？我們不承認人只是最單純的機械。人有靈性。就算是機械，這些機械操作的巧妙或偶合，又由於什麼？它們的根源又是什麼？我現在這份「找」的慾望，也可說是一種原始巧妙或偶合，是很難描畫的一種反應。嚴格說來，它並不是慾望，只是一種最模糊的未定形的「有」，以別於「無」。』

『那也不過是一種對人生真理的渴望，對「道」的好奇心。』

『一般人所謂人生「真理」或「道」——那種有別於自然科學的人文科學範圍內的真理或「道」，其實是一個過分自信的名詞，甚至是一份荒謬。人對他一無所知的東西，卻先武斷的賦予它顏色、線條、形狀，而且更肯定：人一定可以捕捉住它。更乖舛的是：人一面預先咬定它是一柄萬能鑰匙，能啟開宇宙一切門扇，以柔萬門之門，一面又把這「一」柄變化成蜘蛛網式的「許多」觀念，這就自相衝突了。假如真有所謂「道」或「道體」，那最東方的，絕不是蛛網式的繁雜觀念，或理論公式，它可能是一種「一」，極微妙的「一」，通過這「一」柄鑰匙（假定有這「一」柄），一切形而上的宇宙之門全打開了。』

『那麼你到底肯定了，你是在找一種「道」或形而上真理。』

『也可以做這樣一個暫時假定，為了澄清一般人對我的誤解，對真理的錯覺。實際上，就我個人目前說，還談不上這種假定。……太陽裡面為什麼要落下一團火？這團火為什麼又凝結、形成地球？地球為什麼又不斷旋轉，不斷孳生生命萬物？生命為什麼又不斷綿延生命？

你能說？太陽為了對真理的渴望，才讓一團火墮落下來？地球為了對「道」的好奇心，才不斷旋轉，孕育萬物，又叫生命延續生命？』

『你所說的這些，屬於自然規律。我們儘可用天文學、物理學，或生物學的理論來解釋，它們並不神秘。』

『天文學或物理學解釋的，只是自然現象，和生命現象，並不是它們的本質和根因。比如說，宇宙本身就是一種神秘。為什麼是這樣一個宇宙，不是另一個宇宙？為什麼這個宇宙，要產生目前各式各樣現象，——包括規律，不產生別樣現象或規律？』

『這個問題太大了，恐怕我們永遠不能解決。現在，讓我們把題目縮小一點。……你是說：你的找尋，也正像那團原始火要脫離太陽，要冷結，要形成地球，要獨立作永恒的球形旋轉？』

『是的，我的找尋也正是一種類似地球的運動。地球在旋轉，我在找。』

『你將和星球一樣獨立而又盲目？』

『星球也不是獨立的，它屬於一個星雲系統。它是隨一個集體運動而運動。它生活在集體的萬有引力中。這也許說明生命的悲劇：可能，人將永遠不能獨立。不過，人只要嫻熟的接受萬有引力，像接受日光、雨露、霜雪一樣，人仍可以自信是獨立的。至於盲目，不能算是盲目，也不能說不盲目，我們不好對任何未知事物加以形容詞，一加，味道就失掉了，正像我們談幻夢，談得太多，幻夢就不幻夢，變成現實了。我們不好對於夢的邊緣那一類幻體加任何形容詞。』

『歸根結柢，你這是一種神秘主義。』

『終生生活在海邊，從未航過海、到過彼岸的人，會把海說成無涯無瀚，無限神秘，縹渺虛幻，但對於航海者和已經到達海岸的人，海只是個赤裸裸現實，毫不神秘。……我們不能給一切未在我們視覺裡（或觀念視覺裡）清楚成形的存在（這裡「存在」有點類似西方實在論者的所謂「實在」）戴任何清楚的帽子。』

『可是，有一件事，你總可以肯定吧！就是：有一天，這未成形的成形了，你那最最不可形容的原始慾望滿足了，那麼，你這才停止你找尋的腳步？』

『大體可以這樣說。就純粹永恒時間言，不可以有這種說法：腳步生來是為走的，永不會停止。即使你擁有一座皇宮，或各式各樣交通工具，你的腳步仍不會停。也從沒有一個皇帝永遠躺他華麗龍床上，永不動腳步。當然，他的腳步即使活動，也很可能不為了找尋什麼。不過，我們現在暫不談永恒，只談這一剎那的現實。一個時代有一個時代的腳跡，特別是，有他最急促最繁密的腳跡，也有他最遲緩最稀疏的腳跡。登山者攀上峰巔後，腳跡自然就輕鬆和緩下來。可能，他會在那裡停留一個很長時間。』

『峰頂上面不還有峰頂麼？』

『有時候，一座山只有一座主峰。有時候，一個人只爬一座山，一個高峰。有時候，因為生命限制，他讓另一些爬山者接替他向上爬。』

『在我同時代的朋友中，你是最突出的一個人了。無怪有一天，沙龍女主人戈黛諾對我說：「有時候，印蒂是一個最通達人情世故的人，有時候，他卻是一個最離奇的怪人。初交時，你會覺得他最世故、最可親、最能適應四周環境；深交後，你才知道他是在鑽永遠鑽不完的牛角尖。他簡直比我一生中所見的各式各樣最離奇的怪人還離奇，雖然他的言談舉止和日常生活並沒有什麼特別古怪處、可非議處。」我不同意她話語裡的那些形容詞，卻首肯她的結論的一部分現實性。』

『在海邊玩的人，永遠覺得海是美麗可愛的。等你做了水手，航入大海深處，你才覺得：有時海很可怕。……但人們永遠只愛大海邊緣，愛它的邊緣生活。』

『假如你永遠找不到你所要找的呢？』

『那就讓它永遠找不到好了。』停了停，在沉思。『不過，我有一種預感（這不能算過度自信）：只要永遠找下去，那個代數上未知的X和Y不是不可能露出真形。我們許多祖先的腳步，就是好例子。』

『當許多人都滿足於窗前庭園的玫瑰，或客廳內的玫瑰盆景時，你為什麼一定要學那些阿爾卑斯山區居民，非找高山玫瑰不可呢？』

『我們現在又回到剛才第一個問題了。我認為我早已答覆過你了。』

『嗯！』林鬱沉思了一會，低低道：『這樣，我們就沒有什麼可說的了。我為你祝福吧！祝你一帆風順！好運道！』

『謝謝你！』

突然，印蒂走過去，兩隻大手放在林鬱肩膀上，幾乎是擁抱他。一個極熱烈而又沉痛的聲音、響在後者耳邊：

『老朋友！撇開這個「真理」和「道」先不談，你說，站在你面前的這個身長近六呎的人，他將做些什麼？他應該做什麼？像左獅沉到地底麼？像楊易進瘋人院麼？像范惟實在妓院裡大談老莊哲學麼？像莊隱他們跑單幫麼？像黃幻華和他那個老丈母娘永遠糾纏不清麼？像唐鏡青拚命吹肥皂泡麼？像鄭天漫日日夜夜詛咒老婆麼？像鄭天遐成年累月陪驢拉磨麼？還是像你一樣，做一個高級公務員，一步步往上爬，等待一陣命運的好風？……哦，我的朋友！我永遠不能忍受這些！我寧願死，也不願忍受這些。』聲音變得更沉痛了。『不錯，在這個國家的道路前面，第一次出現了曙光，我們可能會贏得這個戰爭，我們可能會再回到我們失去的土地上。可是，沒有一個有眼睛的人不看見：在這個大陸上，不，在這整個地球上，一場新的風暴正在等待這場還沒有結束的風暴。我們還沒有看見和平，就已預見隱藏在未來和平中的一片新戰爭魔影。我們還沒有抓住勝利，就已感到那躲在勝利後面的更大失敗。一齣可怕的戲劇正在等待每一個勝利者，等待每一闋和平樂曲。每一個中國人，將永遠從失敗走到失敗，從一場大動盪走向更大的動盪。這一切是可怖的。但我們不能因為它可怖，就閉上眼睛。總有一天，歷史會做出最絕望的呼喊，最沉痛的慘叫。不幸的是我們少數人，這些永恒悲劇的最早預見者。』聲音變得莊嚴了：『為了我自己，為了和我一樣的千千萬萬知識分子，也為了未來更多更多的人，現在，我不得不暫時舉起一隻痛苦的杯子，滿滿喝完一杯苦酒。我願自我殘忍，把自己當做第一隻祭羊，第一個試驗品，來試著探求那個真正的歷史答案，為東方，也為西方。也許，我永遠找不到什麼，也許，我找到了，只是一些可憐的碎片，或渣滓。但我不管。你們笑我愚妄也好，說我瘋狂也好，人們的嘲罵，只能證實他們的現實慾望，那種對生物本能渴望的追求與滿足，卻不能證實我的良心良知的虛妄。一個有良心良知的人，應該放眼看看四千年來人類歷史所流的鮮血，放耳聽聽目前遍地球的人類的可憐掙扎，和不得已的鬥爭。難道我們就永遠讓歷史一直流血下去？難道地球上的真實和平永遠只是個幻夢？在我看來，正因為歷史上許多掌權的偉人風格太低，生命境界太庸俗，這才使他們統治下的那些朝代不能停止出血。拿破崙總算是個偉大英雄，但他只愛權力（他自己也這麼說），他絕不真愛人類，更不懂什麼叫崇高的生命境界，在他統治下，歐洲怎麼會有和平？歌德對他過高的評價，只證明這位大詩人的庸俗面。本性不算很殘忍的波拿帕猶如此，其他遠不如他的大大小小無數波拿帕，更不必說了。這絕不是一個笑話：時代先驅者，或左右時代命運的人，必須先是孔子或蘇格拉底或斯賓諾莎或哲學家，先具有一片崇高的生命境界與胸襟，然後，才談得上正確推動歷史，為人類造福。否則，歷史相當大的部分、永遠被一些流氓加騙子加投機商所主宰，地球永不得安寧。……我是一個渺小的人，我只想本良心良知行事，從政治大漩流中退出來，追求生命理想和人生境界，這不是迷信，也不是自私與逃避，我只想探求這一時代知識分子應該探求的。再說，我太久沉迷於西方，遺忘了東方。但我畢竟是東方人。我不能，也不該完全放棄東方。目前，我從西方暫歸東方，這是很自然的。假如我立意想探尋東西文化相匯合的新的生命境界，我必先穿越「東方」這一關——不管這座雄關是怎樣神秘、險峻。……我很難預測我未來的命運。……但我不管這樣。重心是：我必須上天入地找！首先，必須突破那一大片思想大霧。這一大片迷霧，已太久的籠罩這一代人頭上了。也許，將近一百年來，它一直包圍上一世紀和這一世紀的一般群眾、知識份子……。現在，我向你發誓：一天沒有那個較圓全的答案，一天我不會讓自己安寧，更不會停下自己赤裸裸的腳步。』

印蒂結束他的聲音，也放下他擱在林鬱兩肩上的手，他強烈而深邃的大眼睛裡，閃爍一片明亮火焰，猶如剛從地平線處出現的霞光。

林鬱半晌不開口，沉思著，終於迷茫的道：

『現在，你打算到哪裡去呢？』

『我想回西北去，終點是哪裡？我將幹什麼？怎樣幹？以後會有信告訴你。』印蒂慢慢說。

『我有什麼能幫你忙的麼？你要求我為你做些什麼嗎？』

『讓我有一點米和水，不比一隻麻雀所要求的更奢侈。』

印蒂只求一件事，他在這裡已經編譯出版的幾本書，每季或半年版稅，請林結算，再匯到西安莊隱處。

『我自己手邊，還有一大筆從家裡帶出來的私蓄，加上這點版稅，夠我應付未來那堆清苦日子了。很抱歉，我總是麻煩你。過去在南洋是如此，目前在重慶是如此，將來還得如此，真對不起你。』

林鬱抬起頭，仔細端詳這位老友，好像望一個正在立遺囑的即將死去的人。

他看見：站在他面前的，是一個身材魁梧的中年人，有一副棕褐色的臉，一雙強烈而深邃的大眼睛，一派永遠象徵堅忍與慓悍的炯炯目光。它們幾乎與二十年前一樣，既有白鶴的瀟灑，又有鷹隼的沉猛。他發現：他又穿上平常人的衣服，一件舊藍布長衫罩著寬大棉袍，一雙布鞋，那顆光頭上、正開始長起一點頭髮梢，但靠腦門處三顆戒疤還很分明，像三粒閃光的星星。儘管他著老式服裝，渾身上下，仍滿溢一股宏偉精力。經過將近二年的禪修，他肉體不但沒有一絲衰退，反而更結實了，看上去，只像三十零點的人。不管他怎樣收斂、涵蓄，敏銳的旁觀者仍可從他恬穆的風度中，呼吸到一片暫靜止的火山熔岩流液湖的氣味。

『這片神秘流液湖的動向，可能正是我們這一時代潛流的動向吧！』林鬱暗暗想。

十

山岳，岥㟆。巉巖，屹屼。削壁，嶮巇。岩流帶，崆峴。劍門關，恐怖的地獄門。朝天驛，峰巒是野獸。五丁開山，人是直昇飛機。酒奠梁，路在天上。霧瀰瀰的古棧道，黑森森的鐵索橋，烏黑的土層，沉黃的土層，一幕幕在眼底開展。秦嶺的凜霜寒風，慓疾的氣流上下運動，具有一萬條腿的風速、雲速，不斷從空間掠過。石頭在風化，兀鷹在哀鳴，野火在燔燒，蟲豸在死去。黑夜追逐太陽，晝光急趕月亮，紅日西崩，亮月子於東方開花。汽車捕捉氣旋與反氣旋，旅客擁抱天空，馬達聲砉然轟震岩石，山路打漩渦從谷底盤旋到山嶺，又從峰際旋轉到山底。血淋淋的傳說，淚涔涔的神話，海底的寂寞，永恒的孤獨。啊，這一切不是大巴山脈，這是上帝的偉大的神秘肉體，突然展覽在藍色天穹下面。

這是他印蒂？這又是廟台子？

所有旅客都奇怪，他為什麼偏在這裡下車，住兩宿，準備搭下一輛過路汽車走？這裡有什麼值得留戀？天氣這樣冷。朔風這樣凜烈？

是的，他必須留下來，宿在招待所內。這兒，所有山川樹木都向他招手。在這片高峰間，整個大巴山脈演奏著獨特的 Solo。

啊，他在哪裡?他終於在哪裡?

現在，又剩下他一人，在山峰深處，樹林深處，靜寂深處。

啊，他又一次看見那大朵大朵的雲。乳白色的雲彩。玉樣的雲彩。繡球花似的雲彩。透明的雲彩。一片片，一朵朵，一層層，一球球，停聚在對面峰巔上。

他必須走過去，捕捉那大朵大朵的雲。他正是在那裡發現她的。他必須再看她一眼：那個埃及公主娜伐拉的畫像。那個曾經象徵永恒死亡而現在又凝望永恒光明的女人。那個巴比倫最深處的毒物。那個河馬一樣飽滿的女人。

這是正月一個上午，大巴山脈間，難得的陽光，古棧道的天空出現蔚藍。印蒂終於找到兩年前那條羊腸小徑。他又一次踏著採藥人的腳跡，踽踽向前蛇行。跌跌蹌蹌的，行走好一會，才攀爬到對面山腰。小徑沒有了，面前展現一片充滿荒草的山脊。他沿傾斜的山脊向上爬，一步步的，一節節的，爬得很慢。抵達山巔，又往下降，踅向山右腰部，投身纍纍岩石間。還是這一疊疊棕色岩石，嶙峋的岩石，自從他大前年進來後，也許還沒有另外人的腳踩踏過它們。它們一塊塊的，是那麼孤傲，又那麼岑寂。山下依舊是千尺深谷，一不小心，就得準備到幾十里外收屍。他凝神斂氣，攥住心子，一步步往前移。許久以後。他又沉沒入那片大草叢中，像在海裡泅泳。謝謝天，這是冬季，火赤練蛇都在洞中冬眠了，他一條也沒看見。他攀緣著，摸索著，一塊岩石又一塊岩石，一個岩圈又一個岩圈，一片火成岩又一片火成岩，一棵樹又一棵樹，一叢草又一叢草。好不容易，他越過這片大草叢，爬到那座岑峨的巖峰下面。這是最後一道上天梯，通過它，他就算躋登最高峰，那朵朵白雲的睡鄉，以及那座神秘古寺所在地。

謝謝天，他天賦有絕頂記憶力：一切完全記得清清楚楚。假如記憶是無數細胞組成的，現在，他一顆細胞也沒有漏掉。這裡的一草一木，一樹一石，一雲一葉，都在證實他的記憶。

真奇怪，上次拜訪這座最後的巖壁時，他曾費盡九牛二虎之力，艱苦得不亞登天，但這一次，卻容易多了。那一塊塊青岩石，似乎不是他的敵人，而是朋友，它們絲毫沒有襲擊他、反抗他，卻伸出手，拉他的手。也許，這是因為一股奇異的熱情支配他、驅使他，叫他忘記腳下艱苦。也許，記憶給予他熟練的技術。也許，是一種奇蹟式的靈感，幫助他爬上這片陡峭的青石峭壁。

他終於登峰造極了。

他又一次站在巖頂上。

他又一次全身淋在汗雨中。

不錯，正是這裡！

大朵大朵白雲在他前面。大朵大朵白雲在他左面。他後面的來路，那片峭壁，幾乎也隱沒在朵朵白雲中。

這正像兩年前那些雲朵，霧雰，和高峰氣流。

啊，幻麗的雲。空靈的雲。夢魅的雲。白色的雲。雲裡的雲。

他點起一支煙，悠然吸著，一邊噴吐青色煙霧，一邊前進。他不是踏行峰巔，是踏著白雲，騎著白雲，是騰雲駕霧。

青色的煙，飄飄下墜的煙。白色的雲，靉靉的雲。從四面圍攻視覺的霧，淡灰的霧，幻覺的霧？頭上「似乎」是藍色天空。他看不清天空。他只能「似乎」。他整個人裹在白雲與霧氣內。他腳下沒有大地，也沒有高峰，白雲就是他的大地。

雲。雲。雲。雲。雲。雲。雲。雲。

毛茸茸的雲。水晶鑲鋸的雲。羊脂玉的雲。浪花樣的雲。四周冽冽冷風，不管怎樣吹，也衝不破雲陣。頂上，是不透明的天光，穿不破的雲層。雲在走，在飄，在笑，在禪默，在飛翔。

他騰雲駕霧，駕霧騰雲。他飛騰。飛騰。……

他是雲雀。他是麋鹿。他是光。他是大氣。他是星斗。他是合成風。他是磁波。他是固體降水。他是重力高度。他是游離層。他是雲滴、雲高、雲厚、雲色。他是雲。雲。雲。雲。雲。

他已行走一百步了。

『咦！那座雲中禪寺呢？』他幾乎要大吼起來。

那個破舊古廟呢？

那個門扉半開半閉的破古寺呢？

那座有兩個老僧的破廟呢？

四周沒有答語，沒有回應。

四周只是嘆靜的雲，白色的雲朵。

雲。雲。雲。雲。雲。雲。雲。……

他大吃一驚，猛然停住——

前面竟又是一座峭壁。岩石嶙峋。巉巖巇巇。

他已走到巖峰盡頭。下面又是千尺深淵，以及浮在深淵高空的白雲。

他退後幾步，向右手踅去。踮走約莫五十幾步，他兀自停住。又是巖壁，又是巖石與亂草，前面再沒有路。他向後轉，再往前走去，前進約莫十幾步，依舊是巖邊、危壁、深谷、白雲。他站定了，前後瞻望一番。他正順著四個方向——東、西、南、北，搜索過了。這裡只是一座孤獨的巖峰，峰路高高低低，坎坷不平，呈現亂石、荒草、灌木，卻沒有廟，沒有人，沒有孤鳥。連昆蟲也看不見一隻。

沒有「雲中禪寺」。沒有那個破舊大殿，殿上的如來佛，與十八羅漢。沒有僧人和他們的棋盤、棋子。

沒有莎卡羅！

沒有那個埃及畫雕的女人。沒有那個娜伐拉公主。沒有那副漢魏石刻風的臉。沒有那個河馬式的胴體。沒有那個黑森森的黑眼圈。沒有那個半人半獸味的司芬克斯。沒有她的永恒黑色的衣服和影子。

更沒有她的面向永恒光明的哲學式的凝望，她的靜靜趺坐的雕像，她的與宇宙一樣深沉的禪韻。

他的前後左右只是雲。雲。雲。雲。雲。雲。雲。白色的雲。霧瀰瀰的雲。湧積的雲。流水式的雲。煙朵式的雲。瑰美的雲。靜靜的雲。巨大香炮花式的雲。沒有時間的雲。傲笑的雲。哲學的雲。

白雲。白雲。白雲。白雲。白雲。

雲朵。雲朵。雲朵。雲朵。雲朵……

雲。雲。雲。雲。雲。雲。雲。……

雲。雲。雲。雲。雲。雲。雲。雲。雲。……

印蒂停下來，坐在一塊岩石上，抽起第二支煙捲。他噴吐一圈圈藍色煙霧，睇視那一篆篆藍色靜靜裊入白雲中，漸漸的，又和後者混成一片，就像一泓藍色溪水流入一座巨大的奶白色月夜海洋中。」

終於，他扔掉煙蒂頭，肅穆的端坐岩石上，一手支頭，開始沉思起來。他的神情與姿態、充滿莊嚴，正像十九世紀浪漫派大師羅丹那尊偉大雕像：「沉思者」。

一九八二年二月十五日夜——二十日中午十二時卅分「校訖」，並改正於杭州舊居。

一九九五年春季第二次略修正於石牌路舊居。

一九九五年六月二十七日上午第三次修改於淡水新居，此是最後修正完稿。

一部探索人生真諦的啟示錄（節錄）

上海大學教授　李　明

對宗教信仰的態度

無名氏對西方基督教的態度是嚴肅而客觀的。既不全單收下，也不一概排斥。他認定：

『就目前情形看，正如藝術命運與哲學命運一樣。』

原因出自人類需要解脫連綿不斷的痛苦，追求美的天性。崇拜神是人類對美的最高的表現，也是人類對美的無止境追求。作者認為：

『我們儘可以把這當作一種偉大的理想，因為它裡面包括一切文化的最高特點、真理、美麗、智慧、勇敢、道德。必須站在純美的立場上，上帝才是一個最偉大的榜樣。這樣一種偉大人格，雖尚未證實，但人仍可以把它當作一種象徵存在，不只象徵神的高潔，也象徵人性本身的高潔。』

被奉為唯物主義的先行者的費爾巴哈，在《宗教的本質》論著裡，也嘗試作類似的分析，但不及無名氏的深刻、透切和公允。對宗教信仰與否，作者認為可以信仰，也可以不信仰。那種從功利主義出發而信仰的教徒，是不足為訓的。因為人們本來可以從其他方面得利，不必求之於上帝。

無名氏的視野從天上又返回人間，他說：

『我們是人類，應多想人類的事，少想人類以外的事。一切必須人性化，非神性化。我們給神以應有的崇高地位，但不能完全生活在它的觀念中。』

東方的禪學

《無名書稿》前三卷，已隱約給讀者透露了一份消息：他既是西方的，也是東方的，也許東方的氣質更多些。《死》的後半部，（特別是在第五卷《開花在星雲以外》裡）更多東方味。在第五卷中，他將步入釋教禪宗堂奧，潛入中腹，把個中五臟六腑搜索一個遍。

禪學中的『一切眾生，悉有佛性』，主張成正果不必經過累世修行，只須領會此教精微，也能頓悟超脫，它不講究宗教儀式，不立文字，不主張誦經拜佛，舉凡一切禁錮人們身心的外在形式全部開禁，讓人的心靈翅膀自由飛翔。這種非偶像化非神化的自我觀點的修練方式，無疑大大超越了西方有神論者純然是盲目崇拜的惰性心理。（此指源自中東耶路撒冷的基督教。）作者對東西文化作了一番精心研究後，認為在精神文明領域內，東方曾經拯救過西方，西方的物質文明刺激了東方；未來人類文明的曙光，應該是東西方一切文化精華的大匯合、大交融、大昇華。

評宗教美學

從審美觀點出發，作者對基督教的十字架和美奐美侖的佛殿及其塑像作了賞析。『它們似乎不是超脫地球者，而是地球最核心的生命。不管怎樣，比起血淋淋的十字架，他（印蒂）寧擇這一尊一丈高的雕像，它是那樣的恬靜、明朗、愉快、智慧、柔和，為什麼要把那最血淋淋的當作生命唯一象徵呢？這片明朗恬靜不是更深刻嗎？』這一比較絕非是一時的偶興觸發，透過形像，不難使人領悟到它的內涵哲理，並賦予了現實意義。廣義的美學應該是明朗、柔和、歡樂、寧靜的；刀槍齊鳴、血肉揚飛的畫幅，離開人類美學總覺太遠。畢加索的《和平鴿》、雨果的《九三年》、托爾斯泰的《戰爭與和平》，主題都是愛，是人道主義。泛愛眾的耶穌，用血當作象徵，不僅與至美不相和諧，對一個求至善者來說，也是難以接受的。

戰爭與和平的抉擇

由上一旨意引申，作者語重心長的告誡：『決策者的每一句話，一個原則、一種思想，不管它是怎樣驕豔、豪麗，但為了要實現它，可能要付出全人類毀滅作代價，這是一種不能容忍的代價。』這段洪鐘般的警語，能視之為危言聳聽嗎？這個世界還瘋得不夠嗎？縱容、鼓勵希特勒瘋一次，就得付出四千萬條生命。這是我們這個星球上的一次大慘劇、大黑暗，當然也是人類的大恥辱、大倒退！為了人類的生存與尊嚴，為了珍惜、保存和繁榮世界的精神文明與物質文明，在我們這個星球上，絕不能容忍再一次『慕尼黑』、再一個『奧斯威辛』、再一場『廣島事件』的重演；這個『再』，將是人類喪失理性的集體大自殺，是對一切生靈的徹底大掃蕩，世紀將從此落幕。無名氏從微觀的十字架談到美學，又比較了東方富有哲思的佛教梵宇和佛像，突然筆鋒一轉，一聲叱吒，給了當代思想家、哲學家、政治家、社會活動家、文學藝術家一記棒喝，至此，我們方纔憬悟到作者的用筆奧祕，窺見到他藏有一顆至真、至善、至美的心靈。

歧異與共通

地球已繁殖了四十五億人口，生活在將近二百個國家和地區裡，上千個民族，各有不同的宗教信仰，語言的繁多，文化的參差，習俗的各異，紛歧由此而生。過多的著眼於異，執異，進而以我『異』統吞他人的『異』。這一來，世界就風波了。在《死》這部著作裡，作者不否定世界存在著形形色色的異，但是除異之外，還有同的一面，那就是人性中的愛心。作者認為：『在人類之間的絕頂分歧之外，還有比這更重要得多的絕頂同一性，共通性，和人與人之間的愛。』由於分歧而生的誤會，隔閡，『儘可找尋和解途徑和行動』來消除。『哪怕這是極艱難的、極緩慢的，時間並不是我們絕對選擇最粗暴手段的唯一理由。』這一立論，當前越來越為大多數人士所讚賞所接受。

結論是：世界的追求「同一性」與穩定性能給人類帶來繁榮和進步。

無名式的宗教觀

《死》基本上是一部長篇宗教文學小說。文辭之美之茂固不待言，其所含的哲味之深之濃，更是當代文學所罕見。作者以其睿智卓識，對世界宗教經過了長期潛心鑽研、比較、分析之後，提出了個人獨特的見解，讀後使人耳目為之一新。書中所提出的不少論述，在一定程度上豐富了宗教學，是宗教研究者不能不讀的一部別開生面的宗教文學著作。

知識分子皈敎的心理剖析

中國古代士大夫和現代的知識界中的部分人士之所以皈依宗教，究其類型是多樣的。有出於宦途受黜的王安石，有出於政治避難的駱賓王，有憤於家世不幸的蘇曼殊，有厭倦塵凡的李叔同，也有披了袈裟販運某家私貨的，總之是形形色色，不一而足。至於印蒂，屬於另一型，是波希米亞式的。他的靈，他的肉，都難以永遠駐驛一個固定的位置上。從《無名書稿》前幾卷裡，印蒂度過了十九年的生活浮沉，起始是紅色，接著是金色，然後進入灰色時代。至此，他在人生道路上，已拚搏、掙扎得心瘁力竭，他的航船極須找一個寧靜的港灣停泊，讓過分繃緊了的心弦鬆弛下來，便選擇最單純的空間，使心靈得到憩息。因此《死》的第一章，印蒂穿上修士黑袍，讓萬能上帝用聖水洗滌他滿佈瘡痍的心靈。《死》象徵黑，印蒂在一片黑中，探求光亮，從某種含義上說，他步入了一個黑暗時期。這也正吻合天主教風格。每一座天主教堂內，本就充滿強烈明暗。在這裡，信徒越是感覺空間黑暗，越渴望天國的光明。

宗教長期存在的緣由

人生是什麼？它的真諦何處尋？有沒有一個永恆的東西可以捉摸，可以寄託？古往今來，不少大哲人試圖作出解答，卻沒有一個答案使人完全滿意。印蒂對這個神祕的謎，出生入死，殫精竭慮，追索了近二十年，還是茫茫一片，見不到端倪。現在，他確實疲倦了，渴望有一個簡單省事的解脫，給精神獲得一片永恆的寄生地。就這樣，他爬上了黃土高原，投入西方的教堂。在印蒂看來，一旦有了宗教這根《魔杖》，就能在一秒鐘內將宇宙謎底戳穿。

印修靜的遺言

「死」裡面印修靜先生的臨終話語是：『於是我將變成錦葵花、大荔花、野菊花；我將蛻為螢火蟲、金鳳蝶……我將化為大地、水流、草叢、月光。終於，我變成世界，幻作星球。我沒有死。我將更無限，更巨大，更空靈了。我在生著另一種生，活著另一種活。』經此一釋，死，不是喪音，死是頌歌。死了的只是寄寓的軀體，獲得的卻是更美、更宏的『大荔花』或『星雲』，它仍然活在大宇宙中。

哲學容許玄想。飛出地球，從遙遠的星際俯瞰，在浩瀚的大宇宙裡，地球只是一粟。『在萬萬千千團太陽大飛旋中，小小地球又算什麼？小小地球上幾個人，幾句話，一點歷史記憶，又算什麼？誰能設想十萬萬年後，地球會又變成一團火、一堆黏土、一陣碎片、一塊小石頭麼？』自然科學和辯證法一齊支持這個預言，能說是危言聳聽嗎？印修靜點明這點，絕非宣揚地球末日論，而是注入了更積極更人道的深意。且聽：『我們萬千個仇恨，屠殺、怨恨、恐怖、陰謀，終結不過是一團火，一片青煙，一堆灰燼……。』真是石破天驚的忠告。頑石有知，也會點頭。只是在我們這個星球上，總缺少不了比頑石還頑石的入世者，他們受不了寧靜，世界沒有仇恨、屠殺、恐怖、陰謀、就要臆想，製造出來。不如此，就不過癮，不夠刺激，就算活著，也是白活。歷史上許多悲劇就是這樣被製造出來的。

可以深信，印修靜的哲理遺言，終將為人類的良知所接納。當太陽沉入地平線時，夜是來了，明天，它還會升起的，紅彤彤的天，人類真正『明』的天。

石頭哲學

生物學家臨終前，贈給兒子印蒂一份禮物，是一塊石頭。老人神祕地說：『它蘊藏著我全部思想和感覺……這塊石頭替我說明一切。』老生物學家給的不是價值連城的卞氏璧，而是一塊普普通通的三角形裂岩石，原是埃及金字塔下面的岩石碎片。印修靜卻把它視為一份精神財富，鄭重其事地遺留給兒子，他自稱『已經說明一切』。卻絲毫未加說明，是一個謎。

翻到第八章第三節，對石頭有一段短短的曖昧註腳。林鬱和印蒂同時在品賞一盆紫膛色假山石盆景。那塊假山石，在他們看來有無窮的奧祕『你說不清它像什麼？是什麼形狀？什麼顏色？從哪裡來？怎麼形成的？……遠遠看來，它什麼都像，什麼又不像。……你可以說它是假山，但它本身是真山石……我們無法說清楚它的真形、真色，一切比喻只是附會。』這是一段撲朔迷離的隱喻。一塊假山石都說不清楚，要認識宇宙萬物，豈是易事？

以下是一段意味深長的對話：

『那些說得太清楚的，是太少深沉的。只有那無法說明白的，才是真深沉的。』

『和這個古沉沉的假山石盆景一比，那些紅色康乃馨與白色蒼蘭，就淺薄得多了。這塊假山石不一定美，卻有一種令人顫慄的深邃。它不像紅花綠葉，離我們這樣近，卻離我們遠遠遠遠，遠而深湛，它上面彷彿堆積了千萬年時間。』

『現在，我才明白：有時候，一塊石頭確比花朵還美。只因為它是一塊石頭。以前，我只懂得愛花。』

『也許，在我們靈魂最深處，也得有這麼一塊石頭，它叫我們更深更遠，叫我們對一種永恆體永遠發痴發迷。』

經過層層演進，印修靜的石頭之謎終於部分的水落石出。對真理的追求，近處看花是淺薄的，需要具有永不疲倦的毅力，更深更遠的進入到地腹中去，庶或有所成就。印修靜的石頭含意一部分也許就在這裡。當然，它另外含義，也許因為它是埃及金字塔的一塊風化碎石，象徵著時間的魅力與威力。

我國古哲學家老聃，在他的傳世著作『道德經』裡，也倡導過『石頭哲學』。經書第三十九章有這樣兩句話：『故不欲琭琭若玉，珞珞若石。』從外形美感看，美玉和康乃馨一樣，人人喜愛。石頭被稱為惡石，其形落落，有誰垂青？老聃卻不以為然，他把石頭看成為『道』。舉凡天、地、神、穀、侯五部來自『道』。這『道』看來雖不如美玉高貴，卻是一切根本，是基礎。『是以賤為本也，非歟？故致數輿，無輿。』沽名釣譽，只能搏採一時，最不顯眼的石頭，最堅，最深，最沉。按老聃說最能『致虛』方能『弗盈』。大盈若空；不空就什麼也裝不進，就止了，停了、完了。虛而後能靜，靜而後才能修。虛是宇宙本體，要認識它，有一道『靜』的門徑可通。什麼是『靜』？老子說：『歸根曰靜，靜曰復命。』

『歸』與『復』是靜的境界。只有『靜』才能孕育出新的生命。說到底，『死』就是『復命』，是恢復另一種生命，是開花在星雲以外的生。於是：死了，沒有了；又生了，有了。有歸無，無生有。從死到生，不是原先的生，而是更高、更遠、更宏、更美的生。

生物學家印修靜，他的哲學修養，確是從靜著手，應了他本人的命名。他把石頭交給印蒂，冀望下一代珍惜這一份東方古哲遺產，用來探究人生 追尋真理。

在世界文學史上，一個作家嘗試運用文學體裁，注入哲理精髓，形成獨特的哲理小說，古希臘柏拉圖的『理想國』，不妨說是始作俑者，雖然幾乎全部是對話。莊子的某些寓言，也差近短篇哲理小小說。以後有陶淵明的『桃花源記』，列禦寇的『蕉鹿夢』，曹雪芹的《紅樓夢》等等。它們都不乏哲思文采。但以哲味的濃度，哲思的廣度、深度而言，無名式的《死》開拓了一個新的領域，達到一個新的高峰。

無名式無視於文學苑林的傳統布局、格式，野心勃勃，施展了獨自怪異的創新，《死》既是小說，又是散文，散文像詩，詩中有畫，有音樂，而全篇旨意卻又是形而上的，玄學的，是對人生最深沉，最圓全，最瑰麗的求索，給哲學的幽窟投入文學的華光，又使文學的彩虹活躍著哲學靈魂。兩者一經結合，形成了新的質，新的文體，一種文學小說的文體。這無疑是一場潑野的嘗試，大膽的探險。難免會引起一些評論家的異議，指謫為超越，打亂了小說的固有章法，違背了小說以情節為主的傳統程式。對此，不妨借用法國文學大師莫泊桑在『談小說』一文中的一段話作為回答，他說：『企圖把生活的準確形象描繪的我們的小說家，就應該避免一切顯得特殊的連串事件。他的目的決不是給我們敘說一個故事，娛樂我們或者感動我們，而是要強迫我們來思索，來理解蘊含在事件中的深刻意義。』一個優秀文學作家決不是一名雜耍藝人，只是『娛人耳目』，他的職責應該是通過作品強迫讀者去『思索』，起到警世脫俗，拔高精神境界的作用。無名氏的社會責任心，驅使他去開闢一個新的天地，為人類的未來投一片光輝。正因如此，《死》絕不是哈哈鏡，惹人嘻笑，也不是情場獵奇，供作談資；也不是驚險小說，給予刺激。《死》是一部人類智慧啟示錄。它展示在讀者面前的，不僅是生命一枝一葉，一山一水。而是一個宏觀世界；它所縷述的不是一人一事，一情一節，而是整個時代。它給夜行者帶來光，給迷途者指引路，給橫流疏道，化干戈為玉帛，融堅冰暢航路。總之，它獻給讀者的是一顆至真至善至美的心，這顆心正在試圖探求一個最圓、最全，而又永恆的徵機，它將試圖解答一個人類的『哥德巴赫猜想』的大總題：人生是什麼？人類將往哪裡去？

跋

無名氏

自一九八〇年起，到一九八二年十二月十九日離開杭州止，這三年左右，我秘密發出近四千封信到香港，把三百多萬字文稿走私運至國外。其中有近二千封信，是走私我的「無名書」後三卷半，其第四卷就是《死的巖層》。（詳閱《創世紀大菩提》卷首「告讀者」）。

我萬想不到，家兄才收到這些稿件，一九八〇年下半季，聯合報副刊就決定連載《死的巖層》，約四十萬字。香港明報月刊也發表第三卷《金色的蛇夜》下冊（後改由台灣日報副刊續載）。我真是感謝聯副主編瘂弦兄。他登《死的巖層》前，曾花了不少心血，也歷經相當大的「工程」。我一直認為，「無名書」各卷根本不適宜連載，但他卻以文學史家巨目評估，仍讓它與讀者見面。當然，一部分可能也因為我困居大陸已三十年，而仍堅持自己的文化理念、文學觀點，他這是在鼓勵我、安慰我。

大約是一九八一年春季，在紐約做美術工作的華僑廖末沙兄返大陸探親，家兄少夫特託他順便看我，帶來兩瓶威士忌酒，一條高級香煙，一小筆美金。廖兄從皮篋中取錢時，竟把暗藏在內的一小捲影映文字取出來，悄悄塞給我。他告別後，我拆開一看，竟是美國女作家叢甦所撰〈印蒂的追尋——無名氏論〉。據她說，這是瘂弦兄特地打越洋電話請她寫的，為了聯副即連載《死的巖層》，想為拙著「無名書」先作點詮釋，也算造造聲勢。此文長達二萬餘言，據瘂弦兄後來函告家兄，刊出後「好評如潮」，台灣自有文評以來，它幾乎是最重要的論文。拙作在神州被打入冷宮已三十七年，此一論文自令我極是敬佩，萬分感動。而前一年，我竟收到家兄編寫的《無名氏生死下落》，其中收幾篇評拙作的宏文，當時拜讀後，更不禁令我潸然淚下。

更想不到的是：一九八二年二月，春寒料峭中，通過浙江美術出版社一個友人幫忙，他竟收到初版《死的巖層》，又轉交給我。三十一年來，這是我第一次親炙自己新著在海外問世，那種大激動，真是不可言宣。

化了兩整天，總算又一次「拜讀」此書。（廿四年前，我是初次「拜讀」才殺青的此書原稿。）結果竟又是一次大激動，但內涵卻與第一次大激動迥異。初回激動，是歡天喜地。這回激動，我怎樣形容才好呢？我想借重小說巨匠曹雪芹的巨作「紅樓夢」收尾的那首詩的第二句。原詩是：「滿紙荒唐言，一把酸辛淚，都云著者痴，誰解其中味？」當時我無法流出「一把酸辛淚」，卻是滿肚子淚水。看官們切勿誤會，還以為我是孤芳自賞，發覺自家作品寫得太感人了，乃涕泗縱橫。

所以說「一把酸辛淚」，是發現：從頭到尾，此書竟出顯三千幾百個錯誤。一本長篇竟有如此嚇人多的舛謬，不只是古今中外出版界的奇蹟，也儘可榮登英國金氏紀錄了。

錯得真離奇。

有二頁，應屬於「無名書」第五卷「開花在星雲以外」的，竟飛來此書。四七三頁有一行，不知怎的，居然像那位印度奇人帕薩沙拉西，倒走到四七四頁了。有好些段，其中有好幾行，忽然自動轉移，成為下一段的首幾行了。至於漏了許多字，錯了許多字，幾乎俯拾皆是。有不少處，錯得文理也不通了。

我怎麼想也想不通，那位出版家竟會印出這樣的奇書。難道他連編輯部和校對也沒有麼？即使一個普通校對，至少也有中學畢業水平，難道校不出一部分錯誤麼？

八二年底赴港，翌歲三月抵台北。經過一番調查，才瞭然這一幕出版悲劇的原委。

原來當年我秘密寄文稿時，有時被郵局查句，最後，每封信只寄一頁極薄薄的白紙，饒這樣，仍有被扣的，但絕大多封卻走私成功。這些信寄到香港十個地址。每半月，家兄少夫便請收信的十位朋友吃飯，每人獻出所收數頁，家兄便按稿紙上號碼拼湊成《死的巖層》一節，又由一節湊成一章。但他是大忙人，絕不可能細讀原文，難免拼錯，可能有時找他的助手拼，也會拼錯。這是第一錯。那位出版人覺得複寫的字太小，排字工人不願排，他動腦筋，把一頁頁文稿影印放大，但他的助手整理時，又難免拼錯。這是第二錯。收到這份放大的文稿時，有許多簡體字，工人不願排（那時尚無電腦打字），瘂弦兄遂央請幾位編輯抄成繁體字，但有些簡體，他們不識，抄錯了。工人排時，也不識，也是排錯了。經過這二大錯，遂鑄成四大錯。可能當年我校閱抄稿時匆忙，也不免有錯，才釀造成此一出版悲劇。

造成上述悲劇的主因，出版人自要負主責。他也許印書太多，排不出人員校對此書。也許他請過家兄家嫂校對，但他（她）們無暇。這才不經校對，就把一本謬錯千出的書獻給讀者了。當然，我自己也有一大錯，來台前，一讀完此書，就立刻改正。抵台後，一九七五年，我又第二次修正。怪的是，十七年來，我竟從未想過及早印修正定本，真是發昏章第十一。謝天謝地，現在總算把一切大錯彌補，出版修正定本了。

起先我曾寫一封信，向讀者道歉。瘂弦兄說這會有失該報工人面子。直至我抵香港後，《死的巖層》載畢已一年了，聯副才發表此信。

有關此書的軼事有二。由於此書錯誤如崇山峻嶺，當年連載後，引不起許多讀者興緻，自在意中。但陸達誠神父告訴我，所有台灣神父、修士及神學院的學生們，每日必讀聯副連載的拙作，而且剪貼成一大厚冊。因為他們從未見過一本描畫天主教如此詳細的長篇，彌足珍貴。我對陸神父笑著說：《死的巖層》是散文詩體的小說，它像一條極長的蚯蚓，你就是把它斬成多截，前後不相連，它也能成活。後來一些文友聽我如此解釋，全笑了。

台灣盲人重建院教務長柯明期先生是後天失明。未盲前，他甚喜拙作。眼瞎後，就搜集所有拙作約五百餘萬字，請幾位電台女廣播員幫忙製成錄音帶。夫婦二人，化了一年，才聽完所有拙作。知悉此事後，我很感謝他，我們便成為好友。他說：他最喜《死的巖層》，已聽了四遍。這幾年，他唸空中大學，去歲畢業大考，他獲全班第一名，媒體大炒此一奇聞：瞎子唸書成績竟超過有眼睛的人。某出版社並特地多次訪問他，好編成一本書，作為教材。首先問他：「你為什麼能考第一名？」他答：「我讀了無名氏先生全部著作，啟發了我豐富的智慧，這才學習得更透徹，對書本理解更深刻。」

我真是不敢當。我更要謝謝他們夫婦的盛情、豪舉。目前他正在師大唸碩士。我祝他成功。

我必須謝謝好友宋北超、徐世澤、俞興漢三位先生，是他們分別幫忙校對，此書這才能提早出版。我更要謝謝好友彭正雄兄，他算是出版界的奇人，印了我不少書。

最後，我謹把此書獻給瘂弦先生、和柯明期先生夫婦。

國家圖書館出版品預行編目資料

死的巖層 / 卜寧（無名氏）著. -- 初版. -- 臺北市
: 文史哲,民 90
面; 公分. -- (文學叢刊 ; 120)（無名氏全集；
第五卷）
ISBN 957-549-356-9 (一套：平裝)

857.7　　90005946

文學叢刊 ⑿⓪

無名氏全集第五卷

死的巖層（上下冊）

著　者：卜　寧（無名氏）
出版者：文史哲出版社
登記證字號：行政院新聞局版臺業字五三三七號
發行人：彭正雄
發行所：文史哲出版社
印刷者：文史哲出版社
臺北市羅斯福路一段七十二巷四號
郵政劃撥帳號：一六一八〇一七五
電話 886-2-23511028・傳真 886-2-23965656

平裝二冊售價新臺幣五〇〇元

中華民國九十年四月初版

ISBN 957-549-356-7